佛教文化经典丛书

白话楞伽经

全注·全译·文白对照

注译 ◎ 荆三隆

陕西新华出版 三秦出版社

图书在版编目（CIP）数据

白话楞伽经 / 荆三隆 注译. —西安：三秦出版社，2021.11（2025.9 重印）

（佛教文化经典丛书）

ISBN 978-7-80628-197-0

Ⅰ．①白… Ⅱ．①荆… Ⅲ．①楞伽经-注释 ②楞伽经-译文　Ⅳ．① B946.5

中国版本图书馆 CIP 数据核字（2002）第 064246 号

佛教文化经典丛书

白话楞伽经

荆三隆　注译

出版发行	三秦出版社
社　　址	西安市雁塔区曲江新区登高路1388号
电　　话	（029）81205236
邮政编码	710061
印　　刷	三河市兴达印务有限公司
开　　本	720mm×1000mm　　1/16
印　　张	18.00
字　　数	230千字
版　　次	2021年11月第2版
印　　次	2025年9月第7次印刷
标准书号	ISBN 978-7-80628-197-0
定　　价	68.00元
网　　址	http://www.sqcbs.cn

总　序

　　佛教于公元前6世纪诞生在印度次大陆，西汉时期传入中国，与中国固有文化发生冲突和融合，使得中国传统文化变得更加丰富多彩，博大精深，逐渐形成了以儒家文化为主、以道家文化和佛教文化为辅的文化格局。这种格局几乎贯穿于整个中国封建时代。要真正了解中华传统文化，就必须了解中华佛教文化。随着社会历史的风云际会，文化潮流的峰回路转，在人类迈入新世纪之时，越来越多的人们开始把目光投向神秘的佛教文化。

　　佛教文化的载体就是各个时代传下来的汗牛充栋的佛教经典。正如儒家典籍分为经、史、子、集一样，佛教典籍也细分为经、律、论三大类，号称"佛法三藏"。"经"的地位最高，是佛陀为指导弟子修行所宣说的理论。因此，今天的人们最为关注的也就是这些"佛经"。

　　人们激赏、关注佛经，有着各种各样的动机。不管怎样，佛经毕竟已经不再局限于佛教内部，不再只是佛门弟子朝夕诵读的宝卷。学者们探幽发微，极力领悟通达无碍的大乘般若，解读出神入化的因明思辨，进而把握佛教文化与中国文化的脉络。普通人出于修身养性的需要，在接受了儒家和道家四书五经、道德南华的洗礼之后，自然而然地渴求从佛家的经典中汲取智慧和精神营养。如果说读书是千古风雅之事，那么读佛经更是被看做雅中之雅。正如明代学者陈继儒所言："闭门阅佛书，开门接佳客，出门寻山水，此人生三乐。"相信不少人就是抱着这种心态去读佛经的。

读佛经固然富有禅意，可是佛经却并非人人都能读懂，除了少数学者外，即使是终日诵习的佛门弟子，也常常受到"文字障"的困扰，更不用说一般读者了。有鉴于此，我社应读者的要求，组织国内佛教研究专家，编写了这套"佛教文化经典丛书"，选取十一部在佛教史上影响最大、在中国僧俗群众中名气最大的著名经典，详加注解破译，以便让深邃精妙的禅机法慧，化作为大众所喜闻乐见的菩提甘泉，滋溉读者的心田。这十一部经典是：《金刚经》、《法华经》、《圆觉经》、《地藏菩萨本愿经》、《六祖坛经》、《楞伽经》、《楞严经》、《阿弥陀经》、《无量寿经》、《观无量寿经》、《胜鬘经》。注译者抱着高度负责的态度，发扬当年译经大德的精神，潜心体悟，字斟句酌，力求使"二次传译"保持原经文的神韵，而又不失质朴和通俗晓畅。我们真诚地希望广大读者提出宝贵的意见，以便使丛书越出越好。

目 录

前言 …………………………………… 001
楞伽经卷一 …………………………… 001
楞伽经卷二 …………………………… 101
楞伽经卷三 …………………………… 161
楞伽经卷四 …………………………… 216

前　言

　　产生于公元前6世纪古印度的佛教，至今已经走过了两千五百多年的历史岁月。佛教在纪元前后开始传入我国，在与中国的传统文化经过长期的交汇、融合后，逐渐发展和演变成了具有中国民族特色的中国佛教，形成了众多的宗派，表现出百态纷呈的局面。仅以中国佛教的三大系统（汉语系、藏语系、巴利语系）中的汉语系的主要学派就包括天台宗、法相宗、律宗、净土宗、禅宗、华严宗、密宗等众多宗派。在这些众多的宗派中，又由于所倡导的修行证悟的方法各有特色，从而又各立门庭，各有传承，至今绵延不绝。如以《六祖坛经》为代表经典，首尊《楞伽经》，后以《金刚经》为主要的禅宗，在发展和演变中又形成五派，即沩仰宗、临济宗、曹洞宗、云门宗、法眼宗，其中的临济宗自宋以后又形成了黄龙派、杨岐派。习惯上，人们将禅宗衍化的各派合称为"五家七宗"。其宗风在海内外之影响，至今而未衰。佛教在思想上与魏晋风行的玄学义趣相投，迎合了文人学士的口味，在隋唐时大盛并与儒、道两家学说互为补充，形成了三家合流的局面，又经宋、元、明、清历代，是中国文人的传统学问，代有大德高僧、学界巨擘。佛学成为博大深厚的中国传统文化的一个重要组成部分。

鉴于此，我们所进行的研究工作，应当具有冷静而客观的态度，既反对简单地肯定或否定的做法，也力戒从信仰或一宗一派的角度去解释佛教义理。注重于从印度古代思想文化发展的整体背景以及在中国传统文化的基础上，去注释佛教经典，使之优秀的思想文化传统得到继承和光大，这也是笔者的意愿所在。

《楞伽经》全称《楞伽阿跋多罗宝经》，亦称《入楞伽经》、《大乘入楞伽经》。其译名分别出自南朝宋元嘉二十年（443）的求那跋陀罗、北魏的菩提流支、唐代于阗（今新疆和田）僧人实叉难陀。各译为四卷本、十卷本、七卷本。由于求那跋陀罗的译本最早，更接近本经的原始义，因此流传广、影响大。我们也以四卷本为工作底本。针对佛僧对话，散文与偈言相互交叉的特点来进行标点和分段。注释部分采用以句为主，兼顾数句一旨的方法，依次进行，有些佛教词语出现时前后在义理上各有侧重，则采用删繁就简的原则，予以复注；白话译文部分，以直译为主，在有的术语已有注释的前提下，兼采意译，以便于阅读——这也是根据《楞伽经》具有突出的理论探究和人生哲学论辩的特征而采用的方式。应当说明的是在注释部分，作者并不恪守于旧注，而是突破一教或某宗的信仰与偏执，力图在印度与中国历史文化发展的大背景上进行冷静客观地工作，且根据需要采用了一些前期的研究成果，尚祈读者谅解。由于必须兼顾本书与丛书的衔接，时间紧迫，因此在工作中谬误、疏漏以至于偏颇之处在所难免，敬请方家指正，由衷地期望本书能得到读者的喜爱和帮助。

荆三隆写于西安

楞伽阿跋多罗宝经①
刘宋中天竺三藏求那跋陀罗译②

卷 一

【经文】

一切佛语心品之一③

如是我闻④

【注释】

①《楞伽经》题解：

◎楞伽，古师子国山名。师子国，即锡兰岛，今斯里兰卡。楞伽，又有难以进入和宝物的含义。在斯里兰卡东南角，楞伽山海拔三千尺，险阻难入，佛陀在此山顶传授大乘经，简称为《楞伽经》。

◎阿跋多罗宝经，阿指无，跋多罗指上，意指无上宝经。

◎版本，全经有四种译本，今仅存三本。依次为：南朝宋（420—589）求那跋陀罗译本《楞伽阿跋多罗宝经》四卷。元魏时菩提流支译《入楞伽经》十卷。唐实叉难陀译《大乘入楞伽经》七卷。自唐以下历代注疏甚多，比较详尽的在明代有释智旭的《楞伽经义疏》；释宗泐、如玘的《楞伽经注释》该本明太祖命流布海内，使天下学者讲习；曾凤仪的三十卷《楞伽经宗通》。本书以大正大藏经收录的四卷本为工作底本，该本时间最早，影响最大，注者亦多。

② 作者简介：

◎ 中天竺，天竺是古印度的别称，中天竺，印度中部。亦称印度为五竺，即按方位分东西南北中五个部分。

◎ 三藏，是佛教典籍经、律、论的总称。大小乘既有共宗，亦有分别。人们常将通晓经藏、律藏、论藏的修行者和佛教高僧尊称为"三藏法师"。

◎ 求那跋陀罗（394—468），其名意为功德贤，婆罗门种姓出身的中印大乘和尚。公元435年到广州，南朝宋文帝刘义隆派人接至建康（今南京），先后译经十三部，凡七十三卷。所译《楞伽经》四卷，形成楞伽师学派，为禅宗的前缘。中国禅宗二祖神光（后改名慧可）"立雪断臂"方有初祖菩提达摩"付法"，所传经卷即为《楞伽经》，开禅宗首次"传灯"。

③ 佛语心品：指佛陀的心法，万物由心，以离名绝相的第一义心为宗，以五法、三自性、八识、人法无我为教义，是大乘佛教瑜伽行派的基本理论。本经涉及面广，以哲学、逻辑学贯彻始终，是内学精要之所在，具有浓厚的文学色彩，是语言文学中注疏与阐释学不可忽略的内容。

④ 如是我闻：佛教经典开头的斥语。据说释迦牟尼寂灭后，以号称多闻第一的阿难将佛当年讲经时所说的凭记忆再复述一遍，在场的高僧确认无误后就整理结集成为佛经。他在诵出一切经典的开头都用此语，以表示与外道经典即印度其他哲学和教派教理之间的区别。如是，指佛陀的言论和行动，亦即经典的内容；我闻，指阿难所闻。如是，又指自己闻法而信；我闻，又指坚信佛说的信徒。一切佛经凡明示佛说，皆用此句开头。

【白话】

佛所说的一切心法之一

我曾亲自聆听佛的教诲

【经文】

一时佛住南海滨楞伽山顶①，种种宝华以为庄严。与大比丘僧及大菩萨众俱②。从彼种种异佛刹来。是诸菩萨摩诃萨无量三昧自在之力③，神通游戏。大慧菩萨摩诃萨而为上首。一切诸佛，手灌其顶④。

自心现境界⑤，善解其义。种种众生⑥，种种心色⑦，无量度门。随类普现于五法⑧、自性识⑨、二种无我⑩，究竟通达。尔时大慧菩萨与摩帝菩萨，俱游一切诸佛土承佛神力，从座而起，偏袒右肩，右膝著地，合掌恭敬以偈赞佛⑪：

世间离生灭，犹如虚空华。

智不得有无，而兴大悲心⑫。

一切法如幻⑬，远离于心识。

智不得有无，而兴大悲心。

远离于断常，世间恒如梦。

智不得有无，而兴大悲心。

知人法无我⑭，烦恼及尔焰。

常清净无相⑮，而兴大悲心。

一切无涅槃⑯，无有涅槃佛。

无有佛涅槃，远离觉所觉。

若有若无有，是二悉俱离。

牟尼寂静观，是则远离生。

是名为不取，今世后世净。

【注释】

① 一时：所谓"说此经竟，总谓为一时。"

佛，这里专指佛祖释迦牟尼，亦称佛陀。佛陀名悉达多，姓乔答摩，为释迦族的王子。释迦牟尼，在梵语的意思是"释迦族的圣者"，是乔答摩·悉达多的尊称之一。关于佛陀的生卒年月，多有异说，目前大多数学者认为，约在纪元前6世纪中叶出生在古代印度北部的迦毗罗卫城，在今天的尼泊尔境内。迦毗罗卫城在恒河北部的地位十分重要，它的东面是拘尸，南面是婆罗奈，北面是舍卫城，这些都是当时著名的城市，经济和文化都很发达。特别是各个学派在这里都十分活跃，对佛教的产生有很大的影响。

佛陀大约在纪元前5世纪中叶逝世，享年80岁。关于佛陀一生的活动及其思想发展和演变的情况，佛教信众出于信奉和本身的目的，编制了许多光怪陆离的神话和传说。同时，除了佛教文献以外，几乎没有任何可信的历史资料可供参考，从而时至今日尚未出现一部关于佛陀传记的科学著作，当代有一些介于传记与小说之间的作品，尽管笔下生花，但往往失之于在以往的神话传说上渲染过度、附会穿凿，使人难以置信。诸如佛陀其母摩耶怀胎时梦见人骑白象从右肋入腹，历时十四月，复从肋下生出，坐一莲花，合十后一手指天，一手指地称："天地之间，惟我独尊。"时香风、鸟啭莺啼，花雨、甘露纷纷，神鬘持伞、天王置床，天神仙女俱集拜贺。其溢美之辞，不实之说，令每一位冷静的学者都难以接受。当然，在古印度王权和神权都极力维护自身利益的历史时期，一位王子的诞生，牵动了许多人，其庆贺的场面之隆盛倒是让人可以从中体味出来。基于此，这里仅根据佛教文献进行一些扼要的介绍（参见高杨、荆三隆《金刚经新注与全译》124页至150页）。

佛陀少时的启蒙老师据说是毗舍密多罗，此人为出身于刹帝利的学者（古代印度将人分四个不同的等级，即种姓制度。依次为婆罗门，掌握神权、文化教育的僧侣；刹帝利，掌握政权的贵族；吠舍，商人和自由职业者；首陀罗即贱民，是被剥夺了权利的奴仆），曾按传统的教育教授佛陀四吠陀及五明这些传统学说。佛陀成年后，对宫廷生活日渐厌倦，并通过生、老、病、死等现象，痛感人生的苦恼，"一切皆苦"的思想开始产生。29岁时，他决心探索人生的真谛，仿效古代印度修行者的方式——出家，以探求解脱痛苦和人生烦恼的方法，寻求解脱。

佛陀出家后，曾向数论派学者阿奈逻迦兰求教，在问及非想非非想处，有我还是无我时，就产生了无我论的萌芽。其后他又按婆罗门教的要求度过了六年严格的苦行生活，但终毫无结果，遂认为婆罗门教并非使人获得解脱之道的宗教，于是就开始产生了彻底在思想上摆脱婆罗门教的束缚，另立新宗教的念头。当他来到佛陀伽耶的菩提树下时，就停下来静坐，凝神思虑，以探求人生的究竟，获得解脱的正确方法和途径。实际上，这正是在组织他修行的人生体验，为创立新的宗教进行的理论准备。

据说通过49天的静坐思维，佛陀最终认识到人生一切痛苦皆系由一系列的因果关系所造成，如果消灭了产生一切痛苦的最初原因，就可获得彻底的解脱，达到涅槃的境界，并以此以为认识了宇宙的真理，成就了正觉。其认识的特点是，他把心理现象作为认识的出发点，又从心理现象引出自然现象，并由自然现象引出人的意识，最后又从意识中把生理现象和自然现象归结为各种抽象概念。

佛陀自称成道后，即赴鹿野苑收憍陈如、摩诃男、跋提、婆沙波、阿说示五人为弟子，这一年他35岁。至此，算是初步具备了创立新宗教的三个条件：教主——佛陀，称为佛宝；教义——四谛，称为法宝；信徒——憍陈如等，称为僧宝。是谓"三宝具足"。这以后，他一直在北印一带传教，历时45载，80岁时，逝世于毗舍离附近的波梨婆村。尽管佛教在本质上是刹帝利统治者的宗教，但佛陀作为一个王子放弃王位，自甘贫困，在父王临危之际，回国说法，以至送终扶棺，施财敬孝，其信众从王公大臣到奴仆，遍布社会的每一个阶层，其倡导慈悲济众的宣教，在受尽了苦难的人民中间赢得了极大的尊重。加之他的学说顺应了印度社会由奴隶制向封建王权过渡的社会发展，得到王权的支持，从而迅速传播，并逐渐成为世界性的宗教。

在佛陀去世以后，随着对他的不断神化，加给他的尊称也愈来愈多，特别是大乘佛教兴起以后，几乎把世间一切最高贵、最神圣、最美好的名称都加在了他的头上。最常见的尊称有以下八种：

◎佛陀，意为觉者。原为摆脱一切世间束缚，到达涅槃境地者。最初并非佛教创始人的专名，以后随着佛教的发展，才逐渐成为悉达多的专称。

◎如来，即修行完成的人，可以理解为专指没有错误的人。

◎释迦牟尼，除指释迦族的圣者外，《本行集经》卷二十云："菩萨行路，谛说徐行。有人借问，默然不答。彼等人民，各相语言：此仙人者，必释种子，因此得名释迦牟尼。"

◎释迦如来，即释迦族的如来。

◎释迦师子，即释迦族的俊杰。师（狮）子为百兽之王，佛陀为人中之王，故称释迦师子。

◎萨婆若，意为一切智。

◎萨婆若提婆，意为一切智神。

◎世尊，或者译为婆伽婆。这一名词在古代印度的吠陀文献和史诗中原为学生对老师的尊称，意即尊师。在婆罗门教中一般又把此词作为神的同义语。佛教借用此词专指佛陀，以后随着佛陀的进一步神化，则愈具有浓厚的宗教信仰的含义（参见《俱舍论》卷三,《长阿含经》卷二等)。

在《方广大庄严经》卷十一中,佛陀的尊称竟多达270种之多,可以说把世间最美好的语言都加在了他的头上,渐渐失去了人的特征,其真理的探索者、伟大的思想家的特征被演变成了惟我独尊的神的形象。

②大比丘:指高僧大德。比丘,巴利文、梵文原意为乞食者,旧译为乞士。最初在婆罗门教中,把处于人生第四期,即遁世期的遍历四方的修行者称为比丘,或行者、游行者、沙门。佛教兴起时期,各种宗教都把托钵行乞的修行者称作比丘。佛教采用了这个名称,通常指出家修行的男性信徒。以后,在佛教戒律体系确立后,则专指出家得度受过具足戒、年满20岁的男性修行者。菩萨,它是菩提萨埵的简称。意译为觉有情、大心众生、大士、高士、开士等。基本含义有:

◎指立志修持大乘六波罗蜜,以智慧求菩提即觉悟,下利众生,以便于未来成就佛果的大乘佛教修行者。见《般若心经》⑧8,848页;《华严经》卷一⑨9,395页;《无量寿经》⑫12,265页;《阿弥陀经》⑫12,346页;《瑜伽论》卷三十五⑳30,478页;《灌顶经》㉑21,532页。

◎指成道前的佛陀,即修行时期的佛陀。见《长阿含》卷二①1,16页;《佛所行赞》卷三④4,24页。

◎指佛陀之子。见《法华经》卷一⑨9,3页。

◎指过去世时的佛陀,佛祖释迦牟尼的前生(详注参见高杨、荆三隆《金刚经新注与全译》)。

在中国佛教中,菩萨的主要含义包括:立志修持大乘教义,以智慧上求觉悟,下利众生,以求证佛果的佛教修行者。此外,在中国封建社会,朝廷也赐名给有声望的大德高僧以菩萨的称号。在世人之中对有德高僧亦尊称为菩萨。

③摩诃萨:为菩萨的尊称,是具有大志者,并为追求大菩

提者的通称。又音译为摩诃萨埵，意为大心、大士、大众生、大有情。

④手灌其顶：即灌顶，佛教名词。本指在印度古代国王即位时，以水洒头，表示祝福，佛教沿用其法，在僧人修行有道后，设坛举行灌顶仪式。

⑤心：在印度各派哲学著作与佛典中，心有多种含义：

◎与宇宙存在相对，一般指人的精神。又称心王。梵语为citta，见《俱舍论》卷二十八；《中论》梵语又为cetas，见《中论》、《百五十赞》四十八、一一四颂。

◎思考器官，一般汉译为意，为六根之一。梵语为manas，见《了本生死经》⑨16，815页。

◎五蕴之一，即识。见《那先比丘经》ＡＢ⑨32，696、706页。

◎在唯识哲学中，为对对象的纯粹认识。梵语vijnana，见《辨中边论》⑨31，465页；"唯能了境总相名心。"见《辨中边论》⑨31，465页。

◎心情，见《百五十赞》十四颂。

◎眼等六识及意，如"心……界"。

◎属于心之物，心作用。

◎佛教从主观唯心主义出发，把心作为人们存在的基本原理，亦即心性。如"三界唯一心，心外无别法。""一心一切法，一切法一心"等。

◎与六识同。

◎在唯识哲学中，指思量心（以思虑为本质的第七识）和第八识阿赖耶识。

◎心脏。密教解释为八叶之心莲华。见《百五十赞》二十二颂。

◎在数论派哲学中，心为思考器官（见《金七十论》⑨54，1245页。）心是与色物质及身（肉体）相对的精神，这是佛教对心的一般说法。

详细说来心还可分为心、意、识三种。小乘佛教中的说一切有部把这三种视为同一的东西,没有什么区别。大乘瑜伽行派则认为,心为宇宙间各种现象形成的原因的总集,亦即产生各种现象的根本原理(特指阿赖耶识);意为思量或思维作用(特指末那识);识为分别或认识作用(指前六识)。如把心又从主体和从属作用两方面来分时,则主体称为心王,从属作用称为心所。阿赖耶识为心王,其余随阿赖耶识而生起的各种精神作用则为心所。

⑥众生:主要指人类,也泛指世间一切有灵性的生物。佛教认为,一切众生以其诞生方式的不同可分为四种,即四生:胎生,指一切由母胎而生的动物,如人和兽;卵生,指一切由卵化而生的动物,如鸟;湿生,指一切由湿气而生的动物,如虫;化生,指无所依托,自然而生者,如神、幽灵等。

⑦色:梵语有形状的含义和"作形"的意思。推究起来,其词的来源中有"坏"以及这一词又有可变、可坏之物的意思。总之凡具有形体而又有产生、变化的一切物质现象,皆称之为色。此外,色在佛典中还有其他各种含义,如:

◎颜色。见《百五十赞》一一〇颂。

◎颜色和形状。即眼睛可见到的具有颜色和形状的客观物质存在。亦即眼根的对象,为六境之一。又称色尘。在阿毗达磨教学中称颜色为显色,形状为形色。见《义足经》⑥4,186页;《那先经》B⑥32,712页。梵语又作肉眼可见之物解。见《中论》。

◎形状,物之形状、形态。见《般若心经》。

◎物质,物质的存在,一般物质现象。构成世界的物质,与色蕴同。见《集异门论》卷一⑥26,367页;《瑜伽论》卷十六⑥30,363页;《维摩经》⑥14,546页。

◎物质(非五蕴之一的色),为心之对象。

◎五位之一的色法,五蕴之一的色蕴。见《俱舍论》卷一。

◎有形之物。见《长阿含》卷八㊅1，52页。

◎肉体，形骸。见《出曜经》㊅4，622页。

◎容貌，面色。见《法句经·述千品》㊅4，564页。

◎佛身在众生心中映现的种种形相。见《起信论》㊅32，579页。

◎色界，由清净物质构成的世界。见《维摩经》㊅14，549页。

◎胜论派哲学中的二十四德（性质）之一。见《十句义论》㊅54，1263、1264、1265页。

◎执着。见《义足经》㊅4，181页。

◎色欲。

◎样子、情态。

⑧ 五法：分别为相、名、妄想、正智、如如组成。相，指包罗万象，依各自因缘而生的各种事物的形态；名，指对相的一一称谓。佛教认为这两者都是世俗之心的产物。妄想，由相、名而起的各种不实之心，不正确的认识；正智，即经过修证，去除有漏之心即世俗执有的认识，以上四者都属有为法。经过证悟，达到真如，即如如，则称之为无为法。亦为所谓无生灭变化之物，或不变不异之真如，真相。参见《杂阿含》卷十六，《华严经》㊅9，426页。

⑨ 自性识：即指三相或曰三自相、三自性。即所谓遍计所执（认为世间有实物、实我），依他起（依因缘而生之事物），圆成实（圆满成就的真实）。如花，妄情痴迷是实有，是遍计所执性；从因缘而成花之相，是依他起性；花的实体，是圆成实性。

⑩ 二种无我：即人无我，认为人由五阴色、受、想、行、识积聚而成，并无实有之我；法无我，大乘学说不仅认为人无我，进一步发展它的理论"色即是空，空即是色，受想行识，亦复如是。"连五阴亦称五蕴的真也彻底否定了，这就是"法无我"。无我论是佛教对物质与精神世界进行探究的理论基础，我们将在偈

言的注释部分进行阐释。

⑪偈（jì）：即"颂"是佛典中的唱词。往往是前述义理的复述和归纳。

⑫大悲心：救他人于苦海之心称之为悲，佛与菩萨悲心广大，救渡一切众生之心。

⑬法：佛教的重要理论范畴。"法"（梵语为 dharma）古代印度人使用这一范畴，可以追溯到公元前十三世纪，在古诗句中，"法"已具有了秩序、特征等含义。公元前十世纪的《梵书》时期，"法"则包含了统治阶级的道德准则，成为明确四种姓义务的社会秩序。随着社会的发展和统治秩序的建立和形成，在公元前七世纪的《奥义书》和《经书》时期，"法"又进一步成了维护统治者利益的法律。一般的印度人使用这个词时大致有下列十三种不同的含义：

◎社会秩序、社会制度。

◎习惯，风俗，行为的规范。

◎义务。

◎善，善行，德。

◎真理，真实，具有普遍意义的道理。

◎不虚妄，即谛。

◎全世界的基础。

◎宗教义务。

◎法则。

◎教导，说教。

◎本质，特性。

◎法律。

◎逻辑学中的述语和宾词。

在佛教以外的印度诸派哲学中"法"也被用来作专用术语。如数论派哲学中，"法"为四德之一（四德为法、慧、离俗、自在）；

在胜论派哲学中,"法"为二十四德之一(二十四德为色、味、香、触、数、量、别体、合、离、彼体、此体、重体、液体、润、声、觉、乐、苦、欲、嗔、勤勇、法、非法、行),其意是指善行。见《十句义论》㊅54,1263页至1265页。

原始佛教借用了婆罗门教、印度哲学中"法"这个术语,赋予了新的含义,使之具有支配自然现象和社会现象以及人类精神活动的普遍规律内涵的新的范畴。"法建世间"则充分表现了"法"的新含义及其在佛教中重要的理论意义。佛教在以后的不断发展中,"法"的含义日趋繁杂,大体上可以概括为十八种,即:

◎"能持自相故名为法"意即事物能保持自身存在的本质。

◎真理,法则、规范。

◎正当的事情。

◎指作为理法的缘起。

◎佛陀的教导,佛法。

◎三宝之一。三宝为佛、法、僧。

◎具体的戒条,学处。

◎指十二部经。即契经、重颂、讽颂、因缘、本事、本生、未曾有、譬喻、论议、方广、授记、无问自说。在某种场合下十二部经又为:文、歌、记、颂、譬喻、本记、事解、生传、广博、自然、道行、两现。

◎本性。

◎型。

◎意的对象,思想的对象,心的对象,是六境之一。六境为色、声、香、味、触、法。

◎事物、存在、对象,即现实世界和佛教认为的彼岸世界存在的一切现象。对此佛教各派说法不一,最主要的有三种,即小乘说一切有部的五位七十五法,大乘瑜伽行派所说的五位百法,大小乘都承认的三科分类法,就是把一切诸法分为五蕴、十二处、十八界。

◎心的活动，心之功能。

◎实体。

◎法身，为佛的三身之一。印度大乘佛教把佛身想象为三种，但各经典所说有别，大体有五说：说法佛、报佛、应化佛，见《入楞伽经》；说法佛、依佛、化佛，见《楞伽阿跋多罗宝经》；化身、应身、法身，见《合部金光明经·三身分别品》；法身、报身、应身，见《赞法界颂》；瑜伽行派所立三身则为自性身、受用身、变化身，见《成唯识论》卷十。

◎与主语相对的述语，见《正理论》。

◎相当于我国因明学中的义、后陈、差别、能别，见《因明大疏》。

◎日本密教中所行的祈祷、修法，见《方丈记》。

此外，在佛典中大量冠之以"法"的专有名词如："法入"、"法力"、"法王"；各种比喻如："法山"、"法舟"、"法雨"；杂说，"法兄"、"法尼"、"法匠"，凡此种种，达数百种之多。可谓开卷见法，但具体用法、指向、义趣有别，不能贸然等同。

汉译佛典对"法"的定义亦有区别。主要有以下几种：

◎《成唯识论》卷一云："法谓轨持"，《成唯识论述记》卷一称："法谓轨持。轨为轨范，可生物解；持谓任持，不舍自相。"

◎《俱舍论》卷一曰："能持自相故名为法。"

◎《大乘义章》卷十说："法义不同，汎释有二：一自体为法，二者轨则名法。"

◎《成唯识论述记》卷二有："法者，道理义也。有般涅槃之义，名般涅槃法。"

传统的解释是凡具有质的规定性，并为人们所认识的一切事物和现象，就称为法。

我们认为佛教中"法"的范畴，是指贯穿于物质世界和精神世界的规律，一切物质世界的现象和人的精神、意识，包括彼岸世界存在的一切现象，都是法的表现。宇宙中的一切现象既是瞬息万变的，又是统一的、互相联系的。人的认识的根本目的就在于通过对自己精神的"反观内照"来认识法，从而获得彻底解脱的认识。正是由于法的这种概括性，决定了它在佛教术语中使用时的复杂性，在具体对象上既有特定的含义，但在义理上又与通向"解脱"达到"正觉"相呼应。这样，法这一概念在不同情况下使用时，其不同的对象和意蕴都能和谐地融合在一起。这或许是我们接触佛教"法"这一范畴时，不仅有普遍的认同感，而且也不会忽略其在不同情况时的不同含义的原因吧。

佛教法的概念，具有辩证因素。它认为，客观世界的一切现象都是瞬息生灭、相互联系的，没有一种现象是孤立的，一切"无常"。产生各种现象并形成相互联系的关系与条件就是"缘起"，作为一切主客观世界规律的法，皆依"因缘"而生，"一切法"一切现象皆依相互关系和条件而产生，在这互为依存的关系中，无一绝对的存在，这种相互依存的关系也是因果关系。从这种认识出发，我们可以认为法是一种变的哲学，一切都在变化之中，无一是固定常存的。因此一切事物往往呈现出一种波浪式的"动态"，既相陈相因，又动荡变幻，丰富多彩。"法"范畴的意义在于立足于变化之中，不断破除"我执"的偏见，如果用发展和前进乃至飞跃的思想充实到它的理义中，那么研究本身就不仅有理论价值，而且有现实意义。

⑭ 无我：在早期佛教中，从它的无常论出发，产生了无我论。根据无常论，宇宙间的一切事物皆瞬息生灭，无一常住，则必然否定任何永恒实体的存在，那么神或固定的作为灵魂的"我"当然也不会存在。这就是无我。

早期佛教的无我论，在反对当时婆罗门教的斗争中有重要意义。

⑮无相：佛教专有名称。"相"指事物的外部形态。佛教认为：无论从空间还是从时间意义上看，一切事物都在聚合分离演化着，并无一个实在的形态。中国禅宗认为：能离于相，才能法体清静。《金刚经》提及了四种相，既无我相、无人相、无众生相和无寿者相。认为我只是一个虚幻的东西，永恒的"我"并不存在，它的存在只是身体的感觉以及那在不断变幻着的心念。既然"无我"，当然也就无相、无物，只不过称呼为我，称呼为相罢了。

⑯涅槃：原意在梵文和巴利文中为"消散"，也就是痛苦、烦恼和无明完全消除的境界。在早期佛教文献中，又把涅槃称作"渴爱灭"、"无明灭"、"不死"、"绝对寂静"、"清凉"等。以后，随着佛教的发展，各派对涅槃的解释也各不相同（参见高杨、荆三隆《佛教起源论》183页至187页，216页至217页）。涅槃是早期佛教的最高理想和人生的最终目的，是摆脱了一切外界物质的束缚和理念与感觉的影响，达到永恒寂静的一种境地。它是完全摆脱了轮回之苦的彻底解脱的境地，因此与"解脱"同义。从无常、无我到寂静涅槃，是早期佛教理论发展过程中的几个重要的阶段，也是佛教的几个重要的特征。开始它充满了辩证法的思想，以缘起论为理论基础，提出了无常和无我的学说，否定了天国和神的教义，否定了主宰一切的梵和灵魂不死的学说。但是当它一接触到轮回和解脱的问题时，它的辩证法就走进了死胡同。它把缘起论运用到人生的问题上，形成了十二因缘的学说。最后，以涅槃论完成了它的学说体系。所谓"永恒寂静"的涅槃学说是与无常和无我论相矛盾的。因为根据佛教的无常学说，一切事物无不在生、住、异、灭的变化中，无一永住，而涅槃却是"永恒""绝对"的寂静。

从人类的生死出发分析一切痛苦和烦恼产生的根源，从无明进而提出了涅槃。我们认为涅槃学说是早期佛教庞大的唯心主义体系的终结，在其整个学说中占有重要地位，它的形成标志着佛教的确立。

【白话】

那时，佛住在南海岛国的楞伽山顶，周围的一切都显得美妙而庄严。跟随佛的僧人以及有成就的修行者相聚在一起。从各地来的都是高僧和立志修行无上智慧，证悟了心为万法，了知一切有灵性的生命的真实，并掌握了各种神通的方法。他们以大慧这位有成就的修行者为代表，都是修悟有道的人。

能洞察人心，满足不同层次的要求，从各方面消除执着于有我与物的认识。对实我、因缘、真实，物我两空的见解，运用自如。这时觉悟人生的大慧修行者代表着大家的意愿，从座位上站起来，他袒露着右肩，在佛陀面前，用右膝着地跪下，两手相合于胸前，十分恭敬地用偈言赞美着释迦牟尼：

世间的一切都离不开生灭变幻，就好比那虚无空幻的华光。
智者证悟了无所谓有与无，就会产生渡人于苦海的心愿。
一切事物的法则如离奇的梦幻，都是由心中生发而产生。
智慧的人舍去了有和无的想法，就会有渡人于苦海的心。
远离于绝对的有与无的想法，一切都如梦似的荡然无存。
智者认识了有与无的偏见，就会生发渡人于苦海的心愿。
证悟了并无实有的我与有我之因，是妄念之火带的烟雾。
了解一切的本性都清澄宁静，就会产生救人于苦难的心。
一切空空如也就没有什么寂灭，没有寂灭的所谓的佛界。
没有佛这所谓的事物和什么寂灭，不存在觉悟与不觉悟。
一切都好像有又好似无，对这样的偏执一定要远远离去。
佛陀的要反观内照的修行，是在于证悟执迷于生的意念。
其根本在于并不能得到什么，只是求得本真澄清的自性。

【经文】

尔时大慧菩萨，偈赞佛已，自说姓名：

我名为大慧，通达于大乘①。

今以百八义②，仰咨尊中上。

世间解之士，闻彼所说偈。

观察一切众，告诸佛子言。

汝等诸佛子，今皆恣所问。

我当为汝说，自觉之境界③。

【注释】

① 大乘，意指"运载"、"乘载"或通向解脱的"道路"。所以，凡是能够使人获得解脱方便的佛教皆称为"乘"。"乘"在实质上包含着四方面的内容，即能诠之"教"，所诠之"理"，所修之"行"，所得之"果"。大乘，即在原始佛教、部派佛教之后，于一世纪左右形成的佛教派别。此派形成后，自称能乘载无量众生，由生死轮回之此岸，到达菩提涅槃的彼岸，从而生佛，故自称为大乘，并把原始佛教、部派佛教贬为小乘。大乘与小乘之间的区别，从上述教、理、行、果四方面来看，都有深浅的不同。特别是大乘佛教，为了适应向群众传教的需要，还吸收了印度教的许多因素，把佛陀更加神化了。（关于大乘佛教与小乘佛教的区别以及大乘佛教的产生与发展可参见高杨、荆三隆《金刚经新注与全译》第85页至113页的论述。）

② 百八义：提出了一百零八个有关佛教教义、修持等问题，涉及了有关哲学与逻辑、语言与论辩等诸多领域，佛陀在回答时并非一一对应，而是集中在三界唯心、万法唯识上着力阐发，对于其他问题则由这样的"识"为基础去认识，其结论也就明朗了。

其精巧的逻辑与论辩耐人寻味。

③觉：正觉，指佛陀的真正智慧。对一切佛理证悟透彻，因而亦称佛为正觉。自觉，通过自心的参悟，达到智慧的佛门境地。

【白话】

那时大慧这位有成就的修行者，在用偈言赞扬了释迦牟尼之后，自我介绍说：

我的名字叫大慧，立志修行大乘法。

一百零八个问题，现今问询于佛陀。

世上求解脱的人，希望聆听您解说。

遍察一切众生灵，告知所有修行者。

佛讲你们信奉者，心中疑难都应讲。

理当由我来说法，自觉觉他的境界。

【经文】

尔时大慧菩萨摩诃萨，承佛所听，顶礼佛足①，合掌恭敬②，以偈问曰：

云何净其念？云何念增长？

云何见痴惑？云何惑增长？

何故刹土化③？相及诸外道④？

云何无受次⑤？何故名无受？

何故名佛子？解脱至何所？

谁缚谁解脱？何等禅境界⑥？

云何有三乘⑦？唯愿为解说。

【注释】

① 顶礼佛足：古印度最尊敬的礼节。头、双手、两足着地，俯伏佛陀足下叩首。后人常用"顶礼膜拜"来形容极度的崇敬。

② 合掌：原指两手交叉，佛教指合掌而交叉十指。将两手相合于胸前，以表示对佛陀、神灵、信众的虔诚与信赖，是印度和斯里兰卡以及缅甸、泰国等国自古以来的礼节。印度人认为右手是神圣的，左手是不洁的，两手相合则表示把人神圣的一面和不洁的一面合在一起，从而完整地体现人的真实形态。

在密教中，把左右手分别为金刚界与胎藏界、理与智、定与慧，并把合掌法分为十二种。通常的合掌相当于第七种的归命合掌（金刚合掌）。

十二合掌法为：坚实合掌、虚心合掌、如来开运合掌、初割莲合掌、显露合掌、持水合掌、归命合掌、反叉合掌、反背互相著合掌、横柱合掌、覆手向下合掌、覆手合掌。见《华严经》卷二⑨9，405页；《灌顶经》卷十二㉑21，535至536页等。

③ 刹土：国土，佛经中称国或土，其义相同。

④ 相：有以下几种含义：

◎形态，样子，表露于外的形象。见《无量寿经》⑫12，266页；《维摩经》⑭14，540页；《二菩萨经》⑳20，660页。

◎特质，特征。《瑜伽论》卷十六㉚30，364页。

◎性质。见《起信论》㉜32，575页。

◎思，和想同义。见《金刚经》。

◎思与想留下的形迹，为事物的表相。佛教主张要舍去对这种表相的思念。具体讲，就是要舍离三念（亦称三轮，即施者、受者、施物）。即所谓"三轮空寂"或"三轮清净"。

◎状态。

◎境地。

◎特征。

◎佛的三十二种特征，即三十二柢，见《法华经》卷一⑰9，8页。

◎有为相。即生、住、异、灭四相。

◎有漏，意即有情感之心。

◎逻辑学上的定义。

◎推论的证据，证因。见《金七十论》⑰54，1246页。

外道，指佛教以外的其他各种哲学思想。主要指佛教产生后的六种学说，即："善恶无果论"，"苦乐无因论"，否定轮回的"断灭论"，宿命哲学的"常见论"和"宿因论"以及"诡辩论"。从哲学观点看，前三种属于唯物主义派别；第四、第五种属于反对神权、王权的怀疑论或虚无思想，有进步意义；第六种游离于神学和唯物主义之间，同样被佛教所排斥。

⑤受：佛教名词。指接受了外界事物在心里产生的感受、触动、变化。常指二受，即身受与心受。

⑥禅：佛教名词。指心专注一境，静虑思维佛门义理的修行实践，并根据禅定的不同境界分为四个层次，称为"四禅"或"四禅定"、"四静虑"。从一禅至四禅，依个人内心的感受而划分。初禅，即体验到舍离欲界之"喜乐"；二禅，内心澄静的"喜乐"；三禅，进入无所谓喜或乐，苦或忧的"行舍"状态；四禅，不苦不乐，进入只念修行功德的"禅天"。

⑦三乘：佛教术语。指引导信众求证修悟佛果的教法，这就是乘的含义。有从一乘到三乘的区别，中国佛教各宗各派对此都有不同的说法和论述注疏。大致有以下四种论说：

◎大乘佛教主张的三乘说。一声闻乘，又称"小乘"，即能接受佛门的教义"声教"，悟出四谛（参见后注），得证阿罗汉果者；二缘觉乘，又称"中乘"，即能自觉接受佛陀教义感飞花落叶之"觉缘"，悟得十二因缘的理趣（参见后注），得证辟支佛果者；三菩萨乘，又称"大乘"，即皈依佛门、勤修精进，得所有智、自然智、无师智、佛智，度脱一切，归于涅槃。

◎小乘佛教主张的声闻、缘觉、菩萨三乘，运出三界，归于涅槃（参见前注）。

◎将大乘佛教与小乘佛教合论为"声缘菩"三乘。

◎一乘说，认为人人皆有佛性"立地成佛"，"见性成佛"，三乘归于一乘。

除此之外，佛门密宗将三乘说归结为"三密"。一声闻依口传声教而证悟，因此配合以"语密"；二缘觉以内心得悟十二因缘，因而配备以"意密"；三菩萨以大慈大悲，身体力行，普渡众生，从而配之于"身密"。三者中身兼意口，统之以身，以身密为最重要。

【白话】

这时大慧这位有成就的修行者，听到佛陀的应承后，五体投地俯伏在佛陀脚下叩首后，将两手合于胸前，用偈言恭敬地发问道：

怎样除尽心之念？为何妄念能增长？
为何认识总迷惑？为何疑惑能增长？
为何疆域有不同？不同的形态思想？
何为无感受境地？什么叫不受触动？
什么称为佛菩萨？解脱之后到何处？
束缚与解脱是谁？何为禅定四境界？
何为声缘菩三乘？期望为我们解说。

【经文】

缘起何所生？云何作所作？

云何俱异说？云何为增长？
云何无色定①？及与灭正受？
云何为想灭②？何因从定觉？
云何所作生？进去及持身？
云何现分别？云何生诸地？
破三有者谁③？何处身云何？
往生何所至？云何最胜子？
何因得神通？及自在三昧④？
云何三昧心？最胜为我说？
云何名为藏⑤？云何意及识？
云何生与灭？云何见已还？
云何为种性⑥？非种及心量？
云何建立相？及与非我义？
云何无众生？云何世俗说？

【注释】

① 无色定：即"四无色定"、"四空定"（空无边处定、识无边处定、无所有处定、非想非非想处定），意指除去对外界的感受，达到的四种精神境界，大体上是无色想、识见、无观想乃至绝对寂静的状态。

② 想灭：即无想，有下列含义：

◎已消灭思想者，即进入灭尽定的人。已无表象作用的人，即消失了意识的人。见《义足经》⑥4，181页。

◎心及心的表象完全消失的境地，在对象面前无任何想念的状态。

◎无想果，即十四种心不相应行之一，即生于无想天者所获得的无意识的状态。一部分外道把这一境地称为涅槃境地。见《阿毗昙毗婆沙论》卷四十四，㊈28，333页。

◎无想天的略称。其又称无想有情天、少广天等。即依修无想定，指一切心的活动作用完全止息的禅定而达到的境地。见《十诵律》㊈23，13页。

◎指无想天的众生们。

③三有：佛教用语三界的异称。认为生死轮回，因果相续称之为有。分为欲有、色有、无色有，即欲界、色界、无色界。意为世俗、脱俗（但仍有物念）和超俗三种境界，虽处不同层次，但都属于未脱生死轮回的众生界、"迷界"，只有跳出三界外，进入"涅槃"才是修行的目的所在。

④三昧：又称正受，即息虑凝心，不起念。正受指正心行处，即端正思想，使世俗之心定住于一缘。从尘世而来的世人之心常曲不端，得正受则端直，犹如蛇行常曲，入于竹筒中则直的道理一样。三昧正受就是禅定摄心，从而心体寂静，远离邪恶。

⑤藏：佛教名词，常有蕴积、包含的意义，指清澄自在，永射寂光的境地。亦指藏识，为大乘瑜伽行派的心识、心法，即人的认识可分为眼识、耳识、鼻识、舌识、身识、意识、末那识、阿赖耶识八个识体。

⑥种性：种，种子，生无量之义，种子能生成果实，乃至百千万数；性，不变的特点。种性，不断产生的不同特性。

【白话】

因缘从哪里产生？由因到果又为何？
为何同与异并存？为何又不断演化？
什么是无色定呢？灭尽定又是什么？
何为所说无想定？为何能够正心处？

为何行为成因果？为何入世得人身？
为何能生出意念？为何修身有差别？
跳出三界的有谁？为什么转生不停？
往生究竟到何处？什么是最好根苗？
怎样能得到神通？如何能自在三昧？
什么是心体寂静？能为我说明它吗？
什么称为八识呢？什么是心意见识？
何为产生与寂灭？什么是见到心寂？
何为生发和不变？什么是不法妄念？
为何要称谓形态？要证悟法相无我？
为何要说无众生？只是随俗说救度？

【经文】

云何为断见？及常见不生[1]？
云何佛外道？其相不相违？
云何当来世？种种诸异部？
云何空何因？云何刹那坏？
云何胎藏生？云何世不动？
何因如幻梦？及揵闼婆城[2]？
世间热时焰？及与水月光？
何因说觉支[3]？及与菩提分[4]？
云何国土乱？云何作有见？
云何不生灭？世如虚空华？
云何觉世间？云何说离字？
离妄想者谁？云何虚空譬？
如实有几种？几波罗蜜心[5]？

何因度诸地⁶？谁至无所受？

何等二无我？云何尔炎净？

【注释】

① 断见常见：又称断常二见，边见。包括两种认识：一为断见，指世俗的人，只承认见得到的事物，看不到其过去、未来，以及它的接续性；二为常见，认为有情之身心可以永远存在。佛教中，特别在原始佛教里，主张中道反对偏执于一说。

② 揵闼（qián tà）婆城：意译为海市蜃楼，虚幻景象。

③ 觉支：下注之三十七菩提道品中的七觉支。原指觉察心木偏正的方法，因方法有别，故称之为支，此处指七觉支，即七种觉法。

④ 菩提分：指通达涅槃的三十七种修行的内容，三十七菩提道品。分别是：

四念处：身念处、受念处、心念处、法念处。亦称四念住。

◎ 四正勤：对已生之恶使除断为勤精进；对未生之恶使更不生为勤精进；对未生之善使生为勤精进；对已生之善使增长为勤精进。亦称为四正断。

◎ 四如意足：欲如意足、念如意足、精进如意足、思惟如意足。亦称四神足。

◎ 五根：信根、精进根、念根、定根、慧根。

◎ 五力：信力、精进力、念力、定力、慧力。

◎ 七觉支：择法觉支、精进觉支、喜觉支、轻安觉支、念觉支、定觉支、行舍觉支。又称七菩提分。

◎ 八正道：正见、正思惟、正语、正业、正命、正精进、正念、正定。

⑤ 几波罗蜜：即六波罗蜜，亦称六度、六到彼岸等，意指到

达彼岸世界涅槃的六种方法。分别是：布施、持戒、忍、精进、定、智慧。

⑥诸地：即大乘十菩萨地。分别为：欢喜地、离垢地、发光地、焰慧地、难胜地、现前地、远行地、不动地、善慧地、法云地。

【白话】

何为断见的认识？什么是永存之想？
佛与外道何区别？两者之间怎联系？
什么是佛灭度后？演化成不同宗派？
何为空幻的境界？什么是瞬息坏灭？
为何生灵有胎生？什么是世事本静？
为何佛法如梦幻？犹如那海市蜃楼？
又好像火焰升腾？以及水中的明月？
为何说有七觉支？又有三十七道品？
为何有土地纷争？为何万物视其有？
为何自性不生灭？为什么世如空华？
怎样能觉悟世事？何为离无所谓离？
远离妄念的有谁？佛法为何喻为空？
所谓真实有几种？到彼岸有几种法？
怎样修行超十地？到达寂静又有谁？
何为人法都无我？如何法我幻焰无？

【经文】

诸智有几种？几戒众生性①？
谁生诸宝性？摩尼真珠等②？
谁生诸语言？众生种种性？

明处及伎术③，谁之所显示？
伽陀有几种④？长颂及短句？
成为有几种？云何名为论？
云何生饮食？及生诸爱欲？
云何名为王？转轮及小王⑤？
云何守护国？诸天有几种⑥？
云何名为地？星宿及日月？
解脱修行者，是各有几种？
弟子有几种？云何阿阇梨⑦？
佛复有几种？复有几种生？
魔及诸异学，彼各有几种？
自性及与心，彼复各几种？

【注释】

① 戒：即戒律、规定。大小乘不同，戒律也有所区别。通常有五戒、八戒、十戒、具足戒等。如小乘佛教的五戒为：杀生、偷盗、邪淫、妄语、饮酒，大乘佛教十重禁戒除前五戒外尚有：说过罪、自赞毁他、悭、嗔、谤三宝等。性戒，对重罪的禁戒，如杀、盗等。

② 摩尼：珠宝的总称。又有如意玉珠的称谓，指能够满足人的随意所求。

③ 明处及伎术：明处，又称五明处、五明，是古代印度的五大学科，包括：

声明，研究语言学的专门学问。

工巧明，以农、工、商、术士等为研究对象。

医方明，研究医药和医疗技术的学科，汉藏医学中多有传承。

因明，逻辑学。与正理派渊源相续，唐玄奘传译因明影响最大。

内明，各学派各自的主张，其经典、内容各异。如佛教以三藏为内明，包括经、律、论、释论、教义等，可简称为佛学；婆罗门教则以四吠陀即《梨俱吠陀》《夜柔吠陀》《娑摩吠陀》《阿闼婆吠陀》四部经典为内明。

大乘佛教主张利世、五明为必修内容，是"大智资粮"，佛学底蕴的博大精深是可以想见的。

伎术，即技术，泛指各类专门技艺。

④伽陀：梵文音译，为讽颂或孤起颂，形式上全部是韵文，不用散文。

⑤转轮：又称转轮王、圣王等，印度古代神话中手持转轮宝物在空中飞行并降伏四方的帝王。佛教建立后沿用，并常用"转"比喻宣讲，"法轮"借喻佛教教义，所谓"佛转法轮，如转轮圣王转宝轮""一切邪见""皆悉消灭"。

⑥诸天：佛教用语，通常指欲界六天、色界十七天、无色界四天。欲界六天，指未离世俗的六种环境；色界十七天指超乎食、淫二欲的十七种环境；无色界四天指无色、无想、无形的寂灭境地。

⑦阿阇（shé）梨：梵文音译，指高僧、法师。

【白话】

智慧境界有几种？戒律几种制众生？

谁赋予了物之珍？如珍珠金银宝器？

各种语言谁发明？众生区别谁创造？

五明和各种技艺，是谁让它们表现？

嘲讽歌颂有几种？何为长诗与短句？

系统之学有多少？什么能称为论典？

为何世间有饮食？为何人生有爱欲？
什么被称为帝王？圣主与王怎区别？
何为守护其国家？三界中天有几种？
大地是怎样形成？日月星辰何组成？
求解脱的修行者，一共有多少种呢？
佛门弟子有几种？何人能称为法师？
可称佛的有几种？各种生灵有几种？
魔邪与一切外道，又各有多少种呢？
假有的自性心识，又各自有多少呢？

【经文】

云何施设量①？唯愿最胜说？
云何空风云？云何念聪明？
云何为林树？云何为蔓草？
云何象马鹿？云何而捕取？
云何为卑陋？何因而卑陋？
云何六节摄②？云何一阐提③？
男女及不男，斯皆云何生？
云何修行退？云何修行生？
禅师以何法？建立何等人？
众生生诸趣④，何相何像类？
云何为财富？何因致财富？
云何为释种？何因有释种？
云何甘蔗种？无上尊愿说。
云何长苦仙？彼云何教授？
如来云何于，一切时刹现？

【注释】

① 量：标准、尺度。佛教因明学用语，指现量，如眼观之而成形，耳听之而成声，即感觉。比量，推论，如见烟而知必有火，以已知推量未知的方法。

② 六节：印度古代的历法，分一年为六节，每节为两个月。

③ 一阐提：梵文音译，意为断绝一切善根善念的人。对这种人是否有佛性，是佛门中长期以来有争议的问题。

④ 诸趣：趣指所到的地方，诸趣指六趣，亦称六道，佛教认为众生因其生时所为，即业力死后可往六种去处。一地狱趣，受八寒八热之苦；二饿鬼趣，与乞食的饿鬼同处；三畜生趣，成为禽兽；四阿修罗趣，怀愤怒争斗之心与人隔绝；五人趣，往生人类居住之处；六天趣，身处光明而快乐的人们之间。

【白话】

什么被称为假设？期望您能告诉我。
为何空中有风云？为何有的人聪明？
为何会有森林呢？为何有野草滋长？
为什么有象马鹿？为何人要捕获它？
何为卑鄙和丑恶？为什么会如此呢？
为何一年分六节？为何有人无善根？
男人女人阴阳人，都是如何生出来？
为何修行有退却？什么是立志修行？
禅师教人几种法？何人能够修禅观？
众生往生的去处，是什么样有几类？
什么是真正富有？怎样能得到财富？
什么是佛家种子？又是如何产生的？
什么是增长种子？请世尊的佛讲解。

为何有修苦行人？其成仙有何方法？
为什么说佛菩萨，处于一切土地上？

【经文】

种种名色类，最胜子围绕？
云何不食肉？云何制断肉？
食肉诸种类，何因故食肉？
云何日月形？须弥及莲华①？
师子胜相刹？侧住覆世界？
如因陀罗网②，或悉诸珍宝。
箜篌细腰鼓③，状种种诸华。
或离日月光，如是等无量？
云何为化佛？云何报生佛？
云何如如佛④？云何智慧佛？
云何于欲界，不成等正觉？
何故色究竟，离欲得菩提⑤？
善逝般涅槃，谁当持正法？
天师住久如？正法几时住？
悉檀及与见⑥，各复有几种？

【注释】

① 须弥：即须弥山，梵文音译。意为"妙高"、"善积"等，印度神话中的山名，极高，周围有山、海环绕。

② 因陀罗：原为印度婆罗门教、印度教神名，佛教沿用，原为雷雨之神，手持金刚杵，故又称"金刚手"、战神。

③ 箜篌（kōng hóu）：乐器。
④ 如如：真相，与真如同，不变不异。
⑤ 欲：即五欲，佛教名词。指由色、声、香、味、触，即眼、耳、鼻、舌、身五种感官而起的五种欲望；还把财欲、色欲、食欲、眠欲、名欲，也称为五欲。认为五欲是难以脱离苦海的主要原因。
⑥ 悉檀：又译作悉谈，有理、宗的译义，意指成就。

【白话】

他们以外相色身，让最好的人围绕？
为何要戒除肉食？又怎样制止食肉？
那些食肉的众生，又为什么要吃肉？
何为佛的世界里？美妙积善似莲花？
无比美好的形象？纵横布满了世界？
如那无敌的宝网，覆盖着奇珍异宝。
似箜篌与细腰鼓，表现着各种华美。
那非日月的光彩，令人怎样来估量？
什么是佛的化身？什么是佛的报身？
什么是佛的真相？什么是佛智慧身？
为何在欲色界内，不能成就那觉悟？
究竟如何在色中，离开欲望得觉慧？
当佛在灭度之后，谁来世间传正法？
佛又在世多久呢？佛法又住世多久？
成就智慧的见解，又各有多少种呢？

【经文】

毗尼比丘分①，云何何因缘②？

彼诸最胜子，缘觉及声闻③。
何因百变易？云何百无受？
云何世俗通？云何出世间？
云何为七地？唯愿为演说。
僧伽有几种④？云何为坏僧？
云何医方论？是复何因缘？
何故大牟尼，唱说如是言：
迦叶拘留孙，拘那含是我⑤？
何故说断常，及与我无我？
何不一切时，演说真实义？
而复为众生，分别说心量？
何因男女林？诃梨阿摩勒⑥？
鸡罗及铁围，金刚等诸山⑦？
无量宝庄严，仙闼婆充满⑧？

【注释】

① 毗尼比丘分：毗尼，调伏，律。比丘，在巴利语、梵语中的原意为乞食者，旧译为乞士。最初，在婆罗门教中，把处于人生第四期，即遁世期的游历四方的修行者称为比丘或游行者。佛教兴起后，各种其他教派把托钵行乞的修行者称作比丘。佛教采用了这个名称，通常指出家修行的男性信徒。以后，在佛教戒律体系确立后，则专指出家得度受过具足戒、年满20岁的男性修行者（参见高杨、荆三隆《金刚经新注与全译》）。

② 因缘：佛教重要术语之一。一般来讲，因即原因，缘即条件。因缘合称，即指形成宇宙间一切事物、现象和引起认识以及造成"业报"的原因和条件。"一切法因缘生。"见《大乘入楞伽

经》卷二。"佛教因缘为宗,以佛圣教自浅至深,说一切法,不出因缘二字"。见《楞严经疏》卷一。因缘合称,此复合词系佛教所独创。因缘之作用即称缘起论,是佛教全部世界观和宗教教义的理论基础。

"诸法皆依因缘而生者,佛说此因缘。"见《五分律》卷十六。

一切自然现象和社会现象皆依因缘而生,自然就排斥了永恒存在的梵或梵天;同时,一切现象又都在相互联系中瞬息万变,又自然否定了常住的"我"。自原始佛教以来,以缘起论为理论基础就逐渐构成了佛教的庞大体系。虽然以后随着佛陀的不断被神化,从而必然使佛陀的无我论逐渐演变为羞怯的有我论,但缘起论却依然是佛教各派共同的主张,并不断地予以发展和充实。

显然,佛教的缘起论中,充满了辩证法思想。但这种辩证法仍然是首尾倒置的辩证法。这点,可从主观与客观的关系上进行分析:

在哲学的根本问题上,缘起论反映在主、客观的关系上,就是主观与客观的联系构成了整个世界,离开了两者的联系及其相互间的依存关系就没有所谓世界。客观的存在必须依赖与主观的联系,这就完全抹煞了物质存在的独立性,使客观从属于主观。请看:

"何谓一切?谓眼与色,耳与声,鼻与香,舌与味,身与触,心与法。"(《杂阿含经》卷十三)。

这就是说,"六根"与"六境"的联系和依存关系构成了世界。"六根"为人的感觉器官,"六境"为人的感官对象。"六根"与"六境"的关系看起来似乎是相互联系而又相互依存,实际上"六境"却从属于"六根",没有"六根"就没有"六境"。

"吾友,恰如二束芦得互相依立。如是,以名色为缘而有识,以识为缘而有名色。……二束芦中,如取去其一时,他一必扑;如取去其他时,他之一束必扑。如是,吾友,依于名色灭则识灭,依于识灭则名色灭。"(《杂阿含经》卷十二)。

混淆客观与主观的界限,使客观融合于主观之中,这就是佛教缘起论的实质。本来"名色"是指"五阴"的整体,其中就已包括了主、客观的两个方面,而"识"则仅是"五阴"中的主观方面。这里又把"名色"作为客观,把"识"作为主观,从而导致了认识论上的混乱。这种情况,自然也反映在早期佛教"十二因缘"的学说中。所谓十二因缘,是佛教对人生的观察、解释。分别为:老死,这是观察人生求得解脱的出发点;还有生、有、取、爱、受、触、六入(眼、耳、鼻、舌、身、意)、名色(主客观的统一,即身心的结合)、识、行、无明(指对佛教缘起、无常、无我的不理解)。这就是十二因缘的基本内容(参见高杨、荆三隆《佛教起源论》)。

③ 缘觉及声闻:缘觉、声闻、菩萨合称为"三乘",以前世所修而得道,或观悟十二因缘而证悟的脱俗境界。三乘中菩萨乘亦称佛乘。

④ 僧伽:佛教术语。意为众、法众,一般四人以上可称僧团。指出家四众、四辈弟子,比丘、比丘尼、沙弥、沙弥尼,广义包括在家的男女修行者,即居士。

⑤ 迦叶、拘留孙、拘那含:佛名,分别为过去七佛之一。

⑥ 诃梨、阿摩勒:果木名,果实可入药。

⑦ 鸡罗、铁围、金刚:皆为山名。

⑧ 仙闼婆:仙人与乐神。

【白话】

调伏出家的人们,依据什么制定戒?
这些优秀的觉者,修行缘觉与声闻。
什么因缘来演化?如何百无一牵挂?

何为世俗的神通？什么是世外境界？
何为菩萨七住地？衷心期望来解说。
修行的人有几种？什么称为破坏僧？
什么是佛门医术？发明它依据什么？
为何广大的佛祖，反复地这样讲着：
过去世的迦叶佛，四佛五佛都是我？
为何说断见常见，还有那我和无我？
为何不在任意间，解说真实的义蕴？
却反复为众生们，介绍各种心量呢？
为何世有男与女？山林果木各不同？
广大世界山连山，鸡罗铁围金刚山？
其间珍宝难计量，充满仙人快乐神？

【经文】

无上世间解，闻彼所说偈。
大乘诸度门，诸佛心第一。
善哉善哉问，大慧善谛听。
我今当次弟，如汝所问说。
生及与不生，涅槃空刹那。
趣至无自性，佛诸波罗蜜。
佛子与声闻，缘觉诸外道。
及与无色行，如是种种事。
须弥巨海山，洲渚刹土地。
星宿及日月，外道天修罗[①]。
解脱自在通，力禅三摩提[②]。
灭及如意足，觉支及道品。

诸禅定无量，诸阴身往来。
正受灭尽定，三昧起心说③。
心意及与识，无我法有五。

【注释】

①修罗：即阿修罗，佛门称为异类。印度古代神话中的一位好嫉妒、好战的神。

②力禅三摩提：力，用，二力指思择力，修习力。禅，禅定。三摩提，即正定，心念定止。

③三昧起心说：三昧即定。心说，即心识与一识。心识，小乘佛教认为心与意、识，概念相同（参见《俱舍论》卷四）；大乘佛教认为有一识与无量的差别。（见《成唯识论》）一识，小乘成实宗认为：众生只有一识，依于六根，缘于六境，从而对外界的认识是不变、真实、永恒的。六根即眼、耳、鼻、舌、身、意，六境指由此而生的色、声、香、触、味、法。

【白话】

无比的世间见解，听您所说的偈言。
大乘的修行方法，以佛的心为第一。
有益极好的问题，大慧你要认真听。
我应当一个个地，回答你提的疑问。
生灭与不生不灭，寂灭虚空刹那间。
都是引导自证悟，佛度彼岸的方法。
佛弟子与声闻乘，缘觉乘与其他说。
还有修成无色定，如此修行种类多。
须弥山与四大海，沙洲岛屿和陆地。
天空的日月星辰，各种修行者神人。

佛的解脱与神通，智慧的心念定止。
灭尽与四如意足，觉支三十七道品。
各种禅定的境界，以及那往来生死。
正确感受心寂灭，觉悟自心与意识。
心识意念和认识，人法无我和五法。

【经文】

自性想所想，及与现二见。
乘及诸种性，金银摩尼等。
一阐提大种，荒乱及一佛。
智尔焰得向，众生有无有。
象马诸禽兽，云何而捕取？
譬因成悉檀，及与作所作？
丛林迷惑通，心量不现有。
诸地不相至，百变百无受。
医方工巧论，伎术诸明处。
诸山须弥地，巨海日月量。
下中上众生，身各几微尘。
一一刹几尘？弓弓数有几[①]？
肘步拘楼舍，半由延由延。
兔毫窗尘虮[②]，羊毛𬞟麦尘[③]。
钵他几𬞟麦，阿罗𬞟麦几。

【注释】

① 弓：古印度的长度单位。二尺为一肘，四肘为一弓。五百弓为一拘楼舍，十拘楼舍为一由延，由延又译为由旬。一由旬又

分上、中、下由旬三种,各为六十里、五十里、四十里。

② 兔毫窗尘虮:度量单位。古印度以七微尘为一窗尘,七窗尘为一兔毛端尘,七兔毛端尘为一羊毛端尘,七羊毛端尘为一牛毛端尘,七牛毛端尘成为一虮,七虮成一虱,七虱成一芥子,七芥子成为一㕮。半斗名钵他,一斗叫阿罗。

③ 穬(guǎng)麦:大麦。

【白话】

实我真实自妄想,自想为可见已见。
佛门各乘和其性,如金银珠宝各别。
有无断绝善念人,迷乱众生与初悟。
智者与虚妄心念,生灵的实有或无。
象马飞禽走兽等,为什么被人追捕?
比喻因果的理趣,所根据是何法理?
修行者迷失之路,心之所量难把握。
各菩萨所处怎通,百般变化都无念。
医药和各行技巧,方法与因明之理。
山峰与最高之巅,海洋与日月重量。
不同等的众生灵,一身有多少原子。
每一方土何数量?八尺有多少长度?
二尺与二千尺长,二十里与四十里。
兔羊牛毛与一虮,羊毛与大麦之比。
半斗有多少大麦,一斗又会有多少。
(凡此种种,都是问题啊。又接着讲)

【经文】

独笼那佉梨,勒叉及举利。

乃至频婆罗,是各有几数①?

为有几阿菟?名舍梨沙婆。

几舍梨沙婆?名为一赖提。

几赖提摩沙?几摩沙陀那?

几摩沙陀那?名为陀那罗?

复几陀那罗?为迦梨沙那?

几迦梨沙那?为成一波罗②?

此等积聚相,几波罗弥楼?

是等所应请,何须问余事?

声闻辟支佛,佛及最胜子。

身各有几数?何故不问此?

火焰几阿菟③?风阿菟复几?

根根几阿菟?毛孔眉毛几?

护财自在王,转轮圣帝王④。

云何王守护?云何为解脱?

【注释】

① 以上皆计量单位。一斛为独笼,十斛叫那佉梨,十万称勒叉,一亿叫举利,一兆称频婆罗。

② 皆重量单位。一尘叫阿菟(nuó),一芥子叫梨沙婆,一草子称一赖提,一豆为摩沙,一铢叫陀那,一两称迦梨沙那,一斤为波罗。

③ 阿菟:微尘,相当于原子,指肉眼所能看见的最小物质。

④ 转轮圣王:参见前注,即转轮王。梵语意为伟大的统治者。在印度神话中,为统治全世界的理想圣王。在佛教中,转轮圣王具有三十二相和七宝,不用刀剑,而以正义征服并统治世界。

【白话】

一斛十斛各多少,十万一亿各多少。
乃至一兆是多少,这些数量有多少?
共有多少微尘数?可以称为一芥子。
几芥子为一豆子?几豆能成为一铢。
还有需要多少铢?可以形成一两数。
一共要有多少两?可以成为一斤整。
如这样的计算法,须弥山又有几斤?
这些事理都记清,何能再问其余事?
二乘修证的诸佛,以及佛陀的子弟。
他们身体几微尘?为何不这样问呢?
火苗有多少微尘?清风有多少微尘?
每根毛发几微尘?毛孔与眉几微尘?
守护财物的帝王,正义神圣的君主。
为何王者守护财?怎样才能得解脱?

【经文】

广说及句说,如汝之所问。
众生种种欲,种种诸饮食。
云何男女林?金刚坚固山?
云何如幻梦?野鹿渴爱譬?
云何山天仙?揵闼婆庄严?
解脱至何所?谁缚谁解脱?
云何禅境界?变化及外道?
云何无因作[①]?云何有因作[②]?
有因无因作[③]?及非有无因[④]?

云何现已灭？云何净诸觉？
云何诸觉转？及转诸所作？
云何断诸想？云何三昧起？
破三有者谁？何处为何身？
云何无众生？而说有吾我⑤？
云何世俗说？唯愿广分别。

【注释】

① 无因作：指事物的产生和变化并无所谓根本的原因。

② 有因作：世间万事万物的产生以及变化都是有因可循的理论。

③ 有因无因作：指一切事物的产生和演化都是固有的因素与本没有的因素发生关系的产物，它们之间既是对立的，也是统一的。

④ 非有无因：认为无论是有因说，还是无因论，都是错误的。

⑤ 吾我：指我相，有两种含义：

◎ 自我观念，认为有作为实体的自我存在的妄想。

◎ 由于妄想中出现的形态与我相似，人们就把它作实我，即灵魂。

【白话】

语言的广义狭义，正如你问的问题。
人们的各种欲望，食用的各种饮食。
为何会有众男女？为何金刚山坚固？
为何会梦幻现实？又如野鹿贪渴爱？
为何山之巅有仙？似海市幻景美好？

解脱后到哪里去？谁被缚谁被解脱？
什么是禅定境界？何为变通和邪教？
什么是本无因说？什么是事由因论？
何为统一有无因？以及有无因都错？
什么是现有现灭？何为净除心之念？
什么是妄念变化？怎样除念之所为？
如何断除那妄想？心念定止如何起？
破除三界的是谁？破除后身在何处？
何为法境无众生？以及我相非实我？
什么是世俗说法？期望能加以分别。

【经文】

所问相云何？及所问非我？

云何为胎藏？及种种异身？

云何断常见？云何心得定？

言说及诸智？戒种性佛子？

云何成及论？云何师弟子？

种种诸众生，斯等复云何？

云何为饮食？聪明魔施设？

云何树葛藤？最胜子所问。

云何种种刹？仙人长苦行？

云何为族姓？从何师受学？

云何为丑陋？云何人修行？

欲界何不觉？阿迦腻吒成[①]？

云何俗神通[②]？云何为比丘？

云何为化佛？云何为报佛？

云何如如佛？平等智慧佛？
云何为众僧？佛子如是问。
箜篌腰鼓华？刹土离光明？
心地者有七，所问皆如实。
此及余众多，佛子所应问。
一一相相应，远离诸见过。
悉檀离言说，我今当显示。
次第建立句，佛子善谛听。
此上百八句，如诸佛所说。

【注释】

① 阿迦腻吒（zhā）：色的究竟界，寂净灭定的境地。

② 神通：俗神通指五通仙，有五种神通的修行者，据说非佛教的其他教派修行后可有："神足通"能飞天入地，变化自在；"天眼通"能见世间种种情形；"天耳通"能听世间种种声音；"他心通"能知人们心中之事；"宿命通"知自己与他人命运。

【白话】

所问的相是什么？所问的无我为何？
为何有胎生种种？以及不同的生物？
什么是断见常见？何为心得到止定？
何为言与智有别？修行者业力有别？
何为正确的理论？何为师生的区别？
各种不同的生灵，差别又是什么呢？
为何要吃饭喝水？明智邪念怎分别？
为何会树藤交错？弟子们都应问清。

何为寂境有不同？为何仙人修苦行？
为何人类有种族？这些又师承何处？
为何相貌有丑陋？为什么人要修行？
在欲界何以不悟？到色究竟界才成？
什么是五种神通？什么是男出家人？
什么是佛显化身？何为佛的报应身？
何为佛的真实身？以及平等智慧佛？
何为佛众与僧团？修行者都要问明。
为何形有鼓箜篌？同是田地无光明？
心识可分为七种，所问疑难要落实。
其余众多修行者，佛门子弟也应问。
所问都与心相关，远离许多错见解。
成就境界语难述，我今应当为解说。
依次讲授真实义，修持子弟认真听。
以上一百零八问，正如成就佛所讲。
（以下佛发诸问，随之否定，意在破执着）

【经文】

"不生句生句[①]。常句无常句。相句无相句。住异句非住异句。刹那句非刹那句。自性句离自性句。空句不空句。断句不断句。边句非边句。中句非中句。常句非常句。缘句非缘句。

因句非因句。烦恼句非烦恼句。爱句非爱句。方便句非方便句。巧句非巧句。净句非净句。成句非成句。譬句非譬句。弟子句非弟子句。师句非师句。种性句非种性句。三乘句非三乘句。所有句非所有句。愿句非愿句。三轮句非三轮句。相句非相句。有品句非有品句。俱句非俱句。缘自圣智现法乐句非现法乐句。刹土句非刹土句。阿冕句非阿冕句。水句非水句。

弓句非弓句。实句非实句。数句非数句。数句非数句。明句非明句。虚空句非虚空句。云句非云句。工巧伎术明处句非工巧伎术明处句。风句非风句。地句非地句。心句非心句。

施设句非施设句。自性句非自性句。阴句非阴句。众生句非众生句。慧句非慧句。涅槃句非涅槃句。尔焰句非尔焰句。外道句非外道句。荒乱句非荒乱句。幻句非幻句。梦句非梦句。焰句非焰句。像句非像句。轮句非轮句。揵闼婆句非揵闼婆句。天句非天句。饮食句非饮食句。淫欲句非淫欲句。见句非见句。波罗蜜句非波罗蜜句。戒句非戒句。日月星宿句非日月星宿句。谛句非谛句。果句非果句。灭起句非灭起句。治句非治句。相句非相句。支句非支句。巧明处句非巧明处句。禅句非禅句。迷句非迷句。现句非现句。护句非护句。族句非族句。仙句非仙句。王句非王句。摄受句非摄受句。宝句非宝句。记句非记句。一阐提句非一阐提句。女男不男句非女男不男句。味句非味句。事句非事句。身句非身句。觉句非觉句。动句非动句。根句非根句。有为句非有为句。无为句非无为句。因果句非因果句。色究竟句非色究竟句。节句非节句。丛树葛藤句非丛树葛藤句。杂句非杂句。说句非说句。毗尼句非毗尼句。比丘句非比丘句。处句非处句。字句非字句。

"大慧，是百八句，先佛所说。汝及诸菩萨摩诃萨，应当修学。"

【注释】

① 不生句生句：意即生句非生句的倒装句义。意在所问非问，万事万物总归于一心，所问并非实有，是一种灭的形态，只是假

设的一种称谓，对佛法而言，一切归于心寂，空无一物。

【白话】

"可产生的说法并不是能产生。常存的说法是不常存的。有形态的认识并非是实有形态的。有存在和变化的看法并非是存在于真实之中的。瞬间的存在并非是有瞬间的存在。事物都有自性也并没有自性。一切皆空的认识也可称为不空。只看到现实的说法并非只是眼前的事。只认识了一个方面的说法并非这样。不偏于常见二边的说法并非不偏于二边。一切有缘的认识并非一切有缘。

由因而生发的认识并非由因而发。产生烦恼的句子并非是说产生烦恼。爱的心念并不是爱的心。讲方法的句子并非有方法。说巧妙的句子并不是有巧可言。讲澄净的句子并不是有澄清。有成就的说法并非有了成就，是一种表达。譬喻的讲解并非有喻指。弟子的说法并非实有弟子。法师的讲法并非有法师。有如种子和自性的说法并非实有。声闻、缘觉和菩萨三种修行成果的话也只是一种称谓。所有众生的句子并不是众生实有。发愿求证的说法并非要许愿什么。惑业苦的人生句子并非说惑业苦轮回。无相的说法并非无相。有修行道品的说法并非有道品。俱有六因的说法并非有六因。参悟因缘能得到无上智慧快乐的说法非有实乐。有佛国土的说法并非有佛国土。微尘的讲法也并不是实有微尘。讲水的并非如流水。说弓这个长度单位并非讲长度。所谓实有的并非真实。讲数量也并非是说数量。说数只是一种称呼。谈因明的推理也并非理念。说虚空的认识也并非无有。讲浮云的认识并非谈云。说工匠技巧方法和五明的实有也并非如此。讲风的并非说风。谈地的也不是说地。论心识的并非谈心。

说假设的句子也并非在设论。谈三自性的并非实有。说中阴转换的也并非有中阴。说众生的也并非实有四众生。讲觉慧的也无所谓觉慧。论涅槃的也无所谓寂灭。说人幻焰的也并非说人幻焰。论其他教派并非说什么教派。讲荒芜混乱的也并非如此。幻觉的句子不是幻觉。梦想的说法也谈不上梦想。讲欲念如焰的也并非似焰。相像的并非相像。转轮的并非什么转世轮回。捷闼婆的说法也并非是海市蜃楼。说各种天界的并非有天界。说饮食的并非指饮食。讲淫欲的也非指淫欲,执我见的不是说我见。讲彼岸的也无所谓要渡到彼岸。说戒除的也不是戒。谈日月星辰的也非指日月星辰。讲苦集灭道四谛的也并非是要修行涅槃。说道果的无所谓果。讲灭起无常的并非有灭与起。说治病的也并无所治。谈无相的无所谓形。说道支方法的也并非道路和方法。说各种行业的并非指各行业。讲禅定的也非指禅定。说迷失自我的并非迷途。谈现在的也非指现在。说护法的无法可护。讲族类的也非指族类。说仙人的并非指仙人。谈转轮圣王的也无所谓圣王。说摄心定止的无心可定。谈珠宝的非指珠宝。记住句并非要记什么。无善根的谈不上无善根。男子女子和阴阳人也非指这些人。味的感觉并非有味。事的说法并非有事。身念的认识并非身念。觉悟的讲法谈不上觉悟什么。心动句并非指心动。业根的讲法也无什么业根。有所作为的并非指有作为。无作为的也并非指无作为。因果相续的认识并非谈因果。修证色究竟的境界也并非实有。节制的说法并无所谓节制。丛林葛藤也并非指丛林葛藤。杂处句也并非有杂处。说讲本身也并不要说什么。调伏的戒律也并非要调伏什么。男出家人也并非指男性出家人。处所句并非有什么处所。说字的也并非指字。

"大慧,以上一百零八个句子,是先世佛教导的。你们有成就的修行者,应当修证学习。"

【经文】

尔时大慧菩萨摩诃萨复白佛言:"世尊,诸识有几种生、住、灭?"

佛告大慧:

"诸识有二种生、住、灭,非思量所知。诸识有二种生,谓流注生及相生;有二种住,谓流注住及相住;有二种灭,谓流注灭及相灭。

"诸识有三种相。谓转相、业相①、真相。

"大慧,略说有三种识,广说有八相。何等为三?谓真识、现识及分别事识。大慧,譬如明镜,持诸色像。现识处现,亦复如是。

"大慧,现识及分别事识,此二坏不坏,相展转因。

"大慧,不思议熏及不思议变②,是现识因。

【注释】

① 业相:由善恶业力而生发的乐苦之果的表现和形态。
② 熏:熏染,影响所及。

【白话】

这时大慧大士又对释迦牟尼说:"受世人尊敬的佛,所有的心识有几种产生、存在、消失的作用?"

佛陀告诉大慧说:

"所有的识有两种产生、存在、消失的作用,不是主观推测所能认识的。各种识有两种产生的方式,就是所谓流注生与相生,即如流水注入般的相续,才会不断产生形态;有两种住,就是所谓流注住和相住，即川流不息的住在形式，使事物有了一定的现象；有两种灭，就是流注灭以及相灭，即相续存在的事物同时也在不断地消亡，其现象也在不断地消失。

"大慧，一切识有三种形态。就是转换变化的形态、不同业力善恶果报的形态、正确智慧的真相。

"大慧，简略地讲有三种，广义地说有八种表现形态。是哪三种呢？就是称为真相的识、对境地表现的一定形态的识以及能分别事物形态的分别识。大慧，这就譬如明亮的镜子，用明镜照物，能反映各种影像，来未增，去未减。现识即反映一定形态的作用，也是这样。

"大慧，反映形态的现识与分别事物的分别事识，此两种作用，是不会产生矛盾的，两者辗转生发，互为因果。

"大慧，在接受外界现象时产生了不可思议的变化，这就是现识之因。

【经文】

"大慧，取种种尘及无始妄想熏[①]，是分别事识因。

"大慧，若覆彼真识，种种不实诸虚妄灭，则一切根识灭，是名相灭。

"大慧，相续灭者，相续所因灭，则相续灭。所从灭及所缘灭，则相续灭。

"大慧，所以者何？是其所依故。依者，谓无始妄想熏。缘者，谓自心见等识境妄想。大慧，譬如泥团微尘，非异非不异。金庄严具，亦复如是。

"大慧，若泥团微尘异者，非彼所成，而实彼成，是故不异。若不异者，则泥团微尘，应无分别。

"如是大慧，转识藏识真相若异者，藏识非因。若不异者，转识灭，藏识亦应灭，而自真相实不灭。是故大慧，非自真相识灭，但业相灭。若自真相识灭者，藏识则灭。大慧，藏识灭者，不异外道断见论议。

"大慧，彼诸外道，作如是论：谓摄受境界灭[②]，识流注亦灭。若识流注灭者，无始流注应断。大慧，外道说流注生因，非眼识色明，集会而生，更有异因。大慧，彼因者，说言若胜妙，若士夫，若自在，若时，若微尘。

【注释】

① 种种尘：指六尘，即通过六种方式分别为眼、耳、鼻、舌、身、意引发的世俗之念。
② 摄受：被心识所反映的外界事物。

【白话】

"大慧，通过眼耳鼻舌身意六根感知到心念，形成无始至今的妄想熏染，形成了分别事物之因。

"大慧，如果要恢复到对事物的真识，就要使各种形态的妄念灭除，那么产生这许多心识的根源也就消灭了，这就是外部形态实有的灭除。

"大慧，起相续作用的消灭，是说它的起因消灭了，这样相续亦灭除。其因消灭了，因此而生的缘也就消失了，相续的现象也就消灭了。

"大慧，这是什么道理呢？是其相互依存的原因。因，是从现象而生的心念，依于妄念熏染而生。缘，就是由因从心生发的各种不同境地的认识。大慧，好比泥团和微尘，其有分别但泥团是由微尘积聚而成的。又如金子做的物品,虽各不同,但金子所具有的特性并未失去,其道理是一样的。

"大慧,如果说泥团和微尘不同,泥团不由微尘构成,但实际上却是,所以二者实质没有不同。如果说相同,那么泥团微尘,本质上应当无所谓有分别。

"由上述譬喻大慧,你可以悟到由现象形态而生念引发分别各种事物,都是真识转变的转识形成的,真识非起因。如果不是相异的,转识形成的形态消失,真识也应当消灭,但真识的自相却是不消灭的。因此大慧,并非真识的自相消灭了,只是原因的表现消失了。如果真识的自相也消失了,如来藏即真识也有生与灭了。大慧,如果认为真识有生灭,那么就与其他教派的断见与常见的理论没有区别了。

"大慧,那些其他教派,是这样认为的:感受事物的环境消失,业识流续的现象也就消失。如果生生不息的识真能消灭,从无始至今的识念也应断灭。大慧,那些教派说,相续不断的业力有因,如眼所识并非由色、明等因缘积集而生,还有其他原因。大慧,他们所说的原因,或是神灵、王者、天王,或是时空、原子,等等。

【经文】

"复次大慧,有七种性自性。所谓集性自性,性自性,相性自性,大种性自性,因性自性,缘性自性,成性自性。

"复次大慧,有七种第一义[①]。所谓心境界,慧境界,智境界,见境界,超二见境界,超子地境界,如来自到境界。大慧,此是过去未来现在诸如来应等正觉,性自性第一义心。以性自性第一义心,成就如来世间出世间,出世间上上法。圣慧眼,入自共相建立,如所建立,不与外道论恶见共。

"大慧,云何外道论恶见共?所谓自境界妄想见,不觉识自心所现,分齐不通。大慧,愚痴凡夫性,无性自性第一义①。作二见论。

"复次大慧,妄想三有苦灭,无知、爱、业、缘灭,自心所现,幻境随见。"今当说:

"大慧,若有沙门②,婆罗门③,欲令无种有种因果现,及事时住,缘阴界入生住④。或言生已灭。大慧,彼若相续,若事,若生,若有,若涅槃,若道,若业,若果,若谛⑤,破坏断灭论。所以者何?以此现前不可得,及见始非分故。大慧,譬如破瓶,不作瓶事。亦如焦种,不作芽事。如是大慧,若阴界入性,已灭今灭当灭,自心妄想见。无因故,彼无次第生。

【注释】

① 第一义:最正确智慧的论述。

② 沙门:"沙门那"的简称,意为勤劳、净志、息恶、修道等。原指古印度各宗教派别中出家修行的人。佛教兴起后,成为专有名词,专指佛教僧人。

③ 婆罗门:古印度的贵族集团,是四种姓中的第一种姓,掌握神权,成为知识的垄断者。四种姓依次为:婆罗门、刹帝利(各级官吏)、吠舍(商人、手工业者)、贱民(奴隶)。

④ 阴:为佛教名词。佛教认为在死此生彼之间,即此死结束,它生开始的中间有一个由各种因素构成的阴形,也称中有。各宗派均有异说,都在"有"与"无"之间论及。大乘宗认为有无因人事而定。极善或极恶的人,直接转生,平常人有一个聚合的过程,即有一个中阴的转瞬过程。

⑤ 谛:即四谛、八正道,佛教最基本的教义,二者相互联系。八正道指到达佛教最高境界寂静涅槃的方法和途径,也是到达所

谓超越生死轮回、超越有无、不可思议、不死的绝对寂静境界的修行实践。这种方法和途径共有八种，合称为"八正道"，分别是：正见，即端正信仰，始终不脱离四谛；正志，又称正思维，即根据四谛（苦谛，一切皆苦；集谛，对苦因的分析；灭谛，彻底消灭欲望、烦恼；道谛，修习实践与方法。）对一切现象的分析思考；正语，即远离妄语、绮语、恶口、两舌等罪过；正业，远离杀生、盗窃、邪淫等恶行；正命，正当的生活，不追求过分的生活享受；正方便，又称正精进，即勤勉努力，止恶行善；正念，端正意念，远离邪念；正定，排除杂念，专心禅定。八正道中最重要的是正见，其余的七道皆须从正见出发，进行精进不懈的修行。

八正道也被称为"苦乐俱遣，出于苦乐之外"的非苦非乐的"中道"（参见《增壹阿含经》卷十，见《大正大藏经》2, 593页）。

【白话】

"还有大慧，说来有七种自性：能积聚一切业力的自性，心性本智慧的自性，认识一切现象形态的自性，地水火风与万物性空缘起的自性，推理判断的理念自性，证悟后脱离有与无的自性，能自觉觉他的圆满自性。

"另外大慧，有七种最智慧的论述：就是自心体验的境界，慧遍众生的境界，智见众生内心的境界，能识过去现在与未来的境界，超越断见常见的境界，越度一切佛地的境界，如意自在的无量境界。大慧，这都是过去未来现在诸佛证悟平等正觉，据本智慧的自性之最正确的论述。以这自性正觉最正确的论述，成就如来在世出世期间，这是出世间最上乘的法门。其圣智的慧眼，透视各种形态而建立的论述，它所确立的与其他教派的邪恶见解完全不同。

"大慧，什么是与其他教派邪恶的见解一致呢？就是从自身的感知，产生妄念，不能内识自心的偏见，推论不能通达。

大慧，愚昧痴呆的人们，没有智慧的心性，不能证悟最正确的论述。从而产生有与无两种矛盾的认识。

"还有大慧，妄念所生的欲、色、无色界生的苦果被灭除，就灭了无知、渴爱、业力、缘起，就觉悟了一切形态都是心识所生的幻境。"对此这里应当解说：

"大慧，如出家修行的人和掌握神权的学者认为，万物从无中生有，互为因果，通过事物表现出来，在死此生彼中显现。或者讲在生之时前者已灭除。大慧，如果事物因聚积而相续，或死或生，或有或灭，或通达或为因果，或成为一切苦，会成为起破坏作用的断灭论述。为什么呢？这是由于现在无法证实生之因，见不到人的本原。大慧，其见解如破瓶，不能再装东西。又好比烧焦了的种子，不能再发芽。如此看来大慧，如果自性的身心，一成过去已灭，与现在无关，既消失与未来亦无关，时间割断了。因此这是个人心中的妄想和偏见，由于没有原因，所以它是没有根据的见解。

【经文】

"大慧，若复说无种有种识，三缘合生者①，龟应生毛，沙应出油，汝宗则坏。违决定义，有种无种说，有如是过。

所作事业，悉空无义。

"大慧，彼诸外道说有三缘合生者，所作方便，因果自相，过去、未来、现在，有种无种相。从本已来成事，相承觉想地转，自见过习气，作如是说。如是大慧，愚痴凡夫，恶见所噬，邪曲迷醉无智，妄称一切智说。

"大慧，若复诸余沙门、婆罗门，见离自性。浮云火轮，捷闼婆城，无生。幻焰水月及梦，内外心现。妄想无始虚伪，不离自心。妄想因缘灭尽，离妄想，说所说，观所观，受用，建立身之藏识。于识境界[2]，摄受、及摄受者，不相应。无所有境界，离生住灭，自心起，随入分别。

【注释】

① 三缘：佛教术语，净土宗有念佛有三缘功力：亲缘、近缘、增上缘（可除多劫之罪，不被邪道所系迷），本处指前述其他教派之"有"、"无"、"识"三缘，即三个条件的合成，构成万物之说。

② 于识境界：指六境，亦称六尘，见前注，与六根（眼耳鼻舌身意）相对应，是六根的对象。六境分别为：

色，指客观存在的有形体和色彩的物质，为眼根的对象。

声，为耳根的对象，指语言和各种声音。

香，为鼻根的对象，包括好、恶、等、不等四种香和臭味。

味，为舌根的对象，包括酸、甜、苦、辣、咸五味。

触，为身根的对象，包括坚、湿、暖、动、重、轻、滑、涩、饥、渴、冷等十一种感觉。

法，为意根的对象，亦即意识所思考的一切对象。

【白话】

"大慧，如果又说无中可以生有，有与无以及意识的合成就可生出万物，那么心识所想龟壳生毛、沙子生油，那么龟壳就会长毛，沙子就能产油吗？由此可见其宗旨就是荒谬的。不是确定的道理，有因无因说，其错误在于相互矛盾。

所以做的努力，也就没有意义了。

"大慧，那些教派所说的"有"与"无"以及"识"和合产生一切，其错误在于只看到事物的因果关系，过去已灭，用现在推测未来，认为有无相产生。从已有之事，推断未知，由自身的一孔之见出发，产生了错误的断言。因此说大慧，愚蠢痴迷的人们，被邪恶的见解吞噬，痴迷沉醉于曲折邪恶之中，从而丧失了理智，妄称得到了一切智慧的学说。

"大慧，若还有出家的修行者、婆罗门教的学者，认识到所见的事物本无自性。事相似浮云如燃火把转动而形成火轮，如海市蜃楼，不产生实有。像光之幻焰，水中月，梦中花，是内心外化的形态。它从无始之初就虚幻、伪装地驻于自心之中。若妄念的因缘消失干净，脱离妄念，以及执说有之见，观有之形，接受并建立真相的心识。在意识的境地，被显现与显现的双方，并非实有的相对应。并无一切实有的万事万物，脱离生、住、消失的偏执，从自心所依，了解心理的各种作用。

【经文】

"大慧，彼菩萨不久当得生死涅槃平等①。大悲、巧方便，无开发方便。大慧，彼于一切众生界，皆悉如幻。不勤因缘，远离内外境界，心外无所见。次第随入无相处，次第随入从地至地，三昧境界。解三界如幻，分别观察，当得如幻三昧。度自心现，无所有，得住般若波罗蜜②。舍离彼生所作方便。金刚喻三摩提③，随入如来身。随入如如化。神通自在，慈悲方便，具足庄严。等入一切佛刹，外道入处。离心意意识，是菩萨渐次转身，得如来身。

"大慧，是故欲得如来随入身者，当远离阴界入心，因缘所作方便，生住灭妄想虚伪。唯心直进，观察无始虚伪过，妄想习气因，三有。思惟无所有，佛地无生，到自觉圣趣。自心自在，到无开发行，如随众色摩尼，随入众生微细之心，而以化身随心量度。诸地渐次，相续建立。是故大慧，自悉檀善，应当修学。"

【注释】

①平等：佛家平等有以下含义：共通、通用、同等的人、人与人之间无高下与尊卑之分的平等、超越憎恶爱好的超然境界、无差别的世界和贯穿于各种现象中的绝对真理。因此其底蕴宏大，不乏认识价值。

②住般若波罗蜜：住，有以下含义：

◎居住、停留、住所。见《法华经·序品》

◎存在、安住。见《中论》。

◎执着。

◎生命的持续；住于母胎；宇宙的存续。

◎常住。见《正理门论》。

◎四有为相或三有为相之一，即表示存续的原理。四有为相是生、住、异、灭；三有为相是生起、存续、坏灭。见《俱舍论》卷五。

◎在禅籍中与动词结合，加强语气。如把住、擒住。

般若，意为智慧。波罗蜜，度彼岸。

③金刚喻三摩提：金刚，意为锐利、战胜一切之意。即摄受正定，心念定止，可以战胜一切虚妄之法，祛除邪念。

【白话】

"大慧，这样有成就的修行者就会得到生死和涅槃无差别的境界。具大悲之心，巧用一切方法如愿。大慧，他们会悟出一切众生界里，全都如幻形似地存在。在不受因引缘牵，不受内心与外界的影响，心识皆无。逐步进入无相之地，接着进入更高境界，进到心念定止的菩萨界。认识欲、色、无色三界如幻梦，就能分别形态观察世界，到达如幻影般的澄静境地。度到心念不起，了无微澜的智慧彼岸。舍离其他生死界的俗趣。得到如金刚破一切邪念的正定心，进入如来无生灭的化身境地。神通自在，慈悲而施之巧妙，具备一切美好庄严的形态。可以平等自如地入于一切诸佛的园地，以及一切其他教派修得的境地。脱离心之意念，自识之见，由有成就的修行者转妙有之身，得如来佛果境地的妙色之身。

"大慧，因此要得到如来境界体于一身，应当远离心念，脱离因缘聚合的表象，舍心之生发、存在、消失的虚假外相，唯心修证，观悟无始的假像，以及由因缘生出的妄念，离欲、色、无色三界的束缚。让思维寂灭，由佛境界无生无有逐步到达自觉觉他的圣地。一心自在，无功所行，如珠之在盘，从各方面观赏，各有其妙，从而化度众心。从而引导众生渐入佳境，进入澄静的彼岸世界。因之大慧，应当内证而成就，努力修行。"

【经文】

尔时大慧菩萨，复白佛言："世尊，所说心、意、意识五法自性相。一切诸佛菩萨所行，自心见等所缘境界，不和合。显示一切说，成真实相，一切佛语心。为楞伽国摩罗耶山，海中住处诸大菩萨，说如来所叹，海浪藏识境界法身。"

尔时世尊告大慧菩萨言："四因缘故，眼识转。何等为四？谓自心现摄受不觉，无始虚伪过色习气，计著识性自性，欲见种种色相。大慧，是名四种因缘，水流处，藏识转识浪生。

"大慧，如眼识，一切诸根、微尘、毛孔俱生。随次境界生，亦复如是。譬如明镜，现众色像。大慧，犹如猛风，吹大海水。外境界风，飘荡心海，识浪不断。因所作相，异不异。合业生相，深入计著。不能了知色等自性，故五识身转。

"大慧，即彼五识身俱，因差别分段相知，当知是意识因。

彼身转，彼不作是念，我展转相因。自心现，妄想计著转。而彼各各坏相俱转。分别境界，分段差别，谓彼转。如修行者入禅三昧，微细习气转而不觉知。而作是念，识灭然后入禅正受。实不识灭而入正受。以习气种子不灭，故不灭。以境界转，摄受不具，故灭。

"大慧，如是微细藏识究竟边际，除诸如来及住地菩萨。诸声闻缘觉外道修行，所得三昧智慧之力，一切不能测量决了。余地相智慧，巧便分别，决断句义。最胜无边，善根成熟，离自心现妄想虚伪，宴坐山林，下中上修，能见自心妄想流注。无量刹土，诸佛灌顶。得自在力，神通三昧，诸善知识[1]，佛子眷属[2]。彼心意、意识，自心所现自性境界虚妄之想，生死有海，业爱无知。如是等因，悉已超度。是故大慧，诸修行者，应当亲近最胜知识。"

【注释】

① 善知识：这里指修行有道的高僧。《法华经》中有"益我菩萨之道，名善知识。"

② 眷属：在这里主要指佛门的追随者、信众。由于都归于心体寂静的状态，因而从佛教的角度看，都可以称之为"小菩萨"。在乔答摩·悉达多创立佛教之初，也是从他的亲属和身边的人开始进行教化的，在号称佛陀的十大弟子中，就有三个是他的亲属。诸如甘露王之子阿奴楼陀，佛陀的堂弟，号称"天眼第一"；阿难陀，佛陀的堂弟，号称"多闻第一"；罗睺罗，佛陀之子，号称"密行第一"。

【白话】

这时大慧这位有成就的修行者,又向佛陀问道:"受世人尊敬的您,所说的心、意、识的五法即名、相、分别、正智、如如之自性形态。这是一切自在与有成就的修行者所依证悟的自心不执迷于因缘而合的表现。悟到一切佛所讲的心识与真实之形态。就是在楞伽国的摩罗耶山,这海中的住处对各位菩萨,赞叹如来佛法身,似大海的波浪那种自如的藏识境界广包一切。"

这时释迦牟尼告诉大慧这位修行有道的人说:"四因缘究其因,是由眼观起念而生成的形态。有哪四种呢?就是自心反映的不自觉活动;从无始以来,见色的形态而生的妄念习性;执着于所见的各种形态;随处可见的各种事物及形态。大慧,正是这四种因缘,在平静自如的藏识海中,掀起巨浪,使如平静大海的藏识转变为波浪不已。

"大慧,比如眼识产生时,所有的组织、细胞原子与毛孔都产生作用。其他境识产生的道理也是这样。譬如明镜,可以照见各种事物的形态。大慧,好比狂风,吹动海水。外界的境地之风,使心念如海潮涌,各种意识的波浪起伏。不同原因,产生不同形态。使形态同中有异。产生各种现象和认识,加深了我的偏见。不能认识色与形态本无自性,因此五识即眼耳鼻舌身都随外境偏离真相。

"大慧,这五识的具备,虽各有别,但互相联系,就成为意识之因。这样转变不止,但都不能认识其因果。自心显现,妄念执着相转生。而这各种破坏心识的形态都生化出来。偏执于不同境界,以及心识逐次分段的表现,就是外境在心中的转变。正如修行证悟的人入定息虑,那些念因的习性还在转变,但自己并未意识。而认为,意识已寂灭进入心澄正止。实际上真相并未寂灭进入定止。这由于习气的真实种因不灭。只是在境界变化时，不执着于现象形态，所以认为意识寂灭了。

"大慧，这样微观细致的藏识即包含一切种因的究竟边际，除了诸佛与进入菩萨境地的，那些其他教派、修声闻、缘觉的人，其所有的心虑定止的智慧工力，是不能测量出它的境界的。那些证到菩萨境界的智慧，运用各种方法，推论义理。进入最美妙的藏识，在修证圆满，脱离了自心妄念，围坐在山林中，依次修行从下即天人乘进到中即声闻、缘觉，再至上即菩萨乘，能自觉心之妄念的流动。从而进入自如境地，由诸先佛引度，得自在工力，神通定力，与有道高僧和佛门弟子同修。其心识，自心所现的境界，生死苦海的业根与无智的欲念。凡是生发妄念的心识，都得到了解脱超度。因此大慧，发愿修行的人，应当亲近最殊胜的智慧。"

【经文】

尔时世尊，欲重宣此义，而说偈言：
譬如巨海浪，斯由猛风起。
洪波鼓冥壑，无有断绝时。
藏识海常住，境界风所动。
种种诸识浪，腾跃而转生。
青赤种种色，珂乳及石蜜①。
淡味众华果，日月与光明。
非异非不异，海水起波浪。
七识亦如是②，心俱和合生。
譬如海水变，种种波浪转。
七识亦如是，心俱和合生。

谓彼藏识处，种种诸识转。
谓以彼意识，思惟诸相义。
不坏相有八③，无相亦无相。
譬如海波浪，是则无差别。
诸识心如是，异亦不可得。
心名采集业，意名广采集。
诸识识所识，现等境说五。
尔时大慧菩萨以偈问曰：
青赤诸色像，众生发诸识。
如浪种种法，云何唯愿说。
尔时世尊，以偈答曰：
青赤诸杂色，波浪悉无有。
采集业说心，开悟诸凡夫。
彼业悉无有，自心所摄离。
所摄无所摄，与彼波浪同。
受用建立身，是众生现识。
于彼现诸业，譬如水波浪。
尔时大慧菩萨，复说偈言：
大海波浪性，鼓跃可分别。
藏与业如是，何故不觉知？
尔时世尊，以偈答曰：
凡夫无智慧，藏识如巨海。
业相犹波浪，依彼譬类通。
尔时大慧菩萨，复说偈言：
日出光等照，下中上众生。

如来照世间，为愚说真实。
已分部诸法，何故不说实？
尔时世尊，以偈答曰：
若说真实者，彼心无真实。
譬如海波浪，镜中像及梦。
一切俱时现，心境界亦然。
境界不俱故，次第业转生。
识者识所识，意者意谓然。
五则以显现，无有定次第。
譬如工画师，及与画弟子。
布彩图众形，我说亦如是。
彩色本无文，非笔亦非素④。
为悦众生故，绮错绘众像。
言说别施行，真实离名字。
分别应初业，修行示真实。
真实自悟处，觉想所觉离。
此为佛子说，愚者广分别。
种种皆如幻，虽现无真实。
如是种种说，随事别施设。
所说非所应，于彼为非说。
彼彼诸病人，良医随处方。
如来为众生，随心应量说。
妄想非境界，声闻亦非分。
哀愍者所说⑤，自觉之境界。

【注释】

① 珂乳及石蜜：珂，雅致美好的玉石。珂乳，疑为色如玉而坚硬的乳糖。《本草纲目》有：西戎用水牛乳汁米粉和砂糖煎炼作饼块，黄白色而坚用，有润肺明目之功。石蜜，冰糖。《善见律.十七》称："甘蔗糖坚强如石，是名石蜜。"由火反复煎熬而成。

② 七识：佛教名词，八识中的前七识，指瑜伽行派五位百法中的心法，按认识作用分为：眼识、耳识、鼻识、舌识、身识、意识、末那识（又称染污）、阿赖耶识（或称含藏，包含之意）等八个识体。

③ 不坏相有八：指八个识体各有分别，但总归于"无相"，不能持有，故言"不坏"，因其既无所谓有与无，故"不坏"永住。

④ 素：即本色，底色，纸本身的颜色。

⑤ 哀愍（mǐn）：愍，同悯，悲悯哀怜之心。

【白话】

这时佛陀，又复述其理，用偈言归纳说：
比如那海涛巨浪，都由狂风而引起。
波浪汹涌天昏暗，起伏不定无断绝。
藏识如海本湛静，内外境地心风动。
各种妄念波涛起，奔腾跳跃心相生。
赤橙黄绿青蓝紫，块块乳饼与冰糖。
香淡可口众花果，日月朗朗闪星光。
看似相同却不同，好似海水与波涛。
七识作用也如此，心物交合万相生。
比如静海变浪头，转变波涛水连天。
七识功用也同理，心物相应妄念生。

如此心识全体处，各种物相纷然成。
这般状况意识中，思维运行形态出。
不错实相有八识，本无形态无表象。
好比静海与波涛，表现不同实为水。
心识八体同此义，体用有别实无别。
心是采集业力根，意识则如业力苗。
心念意识见境起，外界形态五识生。
这时大慧大士用偈言发问说：
五光十色生色相，引出人们眼识生。
如波浪海水无异，为何如此愿解说。
这时释迦牟尼，用偈言回答：
赤橙黄绿青蓝紫，大海波浪本自无。
由心采集生形态，佛用心语度世人。
心生业力性本空，自心反映偏执成。
若不执像反归真，海浪平息回湛清。
接受使用心与身，形成人们现象心。
使其业力因生缘，心潮思绪波连波。
这时大慧大士又用偈言说道：
大海波浪的特征，浪涛起伏能分别。
藏识业因同此理，为何人们不知觉？
这时佛陀，以偈言作答：
凡人世俗无智慧，藏识内涵如大海。
业力表现若波浪，借此喻理义相通。
这时大慧这位高僧，再一次用偈言发问：
日出光明照世间，各种生灵在其中。
佛光普照如日月，为我众生解真谛。
阐发修行各途径，为何不言相为实？
此时佛陀，以偈言作答：

如若说心相真实，此心实无有实相。
好比海水起波浪，又如镜影与梦幻。
都是暂时的显现，心之境界也同样。
境界不是同时生，因缘相依转变生。
心识就是有认识，意识就是来分别。
五识功用在表现，产生并不分先后。
好比绘画的教师，指导学画的学生。
如何着色定形象，我说佛法理相同。
色彩本身不是画，同样不是笔与纸。
为了显示美与人，色彩交叉绘人像。
语言是表达工具，真相与名称不同。
为显示心识之初，只有修证方得真。
真实只能自体验，感觉妄想要脱离。
这为佛门子弟说，为使世人知道理。
其理种种如梦幻，虽然呈现非真实。
修行各种方法论，随事因人而设立。
如果所讲非人意，人会认为你胡言。
好似病人千万种，良医对症施药方。
如来大悲度众生，因心施法酌情说。
心存妄念难理解，二乘修悟也不分。
哀悯生灵说心识，自觉悟证入境界。

【经文】

"复次大慧，若菩萨摩诃萨，欲知自心现量，摄受及摄受者，妄想境界。当离群聚，习俗睡眠。

初中后夜，常自觉悟修行方便。当离恶见经论言说，及诸声闻缘觉乘相。当通达自心现妄想之相。

"复次大慧,菩萨摩诃萨,建立智慧相住已,于上圣智三相,当勤修学。何等为圣智三相当勤修学?所谓无所有相,一切诸佛自愿处相①。自觉圣智究竟之相。修行得此已,能舍跛驴心智慧相②。得最胜子第八之地,则于彼上三相修生。大慧,无所有相者,谓声闻缘觉,及外道相,彼修习生;大慧,自愿处相者,谓诸先佛自愿处修生;大慧,自觉圣智究竟相者,一切法相无所计著,得如幻三昧身诸佛地处进趣行生。大慧,是名圣智三相。

若成就此圣智三相者,能到自觉圣智境界。是故大慧,圣智三相,当勤修学。"

尔时大慧菩萨摩诃萨,知大菩萨众心之所念,名圣智事,分别自性经。承一切佛威神之力而白佛言:"世尊,唯愿为说圣智事,分别自性经。百八句分别所依。如来应供等正觉,依此分别说菩萨摩诃萨,入自相共相妄想自性。以分别说妄想自性故,则能善知周遍,观察人法无我,净除妄想,照明诸地,超越一切声闻、缘觉,及诸外道诸禅定乐,观察如来不可思议所行境界,毕定舍离五法自性。诸佛如来法身智慧,善自庄严。起幻境界,升一切佛刹兜率天宫③,乃至色究竟天宫,逮得如来常住法身。"

【注释】

① 一切诸佛:又称一切如来,大乘佛教认为人人都有佛性,只要发愿修证,都可以成佛。

② 跛驴心:无精进勤修之心。如跛驴驻足不前。

③ 兜率天:梵文音译。意为"妙足""知足"为三界中欲界六

重天之一，即四天王天、忉利天、夜摩天、兜率天、乐变化天、他化自在天。佛教认为在欲界天中都不离食淫二欲。

【白话】

"另外大慧，有成就的修行者和众生，要知反映的自心表现，反映的各种形态和妄想境界。应当离群独聚，去掉睡眠的习惯。

通宵达旦，不断自心悟道修行法门。要脱离其他邪恶的经文论说以及二乘道果的境地。通达了解自心妄念之想的形态。

"还有大慧，修悟者和众生，建立了修行智慧的心愿，对于优秀的圣智三相，应当勤奋修证学习。什么是圣智三相及勤学的内容？就是无所有相，一切诸佛自愿处相，自觉圣智究竟之相。若修行得此后，能舍去如跛驴驻足不前、自以为智慧的形态而精进不已。进入佛门最优秀弟子才能到达的修证者第八住处，这里由修以上所述三相而产生。大慧，所说的无所有相是指声闻与缘觉二乘和其他教派的修行者所修之相；大慧，所谓自愿处相，是指过去先世诸佛自心自觉修行之相；大慧，所谓自觉圣智究竟相者，就是一切法相，都不执着，自身证得如幻梦的定止之心，至一切诸佛修行的地方。大慧，这就叫做圣智三相。

如能成就圣智三相的人，能到达自觉证悟圣明智慧的境界。因此大慧，对圣明智慧的三种形态，应当勤奋修证学习。"

这时大慧大士众生们，知道修证得道是大家的心愿，明了圣智境地中分别自性的事物形态。承担着一切修行佛理的、成就佛果的威力神通向佛陀发问说："世人尊敬的您，希望讲说圣智境界中分别自性的情况。还有一百零八个问题所有的根据。我佛应共同平等正念觉悟，由此解说分别的情况给修证者众生，可使他们得悟自我形态、事物共同形态是由妄念自性而生。若能参悟分别妄念自性的虚幻，就能善解一切众生心意，观察人无我、法无我的真义，从而净除妄想，使智慧之光照亮一切境地，超越一切二乘道果以及其他修行各种禅定之法所感受到的乐趣，定心舍去形态、名称、妄想、正智、真相的五法自性。得一切佛如意法身显现智慧，美好庄严。离幻梦不实境地，逐步进入成佛必经的欲界天中，到达无色界天中，从而证得佛果，得永驻法身。"

【经文】

佛告大慧："有一种外道，作无所有妄想计著，觉知因尽，兔无角想①。如兔无角，一切法亦复如是。大慧，复有余外道，见种求那极微陀罗骠形处②，横法各各差别。见已计著，无兔角横法，作牛有角想。大慧，彼堕二见，不解心量。自心境界，妄想增长。身受用建立，妄想根量。大慧，一切法性，亦复如是。离有无不应作想。大慧，若复离有无而作兔无角想，是名邪想。

彼因待观，故兔无角，不应作想。乃至微尘分别事性，悉不可得。大慧，圣境界离，不应作牛有角想。"

尔时大慧菩萨摩诃萨白佛言："世尊，得无妄想者，见不生相已。随比思量观察不生妄想，言无耶。"

佛告大慧："非观察不生妄想言无。所以者何？妄想者，因彼生故，依彼角生妄想。以依角生妄想，是故言依因。故离异不异，故非观察不生妄想言无角。大慧，若复妄想异角者，则不因角生。若不异者，则因彼故。乃至微尘分析推求，悉不可得。不异角故，彼亦非性。二俱无性者。何法何故而言无耶。大慧，若无故无角，观有故言兔无角者，不应作想。大慧，不正因故，而说有无。二俱不成。

"大慧，复有余外道，见计著色空事，形处横法。不能善知虚空分齐，言色离虚空，起分齐见妄想。大慧，虚空是色，随入色种。大慧，色是虚空，持所持处所建立。性色空事，分别当知。大慧，四大种生时，自相各别。亦不住虚空，非彼无虚空。如是大慧。观牛有角，故兔无角，大慧，又牛角者，析为微尘，又分别微尘，刹那不住。彼何所观故而言无耶。若言观余物者，彼法亦然。"

尔时世尊告大慧菩萨摩诃萨言："当离兔角牛角，虚空形色，异见妄想。汝等诸菩萨摩诃萨，当思惟自心现妄想。随入为一切刹土最胜子，以自心现方便而教授之。"

【注释】

① 兔无角想：认为兔子本身无角，是由本性之种子本无，本文意指偏执于无与有。

② 求那句：求那，梵文音译，意谓依，依止、依据。陀罗骠（piào），意为尘。

【白话】

释迦牟尼告诉大慧："有一种教派，认为一无所有并固执地坚持这种妄想，认为事物由因而尽，如兔子本身就不生角。如兔无角一样，一切法，也归于无。大慧，还有一种教派，看到事物种因都依于微小的尘埃而生，其规律都由数量、形态来表现，从而各有不同的差别。他们固执己见，认为兔无角是由于无此种因，牛有角是有种之因，因此有角。大慧，这两种见解，都落入有与无的偏执，不了解心识的区别。自心由外面境地而生的妄想增长不止。身心就建立在感官上，成为妄想的根本和不同表现。大慧，一切法的自性，也同样如此。应脱离有或无的想法。大慧，若能脱离有与无而认为兔子无角的想法，就称作错误的想法。

其原因是，有与无应从心识中观察，眼看到兔无角，就这样想是不应当的。另外执有的应知微尘，再追究分析，也得不到什么。大慧，证悟圣明智慧的境界，应脱离有的执着，不以牛有角而认为物实有种子之因。"

这时大慧修证者对佛陀发问："世人尊敬的您，若证得了无妄想的人，看见外物，自心不生形态。那么只是观察和思考并不生有的妄念，能说一切都是无吗？"

释迦牟尼告诉大慧："并非观察事物后不生妄想，就可以说无的。为什么呢？心念是依他而生的。由兔和牛的无与有角，产生妄想，因此是依他而起。要脱离同与不同的认识，所以说无心地观察反映，则不生妄想，说有无角。大慧，如果妄想依角而生，但情况不同，那么认识不从一角生。若相同，则用彼因求此想。乃至从微尘分析推理认为有角，都不能成立。妄想与角想一样，推求本无，他们都无自性。有无角的心识都无自性，根据什么说无呢？大慧，如因兔无角而说无，见牛有角再讲兔无角之因，不应当这样认识。大慧，错误在于两者之因不同，因此从不同的因来说有或无，两种结论都不成立。

"大慧，还有其他教派，执着于事物的颜色与虚无的法则。不去很好地认识虚空的内涵，说色相与虚空不同，产生分别不同的妄想。大慧，虚空也是色，透进一切色相的种因。大慧，色相就是虚空，只是在持性和所持性上表现。自性虚空的色相，其分别应当知道。大慧，四大即地水火风形成时，其本相有别。同时变化于虚空，并非它们无虚空。正是如此大慧，可知观牛有角，所以说兔无角。大慧，还有把牛角的形成，可以分析到原子,再分析原子,永无止息。那又从何得出无呢?由此观察别的事物,也同样。"

这时佛陀对大慧大士和众生说:"要脱离兔角有无角的执著,来看有与无,虚空与形色等物,也因偏异之见而生妄想。你和众修行者,要思维自心识而生的妄想。才能成为一切地方最优秀的佛门子弟,以心识的感知方法去教导并进行传授。"

【经文】

尔时世尊,欲重宣此义,而说偈言:

色等及心无,色等长养心。

身受用安立,识藏现众生。

心意及与识,自性法有五。

无我二种净,广说者所说。

长短有无等,展转互相生。

以无故成有,以有故成无。

微尘分别事,不起色妄想。

心量安立处,恶见所不乐。

觉想非境界,声闻亦复然。

救世之所说,自觉之境界。

尔时大慧菩萨,为净除自心现流故,复请如来。白佛言:"世尊,云何净除一切众生自心现流?为顿为渐耶?"

佛告大慧:"渐净非顿。如庵罗果①,渐熟非顿。如来净除一切众生自心现流,亦复如是。渐净非顿。譬如陶家造作诸器,渐成非顿。如来净除一切众生自心现流,亦复如是。渐净非顿。譬如大地渐生万物,非顿生也。如来净除一切众生自心现流，亦复如是。渐净非顿。譬如人学音乐书画，种种技术，渐成非顿。

如来净除一切众生自心现流，亦复如是。渐净非顿。

"譬如明镜，顿现一切无相色像。如来净除一切众生自心现流，亦复如是。顿现无相，无有所有清净境界②。如日月轮，顿照显示一切色像，如来为离自心现习气过患众生，亦复如是。顿为显示不思议智最胜境界。譬如藏识，顿分别知自心现，及身安立受用境界。彼诸依佛，亦复如是。顿熟众生所处境界，以修行者，安处于彼色究竟天。譬如法佛，所作依佛，光明照耀。自觉圣趣，亦复如是。彼于法相有性无性恶见妄想③，照令除灭。

【注释】

① 庵罗果：庵应作菴。菴罗，水果树名。菴罗果，菴罗树果实。

② 清静：纯粹、脱离烦恼、无恶。此外还有澄清、心地清澄、如来、承认世俗道德等含义（参见高杨、荆三隆《金刚经新注与全译》65 至 66 页）。

③ 法相：主要有六种含义。分别是指：各种法的特质；对事物的观念；诸法的差别与形态；现象存在的形态；事物存在的形态；现象界的事物。本文指一切事物的真实形态，一切诸法的本性，即真理的特质。参见《维摩经》、《法华玄义》、罗什译《小品般若》等。

【白话】

这时佛陀，又复述其义理，用偈言归纳说：

色与心识无自性，众生依色起妄心。
色身受用于欲界，藏识种子生众相。
意识分来有八识，自性说法有五种。
人法无我得澄清，为人们来广解说。
长短有无转化生，辗转相处统一中。
不同之处有相同，共有之处有不同。
原子构成众事物，觉者不起色妄念。
心识定立安身处，邪恶之想怎得乐。
觉悟思想难得境，声闻道果亦难入。
救度世人所说法，自觉内证化入境。

这时大慧大士，为除去内心分别妄念如水流般地注入，又请教佛祖。问佛说："受世人尊敬的您说，怎样才能干净地除掉一切众生心识的流转如注呢？是要顿悟还是要渐修而成呢？"

佛陀告诉大慧："是渐修清净不是顿悟。如水果树的果实，是渐熟不是立即成熟的。如来除净一切众生心识妄想流注，也是如此。是逐渐除净而不是顿然得悟。譬如陶匠制造器物，渐成而非即成。如来除净一切众心之妄念，也同于此理。又譬如大地生长万物，是渐渐长成，并非立即生长。如来净人心识，也是如此。再譬如有人学习绘画书法音乐，以及各种技艺，都是逐渐而成，不是一下子顿然而就的。

如来除净一切众生自心分别妄念的流注，也是如此，渐净而非顿时成就的。

"譬如明镜，就能顿时显现一切色像。如来除净一切众生自心现出的流注，也是如此。顿时显现无相，呈现无所有的清净境界。如日月光圈，顿时普照显示一切色像，如来为众生脱离自心流注的习气患难成灾，也是如此，顿时表现出不可思议的智慧殊胜的境界来。好比藏识，马上可以分别认知自心的现识，以及安立色相之身的定止境界。那些依佛之身，也是如此。顿时成熟众生所处之地，使修证者安然处在其色究竟天的美妙中。又比如佛之法身、依身，光明照耀。证悟了自觉圣地者，也是如此。其法身之相朗照，使执有与无之邪恶妄想，顿时灭除。

【经文】

"大慧，法依佛，说一切法。入自相共相自心现习气因。相续妄想自性计著因①，种种不实如幻。种种计著，不可得。

"复次大慧，计著缘起自性，生妄想自性相。大慧，如工幻师②，依草木瓦石作种种幻。起一切众生若干形色，起种种妄想。彼诸妄想，亦无真实。如是大慧，依缘起自性，起妄想自性，种种妄想心。种种相行事妄想相，计著习气妄想。大慧，是为妄想自性相生。大慧，是名依佛说法。

"大慧，法佛者，离心自性相。自觉圣所缘境界，建立施作。大慧，化佛者，说施戒忍③，精进禅定，及心智慧，离阴界入解脱识相分别④，观察建立，超外道见，无色见。

"大慧，又法佛者，离攀缘，攀缘离，一切所作根量相灭。非诸凡夫声闻缘觉外道，计著我相所著境界。自觉圣究竟差别相建立。是故大慧，自觉圣究竟差别相，当勤修学，自心现见应当除灭。

"复次大慧，有二种声闻乘通分别相。谓得自觉圣差别相，及性妄想自性计著相。云何得自觉圣差别相声闻？谓无常⑤、苦、空、无我境界、真谛。离欲寂灭，息阴界入自共相。外不坏相如实知。心得寂止，心寂止已。禅定解脱，三昧道果，正受解脱。不离习气，不思议变易死，得自觉圣乐住声闻，是名得自觉圣差别相声闻。

"大慧，得自觉圣差别乐住菩萨摩诃萨，非灭门乐正受乐。顾悯众生及本愿，不作证。大慧，是名声闻得自觉圣差别相乐，菩萨摩诃萨，于彼得自觉圣差别相乐，不应修学。

"大慧，云何性妄想自性计著相声闻？所谓大种，青黄赤白，坚湿暖动，非作生自相共相，先胜善说。见已，于彼起自性妄想。菩萨摩诃萨，于彼应知应舍，随入法无我相，灭人无我相见。渐次诸地，相续建立。是名诸声闻性妄想自性计著相。"

【注释】

① 计著：偏执、执着于我之妄念。

② 工幻师：魔术师。

③ 施戒忍，精进禅定，及心智慧句：即六度，到彼岸的六种修行方法：布施、持戒、忍辱、精进、禅定、心智慧。

④ 阴界：指五阴，又称"五众"、"五蕴"，佛教专有名词。大致包括色、受、想、行、识五方面的内涵，通常色指物质、客体，其余组成主体、精神世界，因此"五阴"在广义上指物质世界和精神世界的总和。

⑤ 无常：佛教教义，指一切现象都是暂时的，流动不息、瞬息万变的，一切现实存在的事物都是要消亡的，无一永存。常说的有：刹那无常；相续无常。有时也指：众生无常；世界无常；诸念无常（思维概念都是瞬息万变的）。"诸行无常"就是世界。一切现象都在生、住、异、灭的不断变化的长流中，这从根本上排除了永恒存在的最高实体的地位，从而也就从根本上否定了婆罗门教的神学。

【白话】

"大慧,为论说佛法,佛以法佛、依佛、化佛三种身相。化入自相和共相,显现其由心识的流转习气生成。众生不解使连绵不止的心中妄念执着,自性与共性都不真实如幻梦。各种执着,从本质上说都不可能得到。

"其次大慧,由于人们执着于因缘而起和自性,产生妄想的有自性的形态现象。大慧,这就好像魔术师,借草木瓦石等物品变出各种虚幻的形象。自性生起一切众生心中的许多形象,产生各种幻影。这些妄想与魔术的变幻一样,都不真实。因此大慧,依靠缘生而起自性,产生有自性之妄念,生发出各种心念。产生各种现象与形形色色的形态,而执着于形、色的妄想习气,是与妄想的自性形态相辅相生的。大慧,这是依佛借依报生成的法门。

"大慧,法身佛即脱离心识所生的自性形态,自觉内悟圣明智慧的心识境界,建立无自性的清澄世界。大慧,化身佛则化说布施、戒律、忍辱、精进、禅定以及心的智慧等六种修度方法,远离色、受、想、行、识这五种性念的束缚,脱离心识的各种形态表现,观察事物,建立藏识诸法,超越其他教派的偏见和无色界二乘道品的见解。

"大慧,还有法身佛,是脱离了攀缘不休的妄想心识,攀缘不止的性相远离,一切有的六根见识事物的形态都归于寂灭。这不是人们以及修行声闻、缘觉道品的其他教派,执着于我的形态所能领会的境界。自觉证悟圣智而建立究竟差别相,这无上圣明智慧的形态。因此大慧,要勤奋修学,自心如水流注不止的妄念应当除灭干净。

"还有大慧,有两种即声闻乘的差别形态。就是得自觉圣差别相,及性妄想自性计著相。何为得自觉圣差别相声闻?就是能认识一切无常、皆苦、空虚、以及进入无我之境界，得人生真谛。脱离欲望归于心寂，息止由五阴生发的自性与共有形态。内心与外境的形态如实认识。心得寂静，心念止息后，得禅定解脱，三昧道果，从而身心正受而解脱。但仍未离习气的影响，不能思议变化生死，得证自觉的声闻，就叫住于自觉圣乐差别相声闻。

"大慧，得到自觉圣差别乐住的有成就的众生，并不乐住于寂灭与正受乐处，只愿悲悯众生而尽力，不证涅槃境界。大慧，这样就叫声闻得自觉圣差别相之乐。有成就的修行者，对于住于自觉圣差别相乐的声闻乘，不应当修学。

"大慧，什么是性妄想自性计著相声闻？即所谓对事物的四大种性，青黄赤白，坚湿暖动即地水火风等，认为虽无造物主，但都有各自的形态，共性，前代学者也这样讲。从而由一己之见，对这样的四大种等生出有自性的妄想。有成就的修行者，对此应知取舍，顺随而入使之识得一切法无我的境地，从而除去人与我之境，两见消灭逐渐进入并建立菩萨乘道品。二述就是第二种声闻乘的修行者执着于自性妄想的形态。"

【经文】

尔时大慧菩萨摩诃萨白佛言："世尊，世尊所说，常不思议自觉圣趣境界及第一义境界①。世尊，非诸外道所说，常不思议因缘耶②？"佛告大慧："非诸外道因缘，得常不思议。所以者何？诸外道常不思议，不因自相成。若常不思议不因自相成者，何因显现常不思议？

"复次大慧，不思议若因自相成者，彼则应常。由作者因相故，常不思议不成。大慧，我第一义常不思议，第一义因相成，离性非性得③。自觉相故有相，第一义智因故有因，离性非性故。譬如无作虚空，涅槃灭尽故常。如是大慧，不同外道，常不思议论。如是大慧，此常不思议，诸如来自觉圣智，所得如是。故常不思议自觉圣智所得，应当修学。

"复次大慧，外道常不思议，无常性。异相因故，非自作因相力故常。

"复次大慧，诸外道常不思议，于所作性非性无常④。见已思量计常。大慧，我亦以如是因缘，所作者性非性无常见已，自觉圣境界，说彼常无因。

大慧，若复诸外道因相，成常不思议。因自相性非性，同于兔角。此常不思议，但言说妄想。诸外道辈，有如是过。所以者何？谓但言说妄想，同于兔角，自因相非分。大慧，我常不思议，因自觉得相故，离所作性非性故常。非外性非性无常，思量计常。大慧，若复外性非性无常，思量计常。不思议常，而彼不知常不思议自因之相。去得自觉圣智境界相远，彼不应说。

【注释】

① 常不思议：常，第一义自觉圣趣。圣趣即常境。不思议，第一义自觉常智，出自自性且有因与相。

② 常不思议因缘：其他教派之说，出自造作者，且无因无相，因此佛门称之为兔角，以此喻不存在的妄见。

③ 离性非性得：离性，指非有性；离非性，非无性。既非有亦非无，即为中道，故常得不可思议。中道，佛教术语，中指不二，不偏于两边，不走极端的认识。各宗派见解有别，但大体上都认为是佛门要义。其包括人生论和宇宙论等范畴。如小乘佛教有"八正道"及证悟"十二因缘"后的"中道"。大乘佛教亦有中

观学派、瑜伽学派、中国天台宗等不同的"中道论"。大体上在永恒与短暂、有与无、生与灭、实与现象、外相之空、假等问题上各有侧重。

④无常:佛门术语。指一切事物都在不断地变化。分为刹那无常和相续无常"犹如电光"。民间亦称"鬼",是索命鬼。

【白话】

这时大慧觉者对佛陀说:"受世人尊敬的您所说的常不思议的自觉圣趣境界,以及第一义境界,它与其他教派所讲的常不思议因缘有什么区别?"

佛陀告诉大慧:"不是其他教派由因缘得常不思议。为何呢?他们的常不思议,不因自相而成。如果常不思议不因自相而成,那么又根据什么显示常不思议呢?

"其次大慧,不思议如由自相而成,它就是常存的。若由一个造作的因缘而成,那么常不思议不成立。大慧,我说的第一义常不思议,第一义是由自相而成,离有性或无性,由中道证得自觉之有相。第一义以智慧为因,因此它有因,是离于有性与无性。就好比无所作为的虚空,是寂静灭尽的境地,所以是常不思义。因此大慧,不同其他教派的常不思议论。所以说大慧,这常不思议,是一切如来自觉圣智所得,因此应当修学。

"另外大慧,其他教派的常不思议不常住。不以自相为因,不以自性自相之力而称的常不思议。

"还有大慧,其他教派的常不思议,见所作的有性无性,一切无常。从而计算推论另有常不思议。大慧,我讲一切由因缘而起,所作的有性无性均无常,于自觉圣境地,而他们的无常是无因之说。

大慧,如果其他教派以自相为因,成为常不思议。但因自相之因的有性无性,同于兔的无角,那本是无,因此,其常不思议，只是用语言表达的妄想之说。其他教派，犯了这样的过错。为什么呢？是指只是一种语言上的假说，同兔有角一样，是执于自相的非分之想。大慧，我讲常不思议，由自觉证悟之相而得，离有为所作，非有性也非无性，从而是无量的常住。大慧，若还认为之外，自性无性，事体无常。另有一常不思议，是其他教派不知常不思议，有因有相。这离自觉圣智境界相去甚远，你们不应这样说。

【经文】

"复次大慧，诸声闻畏生死妄想苦，而求涅槃。不知生死涅槃差别一切性，妄想非性。未来诸根境界休息，作涅槃想。非自觉圣智趣，藏识转。是故凡愚说有三乘①。说心量趣无所有。是故大慧，彼不知过去未来现在诸如来自心现境界，计著外心现境界。生死轮常转。

"复次大慧，一切法不生，是过去未来现在诸如来所说。所以者何？谓自心现，性非性，离有非有生故。大慧，一切性不生。一切法如兔马等角，是愚痴凡夫不觉妄想，自性妄想故。

大慧，一切法不生。自觉圣智趣境界者，一切性自性相不生。非彼愚夫妄想二境界②。自性身财建立趣自性相。大慧，藏识摄所摄相转。愚夫堕生住灭二见。希望一切性生。有非有妄想生，非圣贤也。大慧，于彼应当修学。

"复次大慧，有五无间种姓。云何为五？谓声闻乘无间种性，缘觉乘无间种性，如来乘无间种性，不定种姓，各别种姓。

"云何知声闻乘无间种姓？若闻说得阴界入自共相断知时，举身毛孔，熙怡欣悦③，及乐修相智，不修缘起发悟之相。是名声闻乘无间种性声闻无间。

"见第八地，起烦恼断，习气烦恼不断不度不思议变易死，度分段死。正师子吼：'我生已尽，梵行已立，不受后有。'如实知，修习人无我，乃至得般涅槃觉。

"大慧，各别无间者，我人、众生、寿命、长养、士夫，彼诸众生作如是觉，求般涅槃。复有异外道说，悉由作者，见一切性已，言此是般涅槃。作如是觉，法无我见非分，彼无解脱。大慧，此诸声闻乘无间外道种性，不出出觉。为转彼恶见故，应当修学。

【注释】

① 三乘：参见前注。也把三乘归为：声闻、缘觉、菩萨三乘，三乘中菩萨乘亦称佛乘。
② 二境界：相对应的境界，如有与无等。
③ 熙怡欣悦：和熙、怡然、欢欣、喜悦，十分高兴的神态。

【白话】

"再说大慧，诸修习声闻道果的害怕生死妄想之苦，从而求得涅槃。但其不知生死与涅槃的差别在于自性，与妄想一样，本无自性。他们修行使未来之心识不生，住于休息止念，便以为是涅槃。没有证悟自觉圣智的去处，也没转化藏识。所以世人说佛法有声闻、缘觉、菩萨三乘的区别。认为心量可去无所谓有的境地。因此大慧，他们不知过去、现在、未来，是诸佛自心显现的境界，从而在生死轮回的苦海中打转。

"另外大慧，一切法不生，是过去、现在、未来诸如来所说的。为何呢？就是一切由心识妄念显现，性本无自性，远离有与无而不生的。大慧，一切性不生。一切法如兔马等角，本无所谓有也无所谓无，是愚痴的人的不实妄想而产生的，是心之妄念。

大慧，一切法不生。得自觉圣智趣境界的人，一切性无自性可言，无相可生。这不是愚人妄念中两种相对应的有与无的境界。身与物都由性自性所生、所表现。大慧，藏识的反映与被反映转化为一切形态。愚人们堕入或生或灭的两种见解里，希望一切法有性的有或无，生或灭，这都是妄想所生的境界，不是圣贤之道。大慧，对此应当修证学习。

"还有大慧，人有五乘种性。哪五种呢？就是声闻乘无间种性、缘觉乘无间种性、如来乘无间种性、不定种性、各别种性。

"什么是声闻乘无间种性呢？听到除五阴，知道除去自相、共相，就张开浑身毛孔，十分欢喜，就乐于修证除惑求智，但不再证缘起不生，这就称为声闻乘。

也有第八识之见，断烦恼，未绝习气，不修度到由分段至变化之生死。这时，就如狮子吼声叫道：'我生已尽，法行建立，不受后有。'其如实进行修道，得入人之无我境，却认为得入涅槃界。

"大慧，各别种性的人，认为有我相、人相、众生相、寿者相、长命之相和智者丈夫相，这样的人以为这就是可得入的涅槃境界。还有其他教派的人认为，一切有造作，一切有性，这就是涅槃。这样认为，就不能证得法无我的境地，他们也不会解脱。大慧，这些声闻乘的异教种性，不出世俗、不得正觉之识。为了转化他们这种邪恶的见解，你们应当修学。"

【经文】

"大慧，缘觉乘无间种性者，若闻说各别缘无间，举身毛竖，悲泣流泪。不相近缘，所有不著。种种自身，种种神通若离若合，种种变化。闻说是时，其心随入。若知彼缘觉乘无间种姓已。随顺为说缘觉之乘。是名缘觉乘无间种性相。

"大慧，彼如来乘无间种姓，有四种。谓自性法无间种性，离自性法无间种姓，得自觉圣无间种姓，外刹殊胜无间种性。大慧，若闻此四事一一说时，及说自心现身财建立不思议境界时，心不惊怖者。是名如来乘无间种性相。

"大慧，不定种性者，谓说彼三种时，随说而入，随彼而成。

"大慧，此是初治地者，谓种性建立，为超入无所有地故，作是建立。彼自觉藏者，自烦恼习净，见法无我。得三昧乐住声闻，当得如来最胜之身。"

尔时世尊，欲重宣此义，而说偈言：
须陀槃那果①，往来及不还②。
逮得阿罗汉③，是等心惑乱。
三乘与一乘，非乘我所说。
愚夫少智慧，诸圣远离寂。
第一义法门，远离于二教。
住于无所有，何建立三乘。
诸禅无量等，无色三摩提。
受想悉寂灭，亦无有心量。

【注释】

① 须陀槃那果：梵文音译，音译亦称须陀洹。汉译为入流、至流、沟港、预流，为声闻四果（小乘佛教关于修道的四个阶位，即须陀洹果、斯陀含果、阿那含果、阿罗汉果）中的初果。入流

意为初入圣道,逆流意为背于生死之流。

② 往来及一还:往来,又译为一来,一往来,梵文音译斯陀含。声闻四果的第二果,根据小乘经所说,在欲界思惑九地中,已断前六品,尚余三品思惑,所以还得于欲界之人、天受生一度,故称之为一往来或一来。

一还,汉译亦称不来或不还,梵文音译阿那含果。声闻四果的第三果。是指欲界烦恼已断尽,故不再来迷惑的世界。早在古印度的《奥义书》中就已有彻底认识真理的人不再还归此世的说法,佛教继承此说,称已断尽欲界思惑的圣者未来将生于色界和无色界而不再回欲界,故称不还或不来。

③ 阿罗汉:汉译为杀贼、应供,或简称为罗汉。声闻四果之最后一果。因其断尽三界一切烦恼,故称杀贼;又因应受人、天供养,故称应供。当佛教兴起时期,阿罗汉本系各宗教对值得尊敬的修行者的通称。例如直到今天,耆那教徒仍把耆那教的创始人大雄称为阿罗汉。最初,佛教只称佛陀为阿罗汉。见《有部律杂事》卷三十五㊛24,383页;《有部律破僧事》卷六㊛24,129页。以后,随着佛陀的逐渐被神化,阿罗汉便成为佛陀的十号之一。小乘佛教时期,为了把佛陀和阿罗汉相区别,遂把佛弟子可能达到的最高境地称为阿罗汉。见《游行经》㊛1,13页,《四分律》㊛22,578页,《十诵律》23,8页等。

【白话】

"大慧,缘觉乘种性的人,若听到各因缘入于寂静,汗毛竖起,悲泣流泪。不再相信诸缘以及执着一切。以各种方式证悟其身,对各种神通的离合变化有心得。听到了觉缘,心有证悟。如果你们了解了缘觉乘的根业,应因势利导为其讲解缘觉乘的心义。这就是所谓缘觉乘之法的形态。

"大慧,这如来乘的种性,有四种。即证实法性,离实法证性，自证圣智性，外于殊胜庄严国土证性。大慧，如听到这四种法的形态一一分别解说时，身心与外物由藏识不可思议转识进入澄清永寂，心不生惊恐畏惧的人，就是如来乘的种性。

"大慧，不定种性的人，听到声闻、缘觉、菩萨三乘法时，随说而进行修悟。

"大慧，这些都是初入修行境地的人，说根性而教之法，为使进入人法无我的境地，才做上述之说。若他们能自证觉悟，烦恼习气净除，得法无我境界。进而得正觉乐住的声闻道果，应当会得入如来最殊胜之身。"

这时佛陀，要复述其义理，用偈言归纳说：

初入圣道入流果，一来不还二三果。
修得罗汉供养果，这些心识仍有缚。
常说三乘一乘法，无所谓乘是我说。
只因人们少智慧，圣智之人心寂静。
第一义法门境界，远离有无二边论。
实本住于无所有，何言建立三乘果。
所有禅定无量计，无色正定心念止。
感受想念归于灭，并无实有之心量。

【经文】

"大慧，彼一阐提，非一阐提，世间解脱谁转。大慧，一阐提有二种：一者舍一切善根①。及于无始众生发愿，云何舍一切善根？谓谤菩萨藏，及作恶言此非随顺修多罗毗尼解脱之说②。

舍一切善根故，不般涅槃。二者菩萨本自愿方便故，非不般涅槃一切众生，而般涅槃。大慧，彼般涅槃，是名不般涅槃法相。此亦到一阐提趣。"

大慧白佛言："世尊，此中云何毕竟不般涅槃？"

佛告大慧："菩萨一阐提者，知一切法本来般涅槃已，毕竟不般涅槃，而非舍一切善根一阐提也。大慧，舍一切善根一阐提者，复以如来神力故，或时善根生。所以者何？谓如来不舍一切众生故。以是故，菩萨一阐提，不般涅槃。

"复次大慧，菩萨摩诃萨，当善三自性。云何三自性？谓妄想自性，缘起自性，成自性。大慧，妄想自性，从相生。"

大慧白佛言："世尊，云何妄想自性从相生？"

佛告大慧："缘起自性事相相，行显现事相相，计著有二种妄想自性。如来应供等正觉之所建立，谓名相计著相，及事相计著相。名相计著相者，谓内外法计著；事相计著相者，谓即彼如是内外自共相计著。是名二种妄想自性相。若依若缘生，是名缘起。云何成自性？谓离名相事相妄想。圣智所得及自觉圣智趣所行境界，是名成自性，如来藏心。"

尔时世尊，欲重宣此义，而说偈言：

名相觉想，自性二相。

正智如如，是则成相。

【注释】

① 善根：必得好报的善之业因，善行。以善为树根的譬喻。功德之源。善德之根本。

② 修多罗句：梵文音译。原意为"线"，即以线穿花，使之不散乱，意在佛法如花，以言教记持为线，加以贯穿不致零落。意译可理解为经本、经典。细究则直译有经、契、法本、线、善说；含义也有五点，即出生、显示、涌泉、绳墨、结鬘。毗尼，戒律。

【白话】

"大慧,那极恶无善之人,也未必是无善之人,却不欲解脱。大慧,这样的人有两种:一种舍弃一切善,恶言诽谤修证解脱。

因舍去了一切善根,不可入涅槃;第二种修证者发愿不求证得涅槃,为了度一切众生之后,自己方入涅槃。大慧,他们已证得自性涅槃,因之称为不入涅槃的法相。这也被列入一阐提的去处。"

大慧对佛陀问道:"受世人尊敬的您说,那么什么是毕竟不入涅槃呢?"

佛陀告诉大慧:"有成就修行的一阐提的人,知道一切法无性归于寂灭,自住于涅槃而不入,并非舍一切善根的一阐提的人。大慧,舍一切善根的恶人,又因如来神通之力,仍会生善念。为什么呢?这由于如来不舍一切众生度于苦海之岸。所以有成就的修行者,入于恶人处,不入涅槃境界。

"还有大慧,有成就的大乘修行者,应当很好地领会三自性。什么叫三自性?所谓妄想自性此即认为有实我,缘起自性即事物生生不息,成自性即事物实有真实。大慧,妄想自性的实我,是从事物的形态表现上产生出来的。"

大慧对佛陀说:"尊敬的人,为何妄想自性从形态产生呢?"

佛陀告诉大慧:"缘起自性,从事物的各种形态,以及在运动时的各种显现表象,产生了事与名的形态的执着。如来建立共同平等正觉,称其为执着名相的形态,执着事相的形态。执着名相的人,是对内外诸法、现象的执着;执着事物形态的人,是指他们认为确有内外二处的共通形态而生执着。这就称为两种妄想自性的表现。这些都依因缘而生,所以称为依他或缘起。

什么是成自性呢？是舍离了名与事的形态妄想，证得圣智及自觉圣智所住的境界，被称为成自性，得如来藏心。"

这时佛陀，要复述其义理，用偈言归纳说：

名与相之感和想，妄想缘起生现象。

若得证入真实界，圆成实性便可得。

【经文】

"大慧，是名观察五法自性相经，自觉圣智趣所行境界。汝等诸菩萨摩诃萨，应当修学。

"复次大慧，菩萨摩诃萨，善观二种无我相。云何二种无我相？谓人无我及法无我。云何人无我？谓离我、我所，阴界入聚。无知业爱生，眼色等摄受，计著生识。一切诸根，自心现器身等藏，自妄想相，施设显示。如河流，如种子，如灯，如风，如云，刹那展转坏。躁动如猿猴；乐不净处如飞蝇；无厌足如风火。

无始虚伪习气因，如汲水轮，生死趣有轮。种种身色，如幻术神咒，机发像起。善彼相知，是名人无我智。

"云何法无我智？谓觉阴界入妄想相自性。如阴界入离我、我所，阴界入积聚，因业爱绳缚，展转相缘生，无动摇，诸法亦尔。离自共相，不实妄想相，妄想力，是凡夫生，非圣贤也。心意识五法，自性离故。

"大慧，菩萨摩诃萨，当善分别一切法无我。善法无我菩萨摩诃萨，不久当得初地菩萨[①]，无所有观地相。观察开觉欢喜，次第渐进，超九地相，得法云地。于彼建立无量宝庄严，大宝莲华王像，大宝宫殿。

幻自性境界修习生，于彼而坐，同一像类，诸最胜子眷属围绕，从一切佛刹来，佛手灌顶，如转轮圣王太子灌顶。超佛子地，到自觉圣智法趣，当得如来自在法身。见法无我故，是名法无我相。汝等诸菩萨摩诃萨，应当修学。"

【注释】

① 初地菩萨：佛教名词，指修行的十个阶位之一。即十地或十住。有三乘十地和大乘菩萨十地。本文指后者，十地分别为：

一为欢喜地，为初证阶段，悟法我二空，生喜。

二为离垢地，身心无垢，无违戒之烦恼。

三为发光地，成就殊胜，发出慧光。

四为焰胜地，慧性倍增。

五为难胜地，使难做的"真智"成就。

六为现前地，令最胜般若即智慧现前。

七为远行地，无相，远离二乘。

八为不动地，不为一切事相所动而生烦恼。

九为善慧地，能遍任何地方说法。

十为法云地，具无边功德，智若无边之大云。

【白话】

"大慧，这就叫观察五法三自性的道路，能自觉圣智所行境界。你们有成就的修行众生，应当修持学习。

"另外大慧，有成就的修证众生，要善于观察两种无我的形态。什么是两种无我的形态表现？是人无我与法无我。何为人无我？就是脱离我的执着，我的所为所想，由五阴聚合成为身心等。这都由无始以来的业力生发，由渴爱产生，通过眼反映色，从而产生执着之心。一切诸根，以及心与器官，含一切种子的藏识，由妄想产生各种形态、显出各种表现。好比河流、种子、灯、风、云，刹那间辗转坏灭。使人心躁动如猿猴片刻不宁，似逐臭飞蝇，不知厌足如狂风和烈火。

由无始虚伪习气而生发，似汲水的转轮，在生死轮回的去处反复。其各种色相，如幻术和神咒一般，机关一动，形象生成。若善于心中识别这种形式与表现，那就称为人无我的智慧。

"什么是法无我的智慧？就是能觉悟了解五阴而成的内外心相的妄有，进入远离我与我所见与念，这些都是外界现象引发的爱欲缚住身心，辗转相交互为缘生，从而生根，各法示之相也是这样。离开各种诸相，以及各种虚妄形态，妄念的产生，是人们的习气而成，不是圣贤的见地。心、意识和形态、名称、妄想等五法，其自性本离于无或有，并非是实有的。

"大慧，修证的人们，应当善于分别一切法并无实我。这样的人，不久应当进入心身快乐的修证者初地，处于无所有的境地认识观察一切事物的形态。通过观察觉悟，更觉欢喜而修业渐渐进步，超过能遍及一切境地说法的善慧阶段，得到无量功德的大智境界。在这建立无量宝藏和庄严，就像住于大宝莲花王的珍宝宫殿。

这仍是在如幻自性的境地修习生存，与之同住的是修行的佛门最优秀的弟子众生相围绕，诸佛从十方聚此为之灌顶修度，如同圣王太子得道灌顶一样隆重。从这里超越佛门弟子之地就进入了自觉圣智的境界，应得到如来自在之法身。认识法无我相，这就称之为法无我的形态。你们修行得悟的众生，应当修证学习。"

【经文】

尔时大慧菩萨摩诃萨，复白佛言："世尊，建立诽谤相，唯愿说之。

令我及诸菩萨摩诃萨,离建立诽谤二边恶见,疾得阿耨多罗三藐三菩提①。觉已,离常建立,断诽谤见,不谤正法。"

尔时,世尊受大慧菩萨请已,而说偈言:

建立及诽谤,无有彼心量。

身受用建立,及心不能知。

愚痴无智慧,建立及诽谤。

尔时世尊于此偈义,复重显示,告大慧言:"有四种非有有建立。云何为四?谓非有相建立;非有见建立;非有因建立;非有性建立。是名四种建立。又诽谤者,谓于彼所立无所得,观察非分而起诽谤,是名建立诽谤相。

"复次大慧,云何非有相建立相?谓阴界入,非有自共相,而起计著。此如是,此不异。是名非有相建立相。此非有相建立妄想,无始虚伪过,种种习气计著生。

"大慧,非有见建立相者,若彼如是阴界入,我人,众生,寿命,长养,士夫见建立,是名非有见建立相。大慧,非有因建立相者,谓初识无因生,后不实如幻,本不生。眼色明界念前生,生已实已还坏,是名非有因建立相。大慧,非有性建立相者,谓虚空、灭、般涅槃、非作,计著性建立,此离性非性,一切法如兔马等角,如垂发现,离有非有。"建立及诽谤,愚夫妄想,不善观察自心现量,非圣贤也。是名非有性建立相。是故离建立诽谤恶见,应当修学。

"复次大慧,菩萨摩诃萨善知心意、意识,五法自性,二无我相,趣究竟为安众生故,作种种类像,如妄想自性处,依于缘起。譬如众色如意宝珠,普现一切诸佛刹土,一切如来大众集会,悉于其中听受佛法。

"所谓一切法，如幻如梦，光影水月。于一切法，离生、灭、断、常，及离声闻、缘觉之法，得百千三昧乃至百千亿那由他三昧②。得三昧已，游诸佛刹，供养诸佛，生诸天宫，宣扬三宝。示现佛身，声闻菩萨大众围绕，以自心现量度脱众生，分别演说外性无性，悉令远离有无等见。"

尔时世尊，欲重宣此义，而说偈言：

心量世间，佛子观察。

种类之身，离所作行。

得力神通，自在成就。

【注释】

① 阿耨多罗三藐三菩提：梵文音译，合起来意为无上正等（或等正）觉、无上正遍知等。意即佛最上等的绝对完全的智慧。

② 那由他：梵文音译，古代印度数量单位之一。异说颇多，有说是千万，有的说是千亿。总之，是一种数量极大的名称。

【白话】

这时大慧这位具有修证大志的人，又问道："受尊敬的人，为何有诽谤佛法的表现，请您解说。

以便我与具有大志的修行者，脱离进行诽谤者的有与无的偏见，很快证得无上完全的智慧。觉悟后，远离偏执，断绝诽谤的见解，不允许诽谤正法。"

这时，佛陀接受大慧修证者的请求，用偈言讲解说：

进行诽谤我佛法，执着有无在心量。

人们感受到作用，不解心识生邪见。

愚昧痴笨少智慧，从而诽谤佛正法。

这时佛陀根据上述义理，进一步阐述，告诉大慧说："有四种无中生有的见解。哪四种呢？即本身无相却建立其相；本无见却建立了见；本无因却建立因；本无性却建立性。这就是四种建立的见解。还有诽谤的人，是由于他所建立的并无所得，观察后有非分之念，从而进行诽谤，这叫做建立诽谤相。

"还有大慧，何为无有相而建立相？就是五阴入于心生念，本无自共相，而执着于有，认为本如此，并无不同，这就称为无有相建立相。这无有相建立妄想之念，是无始以来虚伪之过，使各种妄想习气执着而生的。

"大慧，无有见而建立见的人，对于心中的阴、界、入，以及人、我、众生、寿命、造物等，认为实有的见解，就叫非有见建立相。大慧，无因而建立因的人，认为在初识的分别意识的现象，是无因而生，以后变为不实如幻，本无生。当眼见到色以及光明时，心念产生，生之则实则坏之，这就是非有因建立相。大慧，无有性而建立相的人，认为虚空、灭、入涅槃、无所作，执着地认为有实，而法若无法性，非有性，一切法实如兔马，好似垂发出现障目，脱离了有物，而无有。

"建立以及诽谤佛法，是愚夫妄想，其不善于观察自心现量，不是圣贤境界。就称为非有性建立性相。因此对要远离于建见诽谤的邪恶见解，应当修悟学习。

"另外大慧，有大志的修行者善于知人心意、意识、五法、三自性、人无我法无我的实相，为了引导众生，现出各种身的形态，以入佛法。这也似妄想，依外境而生，并无一定的形态，从因缘而生。又譬如各种色彩的如意宝珠，光照一切修证悟者的地方，一切如来的大众讲法集会，会使所有众生根据不同业力来听讲接受佛法。

"应知所谓的一切法，都如梦如幻，似水中月光。一切法，都离于生与灭，断常二见，以及离于声闻、缘觉之法，得成百上千处定心行处乃至成百上千亿无量的定心息虑。这时得正定后，游于佛刹土，供养悟者，生于各天宫，宣扬佛、法、僧三宝。显示现出佛身，声闻乘和大乘修证得道者围绕，以自心现量度脱众生于苦海，根据各人的不同情况，分别演说外境自性，实本无性，实无我，让人们要远离执于有或无的种种偏见。"

这时佛陀，复述其义理，用偈言归纳说：

心识之感觉推量，佛门弟子要观察。

种种色身现形态，远离有我现象处。

从而显力得神通，成就自在涅槃界。

【经文】

尔时大慧菩萨摩诃萨，复请佛言："惟愿世尊，为我等说一切法空，无生无二，离自性相。我等及余诸菩萨众，觉悟是空，无生无二，离自性相已。离有无妄想疾得阿耨多罗三藐三菩提。"

尔时世尊告大慧菩萨摩诃萨言："谛听，谛听，善思念之。今当为汝广分别说。"大慧白佛言："善哉，世尊，唯然受教。"佛告大慧："空空者，即是妄想自性处。大慧，妄想自性计著者，说空无生无二，离自性相。大慧，彼略说七种空，谓相空、性自性空、行空、无行空、一切法离言说空、第一义圣智大空、彼彼空。

"云何相空？谓一切性自共相空。观展转积聚故，分别无性自共相不生。自他俱性无性，故相不住。是故说一切性相空，是名相空。云何性自性空？谓自己性自性不生，是名一切法性自性空。是故说性自性空。云何行空？

谓阴离我、我所，因所，成所作业，方便生，是名行空。大慧，即此如是行空，展转缘起，自性无性，是名无行空。云何一切法离言说空？谓妄想自性无言说，故一切法离言说，是名一切法离言说空。云何一切法第一义圣智大空？谓得自觉圣智，一切见过习气空，是名一切法第一义圣智大空。云何彼彼空？谓于彼无彼空，是名彼彼空。

"大慧，譬如鹿子母舍①，无象马牛羊等，非无比丘众而说彼空。非舍舍性空，亦非比丘比丘性空。非余处无象马，是名一切法自相，彼于彼无彼，是名彼彼空。是名七种空。彼彼空者，是空最粗，汝当远离。

"大慧，不自生，非不生。除住三昧，是名无生，离自性即是无生，离自性刹那相续流注，及异性现一切性离自性，是故一切性离自性。

"云何无二？谓一切法，如阴热，如长短，如黑白。大慧，一切法无二。非于涅槃彼生死，非于生死彼涅槃。异相因有性故，是名无二。如涅槃生死，一切法亦如是。是故空、无生、无二、离自性相，应当修学。"

尔时世尊，欲重宣此义，而说偈言：
我常说空法，远离于断常。
生死如幻梦，而彼业不坏。
虚空及涅槃，灭二亦如是。
愚夫作妄想，诸圣离有无。

尔时世尊复告大慧菩萨摩诃萨言："大慧，空、无生、无二、离自性相，普入诸佛一切修多罗。凡所有经，悉说此义。诸修多罗悉随众生希望心故，为分别说显示其义，而非真实在于言说。如鹿渴想②，诳惑群鹿。鹿于彼相计著水性，而彼无水。如是一切修多罗所说诸法，为令愚夫发欢喜故。非实圣智在于言说，是故当依于义，莫著言说。"

【注释】

① 鹿子母舍：鹿子，人名。其母笃信佛理，造精舍，即修行住处，只接纳修行信众，不养象马等畜类。文中以此述理。

② 如鹿渴想：指干渴之鹿群，将大地上升腾的光影误以为水。以幻影喻被虚妄迷惑的人。

【白话】

此时大慧这位立志证悟的人，又对佛陀说："期望您为我们解说一切法本空、不生、不二，离自性形态。我们发愿修行的人，能觉悟万法皆空，一切本无生，并无有别，远离自性即有我的形态，从而脱离有的妄想心识，很快证得到无上正确智慧的境界。"

这时佛陀告诉大慧等有大志的修行者说："听着，认真听，好好思考。今天应当为你广泛地分别加以一一解说。"大慧对释迦牟尼说："好的，受尊敬的人，我恭敬地接受教诲。"佛陀告诉大慧："所谓空空，就是指妄想自性的事物，本空亦实空。大慧，为妄想有自性执着的人，说空、无生、无二、脱离自性相等表象。大慧，大略说来有七种空的说法，即相空、性自性空、行空、无行空、一切法离言说空、第一义圣智大空、彼彼空。

"何为相空呢？是说一切法之自他共相本空。由感觉辗转积聚，似有但本无自性。自相本无生，所以自他也无自性，因此相不常住。从而说一切性相为空，这就叫做相空。何为性自性空呢？就是自己之性不生，称之为一切法性，自身是无。所以说一切法性本自性空。何为行空呢？

即五阴远离于我的心识，以及我所作和因此而起的作用，其成就的事物都是因业力方便而生，就是称之为行空的。大慧，什么是无行空，这是由行空辗转而起的，自性实无性，称为无行空。何为一切法离言说空呢？就是妄想自性，实无言可说，因此一切法都是离于言说的，这就叫一切法离言说空。何为一切法第一义圣智大空呢？即证得自觉圣明智慧的境界，一切所见的习气都远离，就是一切法第一义圣智大空。何为彼彼空呢？即所言都无自性，都为空，所以称为彼彼空。

"大慧，好比鹿子的母亲所修的庵舍，无象、马、牛、羊等，我称它是空的，但不是说这里无修行者。也不是说房舍的性质是空的，也不是指在这里的修行者，佛弟子的自性是空的。也不是别处没有象、马等，是指一切法的自性形态，在某一事一点上说明它的形态是无是空，这就叫彼彼空。在称为七种空中，彼彼空之空，是粗浅的空说，你应远离于它。

"大慧，法本不自生，并非性自性不生。除了住于正定静止境中，称为不生，远离自性就是无生，远离瞬间连绵流淌注入的妄想性，以及法的不同之性，就可现出一切法性都无自性，因此说一切法性离自性。

"何为不二呢？即一切事物，如冷热、长短、黑白各不同，形态有对立的二法但质上却平等，无别。大慧，一切法却无二，不偏执于两边。并非涅槃之外另有生与死，也并非在生和死之外另有涅槃。生死与涅槃是不同的形态，但其自性却无二。涅槃生死如此，一切法的形态，也如此。因此空、不生、无二边，离自性的形态，都应当修悟学习。"

此时佛陀，要复述义理，用偈言归纳说：
我经常说空之法，要离开断见常见。
生死涅槃如梦幻，但自性业力不坏。
执着虚空与涅槃，需灭有无可得证。
愚人偏执生妄想，悟证圣贤离有无。

这时佛陀又告诉大慧和有大志的修行者说:"大慧,空、无生、无二、离自性形态的真义,是体现在佛的所有的经典之中。所有经文,都说此义理。这一切经文为了顺随人们的希望,分别显现不同义理,是为了使之便于理解,而真法并非在于言说之中。如干渴的鹿群,把阳光升腾的焰影,误以为水一样。鹿执着于水的形态,但实并无水可言。正如一切经典所说诸法一样,为了使愚昧的人们生发欢喜乐信之心,用言语加以引导。并非自觉悟得圣智在于用语言解说,因此应当依于真义,切莫执着于语言的解说。"

卷 二

【经文】

一切佛语心品之二

尔时大慧菩萨摩诃萨白佛言:"世尊,世尊修多罗说:'如来藏自性清净,转三十二相入于一切众生身中①。如大价宝垢衣所缠。如来之藏常住不变,亦复如是。'而阴界入垢衣所缠,贪欲恚痴不实妄想尘劳所污,一切诸佛之所演说。云何世尊同外道说我,言有如来藏耶?世尊,外道亦说有常作者,离于求那②,周遍不灭。世尊,彼说有我。"

佛告大慧:"我说如来藏,不同外道所说之我。大慧,有时说空、无相、无愿、如实际、法性、法身、涅槃离自性、不生不灭、本来寂静、自性涅槃,如是等句,说如来藏已。如来应供等正觉,为断愚夫畏无我句,故说离妄想无所有境界如来藏门。

"大慧,未来现在菩萨摩诃萨,不应作我见计著。譬如陶家,于一泥聚,以人工水木轮绳方便,作种种器。如来亦复如是,于法无我,离一切妄想相,以种种智慧善巧方便,或说如来藏,或说无我。以是因缘故,说如来藏。不同外道所说之我,是名说如来藏。开引计我诸外道故,说如来藏。

令离不实我见妄想,入三解脱门境界③,希望疾得阿耨多罗三藐三菩提。是故如来应供等正觉,作如是说如来之藏。若不如是，则同外道。是故大慧，为离外道见故，当依无我如来之藏。"

尔时世尊，欲重宣此义，而说偈言：

人相续阴，缘与微尘。

胜自在作，心量妄想。

【注释】

① 三十二相，原指伟人所有的三十二种端相。佛教创立后，专指佛陀或转轮王（神话中的圣王）之身所具有的三十二种特征（参见高杨、荆三隆《金刚经新注与全译》72页至75页）。

② 求那：指一切作者，造作者。又译为依、依止等，有德之意。如实体之地、水、火、风等，依此而生色、香、声、味、触等之德。

③ 三解脱门：指通向自在涅槃之门的空、无相、无造作，异说很多。

【白话】

佛所说的一切心法之二

这时大慧这位有大志的修行者对佛陀说："受世人尊敬的您，在经藏中说：'如来藏之自性本身是清净的，转化为各种色相显现于众生的身心中，好似一个无价之宝被污垢的衣服所缠缚，但如来的藏识，仍是常存不灭的。'自性被名、相、妄想五阴侵入而缠缚，被贪心、爱欲、愤恨、愚痴，这些妄念尘垢所污染而难解脱，对此一切诸佛的说法为求还真我。那么佛陀的我的如来藏识与其他教派所讲的有我的见解区别为何？世人尊敬的佛，有其他教派也说有一个常住的我，离于依存的四大物质而周遍不灭。但您又说另有我的认识。"

佛陀告诉大慧说："我所说的如来藏，不同于其他教派所说的我。大慧，有时说空、无相、无愿、如实际、法性、法身、涅槃离自性、不生不灭、本来寂静、自性涅槃，这等等句子，说有如来藏。在于如来共同平等觉悟，是为断除愚人们畏惧无我的句子，因此说远离妄想，进入一无所有的境界才能得入如来藏识的大门。

"大慧，现在未来有大志的修行者，不应执着于我的妄想，如做陶器的工匠，用一堆泥，用人工木轮转绳等方法，制作成种种器物。如来也是这样，讲法无我，要远离一切妄想的形态。用各种智慧，善于运用各种方法，或说如来藏，或者说无我。所以是以此为因缘，说如来藏法。这不同于其他教派所说的有一实我，只是称之为如来藏。以此来引导执着于我的其他的修行者，从而说如来藏。

为了使他们远离不真实的我见妄想，进入虚空、无形态和无造作的解脱境界，希望他们很快证得无上正确智慧。因此如来共同平等正心止念，才如此这般说如来藏。如果不是这样，就与其他教派的认识相同了。因此大慧，为远离其他教派的邪见，应当依据本无实我的如来藏。"

这时佛陀，又复述义理，用偈言归纳说：
人之形态五阴生，因缘合成原子聚。
殊胜天王所造作，实为自心妄想生。

【经文】

尔时大慧菩萨摩诃萨，观未来众生，复请世尊："惟愿为说修行无间，如诸菩萨摩诃萨修行者，大方便。"佛告大慧："菩萨摩诃萨成就四法，得修行者大方便。云何为四？谓善分别自心现、观外性非性、离生住灭见、得自觉圣智善乐，是名菩萨摩诃萨成就四法，得修行者大方便。云何菩萨摩诃萨，善分别自心现？谓如是观三界唯心分齐，离我我所，无动摇，离去来。无始虚伪习气，所熏三界种种色行系缚，身财建立，妄想随入现，是名菩萨摩诃萨，善分别自心现。云何菩萨摩诃萨，善观外性非性？谓焰梦等，一切性。无始虚伪妄想习因，观一切性自性。菩萨摩诃萨，作如是善观外性非性，是名菩萨摩诃萨，善观外性非性。云何菩萨摩诃萨，善离生住灭见？谓如幻梦一切性，自他俱性不生，随入自心分齐，故见外性非性，见识不生及缘不积聚。见妄想缘，生于三界，内外一切法不可得。见离自性，生见悉灭，知如幻等诸法自性，得无生法忍①，得无生法忍已，离生住灭见，是名菩萨摩诃萨，善分别离生住灭见。云何菩萨摩诃萨，得自觉圣智善乐？谓得无生法忍，住第八菩萨地。得离心意意识，五法自性，二无我相，得意生身。"

"世尊，意生身者，何因缘？"佛告大慧："意生身者，譬如意去迅疾无碍，故名意生。譬如意去，石壁无碍。于彼异方无量由延，因先所见，忆念不忘，自心流注不绝，于身无障碍生。

大慧，如是意生身，得一时俱。菩萨摩诃萨意生身，如幻三昧力自在神通，妙相庄严圣种类身②，一时俱生。犹如意生，无有障碍，随所忆念本愿境界，为成就众生，得自觉圣智善乐。如是菩萨摩诃萨，得无生法忍，住第八菩萨地。转舍心意、意识、五法自性，二无我相身及得意生身，得自觉圣智善乐，是名菩萨摩诃萨。成就四法，得修行者大方便，当如是学。"

尔时大慧菩萨摩诃萨，复请世尊："惟愿为说一切诸法缘因之相，以觉缘因故。我及诸菩萨离一切性，有无妄见，无妄想见,渐次俱生。"

佛告大慧:"一切法二种缘相,谓外及内。外缘者,谓泥团、柱轮绳水木人工诸方便缘,有瓶生。如泥瓶、缕叠、草席、种芽、酪酥等,方便缘生亦复如是。是名外缘前后转生。云何内缘?谓无明爱业等法,得缘名。从彼生阴界入法,得缘所起名。彼无差别,而愚夫妄想,是名内缘法。"

【注释】

① 无生法忍:无生法即不生不灭。无生法忍,真实之智慧住于不动的意思。进入菩萨十地(参见前注)得悟的阶位、法位名。

② 圣种:圣人的种性。又指修行戒、定、慧三学之人。

【白话】

这时大慧这位具有大志的修行者为度未来众生,又向佛陀问道:"期望解说关于修行时,求证的修行者应怎样才能得到广大的各种方法。"佛陀告诉他说:"发大愿的修证者要完成四法,得各种修行方法。何为四法呢?即善于分别一切都由自心所显现、观察外境事物之性能,均无自性、远离生住灭的妄见、得自觉圣明智慧美好的乐趣。这就是有成就的修悟者完成的四法,从而得广大的方法。什么是立大志修证者的善于分别一切由心表现呢?就是观察三界变化都由自心显现,远离我见与我所见,形态万变无所谓去来。变化都由无始以来的虚伪习气熏染欲、色、无色三界的各种事物形态、色等束缚,自身与外境外物建立起来,妄想随之表现,因此说发愿修行者要善于分别一切唯心所表现。何为发愿修证者要善于观察外境性能,都无自性呢?就是光焰梦幻如一切事物性能。心念中的有,不过是从无始以来虚伪妄想的习气熏染而成的,一切事物性能无自性,无真有。发愿修行者，应这样认识要能善于观察外物，都本无自性，非真实，这就叫做修证者，善于观外境其性能都无自性。何为发愿修证者，善于远离生住灭的妄见呢？即身外一切如幻梦，一切事物的自性、自他而起事，都无自性，外物都由心识分别而起，因此一切外境之物都无自性，见物而心识不生，物性之间由缘而起但并不积聚而长存。见解之妄想由因缘而发生于三界，心与外一切形态物态，并无自性。见解远离自性，瞬间生起的现象形态也就全部消失，认识了如梦幻的无一自性，一切无定形，可以证得寂静止息的真正智慧，得到了真正的定止之智后，远离生住灭的妄念，就称为有大志的修证者，他们是善于分别和远离生住灭妄见的人。何为发愿的修证者，得到自觉而圣明智慧美好的乐趣呢？即得到真正的寂静止息的智慧，住于不动即不为一切事物形态所动的境地。从而证得了心、意、意识、五法、三自性、人法无我相，从而得到了意生身。"

大慧又问：

"佛陀，是何原因产生了意生身呢？"佛陀告诉大慧："所谓意生身，如心念生时迅速，去时无碍，因此称为意生。比如意念消失，石壁不能阻碍。不为地域广狭所限量，由以前所见，成为记忆，在心识中流淌注入不息，不受身体障碍而生。

大慧，这种意生身，在瞬间形成。发愿修行者得意生身境，如幻的正定止息之力可自在而神通，美妙的形态，庄严的化身，在瞬间具备。好比心念产生，没有障碍，可以随心所愿而入境界，为普救众生于苦海，得自觉圣智的美好和乐趣。这便是有成就的修悟者，得的无生法忍，住于不为外境所动的境地，并进而离舍心、意、意识、五法、三自性、人法无我相的境地以及得意生身，得自觉圣智的美好乐趣，称为有成就的证悟者。成就了四法，得到了修行者广大无边的各种方法，你们应当修证学习。"

此时大慧这位有成就的证悟者，再请教于佛陀："期望您能解说一切法的缘与因的表现形态，从而认识缘与因。使我与修证者远离一切有性以及事物有和无的妄见，使无妄念的见地渐渐具备产生。"

佛陀告诉大慧说："一切法有两种缘的形态，即外缘和内缘。外缘就如做陶器时，用柱子、转轮、水、木、人工等方法为缘，才能制作成陶瓶。陶瓶、织物、草席、种苗、乳酪、酥油等，这些事物由各种其他因素合成，外缘也是如此。因而称为外缘的是指由前后转变而生的现象形态。什么是内缘呢？即无明、爱、业力等，从中得缘。从这内心中产生五阴种种事相，从而生缘起论述。物本无差别，但愚人妄想有不同，这就叫内缘。"

【经文】

"大慧，彼因者有六种。谓当有因、相续因、相因、作因、显示因、待因。当有因者，作因已，内外法生。相续因者，作攀缘已，内外法生阴种子等。相因者，作无间相，相续生。作因者，作增上事，如转轮王。

显示因者，妄想事生已，相现作所作，如灯照色等。待因者，灭时作相续断，不妄想性生。

"大慧，彼自妄想相愚夫，不渐次生，不俱生。所以者何？若复俱生者，作所作无分别，不得因相故。若渐次生者，不得相我故。渐次生不生，如不生子，无父名。大慧，渐次生相续，方便不然，但妄想耳因攀缘，次第增上缘等[①]，生所生故。大慧，渐次生不生，妄想自性计著相故。渐次俱不生，自心现受用故。自相共相，外性非性。大慧，渐次俱不生，除自、心现、不觉妄想故相生。是故因缘作事方便相，当离渐次俱见。

尔时世尊，欲重宣此义，而说偈言：

一切都无生，亦无因缘灭。
于彼生灭中，而起因缘想。
非遮灭复生，相续因缘起。
唯为断凡愚，痴惑妄想缘。
有无缘起法，是悉无有生。
习气所迷转，从是三有现。
真实无生缘，亦复无有灭。
观一切有为，犹如虚空华。
摄受及所摄，舍离惑乱见。
非已生当生，亦复无因缘。
一切无所有，斯皆是言说。

尔时大慧菩萨摩诃萨，复白佛言："世尊，惟愿为说言说妄想相心经。世尊，我及余菩萨摩诃萨，若善知言说妄想相心经，则能通达言说所说两种义，疾得阿耨多罗三藐三菩提。以言说所说两种趣，净一切众生。"佛告大慧："谛听，谛听，善思念之，当为汝说。"大慧白佛言："善哉，世尊，唯然受教。"

佛告大慧："有四种言说妄想相。谓相言说，梦言说，过妄想计著言说，无始妄想言说。相言说者，从自妄想色相计著生；梦言说者，先所经境界，随忆念生，从觉已境界无性生；过妄想计著言说者，先怨所作业，随忆念生；无始妄想言说者，无始虚伪计著过，自种习气生。是名四种言说妄想相。"

尔时大慧菩萨摩诃萨，复以此义，劝请世尊："惟愿更说言说妄想，所现境界。世尊，何处何故，云何何因，众生妄想言说生？"

【注释】

①增上缘：四缘之一，佛教用语，指"有为法"生起的四个条件，所谓"以是四缘，万物得生。"分别为：

◎因缘，指产生结果的内在之因。适用于一切现象。

◎等无间缘，指精神现象中前之念灭，导致后之念生，是意识变化发生的条件。

◎所缘缘，指认知的一切对象。

◎增上缘，在三缘之外，有助或无碍各种现象发生的条件，有增加之意。

【白话】

"大慧，所说的因有六种。就是当有因、相续因、相因、作因、显示因、待因。当有因，对当时的内心外境，自作而互为因果，现象产生。相续因即自作攀缘内外形态之因，成五阴心识身相的种子。相因即自持内心外境各种现象，作不断地相生变化。作因就是在因果上，又增加自作因果，如转轮王法力大加增益。

显示因就是对事物生妄想后，形态如所作为，如灯照见各种色相形态。待因即前事已灭念亦灭，后念未续暂无妄想之时。

"大慧，这都是人们心中妄想的形态，它不是逐渐产生，也不同时生。为何呢？如一同发生，造作所作无分别了，因果无法分辨。如照次序产生，其成因无一定形态，前后次序不生，好比若无儿子出生，则无父母之名。大慧，按次序各种形态相续，其实并非如此，只是妄想的攀附与所缘缘即对象和增上缘即主观生发等原因产生的。大慧，渐次产生并非实有，是妄想主观的偏执形态。无论渐次生或一同生，都是自心显现的妄想。自己与其他现象相通的形态，外相的显现都无道理。大慧，渐生与同生两种认识都不成立，除了自己，在心中显示，是在不知不觉的妄想产生的现象。因此认知因缘的心理形态，应当远离渐次产生和一同产生的偏见。"

这时，佛陀又复述义理，用偈言归纳说：
事体自性本无生，因此亦无因缘灭。
心生形态生与灭，产生因缘两种生。
并非念灭后复生，相续因缘起识想。
只为断除愚人想，痴愚迷惑妄想缘。
说有论无缘起法，意在一切都无生。
无始习气迷转心，方有欲色无色现。
真实虽生本无生，从而何来有和灭。
纵观世上一切事，好比虚设空中花。
显现及其被显现，离开迷人乱心见。
并非有生与未生，无所谓有因与缘。
一切形态无所有，只是语言文字说。

这时大慧这位发愿证悟者，又问佛陀说："期望您解说妄想形态的心理过程。受尊敬的您，我和其他修证者如能善于知道妄想形态的心理过程，就能认识理论与表达这两种作用，迅速修悟心定止息的正觉。用语言解说两种道理，净化一切众生。"佛陀告诉大慧："听着，认真听，好好思考，我应当为你解说。"大慧对佛陀说："好的，我佛，恭敬地听您解说。"

佛陀告诉大慧："有四种语言的妄想形态。即相言说，梦言说，过妄想计著言说，无始妄想言说。相言说就是从执着不同的色相中产生的；梦言说就是从经过的事物形态，从记忆心念中产生，从梦境醒，方知是空无性生；过妄想计著言说就是，执着于先前所怨，随记忆、业力生；无始妄想言说即从无始以来，执着于各种虚伪的习气，从熏染的习气中产生。因此上就称为四种语言的妄想境界。"

这时大慧这位具有大志的证悟者，又根据上述义理，请佛陀详细说明道："期望您进一步解说言语妄想时，所具备的形态。佛陀，在什么地方，什么原因，又是为什么，众生有妄想言语产生呢？"

【经文】

佛告大慧："头胸喉鼻，唇舌龂齿①，和合出音声。"大慧白佛言："世尊，言说妄想，为异为不异？"佛告大慧："言说妄想，非异非不异。所以者何？谓彼因生相故。大慧，若言说妄想异者，妄想不应是因；若不异者，语不显义，而有显示。是故非异非不异。"

大慧复白佛言："世尊，为言说即是第一义②，为所说者是第一义？"佛告大慧："非言说是第一义，亦非所说是第一义。所以者何？谓第一义圣乐，言说所入是第一义，非言说是第一义。第一义者，圣智自觉所得，非言说妄想觉境界。是故言说妄想，不显示第一义。言说者，生灭动摇辗转因缘起。若展转因缘起者，彼不显示第一义。大慧，自他相无性故，言说相不显示第一义。复次大慧，随入自心现量，故种种相外性非性，言说妄想不显示第一义。是故大慧，当离言说诸妄想相。"

尔时世尊，欲重宣此义，而说偈言：
诸性无自性，亦复无言说。
甚深空空义，愚夫不能了。
一切性自性，言说法如影。
自觉圣智子，实际我所说。

尔时大慧菩萨摩诃萨,复白佛言:"世尊,惟愿为说离一异俱不俱,有无非有非无,常无常。一切外道所不行,自觉圣智所行。离妄想自相共相,入于第一真实之义。诸地相续渐次,上上增进清净之相,随入如来地相,无开发本愿。譬如众色摩尼境界,无边相行,自心现趣,部分之相,一切诸法。我及余菩萨摩诃萨,离如是等妄想自性,自共相见,疾得阿耨多罗三藐三菩提。令一切众生,一切安乐,具足充满。"

佛告大慧:"善哉,善哉。汝能问我如是之义,多所安乐,多所饶益,哀愍一切诸天世人。"佛告大慧:"谛听,谛听。善思念之,吾当为汝分别解说。"大慧白佛言:"善哉,世尊。唯然受教。"

【注释】

① 龂(yín)齿:牙龈、牙齿。
② 第一义:真谛,最高的真理。

【白话】

佛陀告诉大慧:"人的头、胸、喉、鼻、唇、舌、齿、齿龈等机能的和合,就发出音来。"大慧对佛陀说:"您说,言语和妄想,是不同还是相同呢?"佛陀告诉大慧:"言语与妄想,既不同又非不同。为何呢?因为言语由妄想生。大慧,如言语和妄想不同,那么妄想不应是因,言就不反映所想了;如是相同的,言语却不能完全地表达义理,而只是显示而已。所以说并不相同,也非不同。"

大慧又对佛陀问道:"您看,言语就是最重要的真理,还是所说的是最重要的真理呢?"佛告诉大慧:"语言本身不是真谛，所说的也不是真谛。为什么呢？所谓第一义的圣乐境界，是言语所要引入的真谛，并非言语就是真谛。所谓第一义的真谛，是证悟了圣智境界才能认识的，并非口说的真谛和妄想的境界。因此说言语妄想，不显示真谛。言语是有生与灭、变化动摇，辗转由因缘而起伏。如果辗转由因缘生起的，它就不显示真谛。大慧，言语由他而起无定性，言语的表现形态不能显示真谛。其次大慧，各种形态，由自心现量而生，各种形态无固定之性，所以言语妄想不显示第一义之真谛。因此大慧，应当远离言语妄想的表现形态。"

这时佛陀，又复述其义理，用偈言归纳说：

一切法性无自性，亦不能用言语尽。

深奥的空不空义；愚昧之人不能知。

一切事体无自性，言语所说如像影。

自觉证悟得真谛，这是实际我所说。

这时大慧这位有大志的修证者，又问佛陀说："受尊敬的您，期望能为我们讲解远离同与异，具备和不具备，有与无，非有和非无，常有和无常。一切其他教派所不为的，自觉修证圣智者所为的。从而远离妄想的自性与共同的形态，进入真谛境界。在诸证悟地不断得道，进入清澄境界的形态，随顺入于如来地的形态，心念定止。比如宝珠显现种种形态，使自心显现，有分别之表现于一切各种法相。我与众修悟者，远离这些妄想自性、自共相显现，迅速证得无上正等正觉智慧的境地。从而度一切众生，普现安乐，充满美好。"

佛陀告诉大慧："好的，很好。你能问我这样的问题，会带来许多安乐，以及受益，怜悯一切诸天与世俗的人们。"佛陀告诉大慧："听着，认真听。好好思考，我应当为你分别加以解说。"大慧对佛陀说："好的，世人之尊。恭敬地听您教诲。"

【经文】

佛告大慧："不知心量，愚痴凡夫，取内外性。依于一异俱不俱，有无非有非无，常无常，自性习因，计著妄想。譬如群鹿，为渴所逼，见春时焰而作水想，迷乱驰趣，不知非水。如是愚夫，无始虚伪妄想所熏习，三毒烧心①，乐色境界，见生住灭。

取内外性，堕于一异俱不俱，有无非有非无，常无常想，妄见摄受。如揵闼婆城，凡愚无智，而起城想。无始习气计著相现，彼非有城非无城。如是外道，无始虚伪习气计著。依于一异俱不俱，有无非有非无，常无常见，不能了知自心现量。

"譬如有人，梦见男女，象马车步，城邑园林，山河浴池，种种庄严。自身入中，觉已忆念。大慧，于意云何？如是士夫，于前所梦忆念不舍，为黠慧不？"大慧白佛言："不也，世尊。"佛告大慧："如是凡夫，恶见所噬。外道智慧，不知如梦，自心现性。依于一异俱不俱，有无非有非无，常无常见。

"譬如画像，不高不下，而彼凡愚作高下想。如是未来外道，恶见习气充满。依于一异俱不俱，有无非有非无，常无常见，自坏坏他。余离有无，无生之论，亦说言无。谤因果见，拔善根本，坏清净因，胜求者当远离去。作如是说，彼堕自他俱见，有无妄想已，堕建立诽谤，以是恶见，当堕地狱。

"譬如翳目②，见有垂发，谓众人言，汝等观此，而是垂发，毕竟非性非无性，见不见故。如是外道，妄见希望。依于一异俱不俱，有无非有非无，常无常见，诽谤正法，自陷陷他。

"譬如火轮非轮，愚夫轮想。非有智者，如是外道，恶见希望。

依于一异俱不俱，有无非有非无，常无常想，一切性生。

"譬如水泡，似摩尼珠。愚小无智，作摩尼想，计著追逐。而彼水泡，非摩尼非非摩尼，取不取故。如是外道，恶见妄想习气所熏，于无所有说有生，缘有者言灭。

"复次大慧，有三种量③，五分论④，各建立已。得圣智自觉离二自性事，而作有性妄想计著。大慧，心意意识，身心转变，自心现摄所摄，诸妄想断。如来地自觉圣智修行者，不应于彼作性非性想。若复修行者如是境界，性非性摄取相生者，彼即取长养及取我人。大慧，若说彼性自性，自共相，一切皆是化佛所说，非法佛说。

又诸言说，悉由愚夫希望见生。不为别建立趣自性法，得圣智自觉三昧乐住者，分别显示。

"譬如水中有树影现，彼非影非非影，非树形非非树形。如是外道，见习所熏，妄想计著。依于一异俱不俱，有无非有非无，常无常想。而不能知自心现量。

"譬如明镜，随缘显现一切色像，而无妄想。彼非像非非像，而见像非像，妄想愚夫，而作像想。如是外道恶见，自心像现妄想计著。依于一异俱不俱，有无非有非无，常无常见。

【注释】

① 三毒：佛教名词，亦称三垢、三火。指产生"根本烦恼"的贪、嗔、痴。
② 翳（yì）目：被遮蔽的双目。
③ 三种量：现量，如眼见耳闻；比量，如见烟知火；非量。
④ 五分论：宗、因、喻、合、结。为推理论辩的法则。

【白话】

佛陀告诉大慧:"不知道体之心量的愚昧痴迷的人,索取内心外物的形态。对于同与不同、有与无,既非有亦非无、常存与无常变幻以及执着于因习气造作的妄想。这就好比鹿群,为干渴所逼迫,见到春日阳光反射在远方的热气形成的虚焰,迷惑乱意奔驰而去,不知那并不是水。愚昧之人也是这样,被无始以来的虚伪妄念熏染,贪、嗔、痴三毒攻心,迷惑于外境、色的现象,认为有生、住、灭亡的真实表现。

持内心与外境的自性见解,堕于同与异,具备与不具有,有与无以及非有非无,常住与无常的妄想映像,如见幻境海市蜃楼,愚昧之人无智慧,而产生城镇的妄想一样。由无始习气熏染而执着于表现的形态,如幻境并非有实在之城,但也并非无城。那些其他教派的人,被无始妄习迷惑而执着。依存于同异、具备与不具备、有无、常存和无常的见识,不能认知自己心识的表现。

"譬如有人,在梦里有许多男女,象马车乘,城镇与园林,山河水塘,各种美好的景物。从而身在其中,梦醒后还要寻梦。大慧,你认为怎样?这样的人,对于梦中所忆念念不舍,是可笑还是聪明?"大慧对佛说:"不是智慧的,世人之尊。"佛陀告诉大慧:"这样的人,被邪恶的见解吞噬。其他教派的所谓智慧之人,不知世事如梦幻,只是心识所现。依于心念去探求同异、具备与不具备、有无、非有非无、常与无常。

"又好比一张画像,在纸上本无高下,着色见形后,人们愚昧地产生了高下远近等妄想。同样在未来世界中的其他教派,邪恶见解充满其心。依据于同异、俱不俱、有无、非有非无、常与无常的对立,破坏自己破坏他人。还有脱离有无之见,论述无生或认为什么都是无。进而诽谤因缘果报,拔除善的根苗,破坏清净的心念,殊胜的求悟者应当远离他们。这种认识,使自身与他人都会堕落,生于无所有的妄想之后,就会建立起诽谤的邪恶口碑,由于这种邪恶的见解,应当堕入地狱。

"又譬如害眼病,眼前现出如垂发的毛发形态,对人们说,你们来看,这有毛发,但毕竟非性非无性即是幻境中的错觉,因此别人看也看不见。其他教派就是如此,寄于希望中的妄想,依据于同与异,俱与不俱,有与无以及非有非无,常有与无常的对立见识,诽谤正确的佛法,自身陷入泥坑还会陷别人于坑中。

"再譬如用一点火旋转似火轮一般,但只是星火罢了,愚昧之人认为是火轮。没有智慧的人,正像其他教派的人一样,希望于邪恶的见识。

依据同异、俱不俱、有无与非有非无、常有和无常,从而各种妄想形态纷纷产生。

"还譬如水上泡沫,看来像如意宝珠。愚昧的孩子产生了宝珠的心念,执着地要抓住它。这泡沫,不是宝珠,但也不是没有宝珠的外表闪光的形态,区别是有无贪取之心。正如其他教派,被邪恶的妄想习气熏染,无中说有,因缘而生的有又说是无。

"其次大慧,有从前人的三种量与五分论的辩证法则出发,建立了各派学说。认为得到了神圣智慧的境界,脱离了自性的对立,而认为产生了绝对性的真理,那只是妄念的执著罢了。大慧,使心、意、意识的心念产生变化,使自心表现反映和被反映的形态,都不生妄想。就进入了如来的自觉圣智,这样的修悟者不对一切现象执有性或无性的妄想。如果修行者还存有性有与无的反映形态,那他仍在人相、寿者相、我相的形态偏执里。大慧,论及物性、自性与共同形态时,这都是化身佛为讲法的便于被接受而因人教化的,并非法身佛所说。

这些话,只是顺着众生的希望来引导,并非表示自性之法说的成立,是为证得圣智自觉定念快乐境地的人,分别加以度化而显示的。

"好比水中倒映的树影,说它不是影或是影,不是树形是树形都可以。正如其他教派的人,被习气的心念熏染,生妄想之执着。依据同异与俱不俱,有无与非有非无,常存与无常的对立,从而不能认识这些都是自心现量的显现。

"又譬如明镜,随映物之缘显示一切色像,并无所想。镜中像不是色像,也并非不是像,见镜像并非原像,愚人生妄念而作真像认识。正如同外教的邪恶见解一样,心生像的执著妄想,依据同异、俱不俱、有无与非实有非实无、常有与无常的见解。"

【经文】

"譬如风水,和合出声。彼非性非非性,如是外道,恶见妄想。依于一异俱不俱,有无非有非无,常无常见。

"譬如大地,无草木处。热炎川流,洪浪云涌,彼非性非非性,贪无贪故。如是愚夫,无始虚伪习气所熏,妄想计著。依生住灭,一异俱不俱,有无非有非无,常无常。缘自住事门,亦复如彼热炎波浪。

"譬如有人,咒术机发①。以非众生数,毗舍阇鬼②,方便合成,动摇云为。凡愚妄想计著往来。如是外道恶见希望。依于一异俱不俱,有无非有非无,常无常见。

戏论计著,不实建立。大慧,是故欲得自觉圣智事,当离生住灭,一异俱不俱,有无非有非无,常无常等,恶见妄想。"

尔时世尊,欲重宣此义,而说偈言:

幻梦水树影,垂发热时炎。

如是观三有，究竟得解脱。
譬如鹿渴想，动转迷乱心。
鹿想谓为水，而实无水事。
如是识种子，动转见境界。
愚夫妄想生，如为翳所翳。
于无始生死，计著摄受性。
如逆楔出楔，舍离贪摄受。
如幻咒机发，浮云梦电光。
观是得解脱，永断三相续。
于彼无有作，犹如炎虚空。
如是知诸法，则为无所知。
言教唯假名，彼亦无有相。
于彼起妄想，阴行如垂发。
如画垂发幻，梦揵闼婆城。
火轮热时焰，无有现众生。
常无常一异，俱不俱亦然。
无始过相续，愚夫痴妄想。
明镜水净眼，摩尼妙宝珠。
于中现众色，而实无所有。
一切性显现，如画热时炎。
种种众色现，如梦无所有。

"复次大慧，如来说法，离如是四句。谓一异，俱不俱，有无非有非无，常无常。离于有无建立诽谤。分别结集，真谛缘起，道灭解脱。如来说法，以是为首。非性，非自在，非无因，非微尘，非时，非自性相续，而为说法。复次大慧，为净烦恼尔炎障故。譬如商主，次第建立百八句无所有，善分别诸乘及诸地相。"

【注释】

① 咒术：古代印度的咒术，又称"迷怛鬼""起尸鬼"，能指使死尸去杀人的咒语。即所谓的"咒杀之术"。

② 毗舍阇（shé）鬼：鬼名，是饿鬼之王，亦称颠狂鬼。

【白话】

"比如风和流水声，和合而发出声音。既无定性，但也并非无声。那些其他教派的人，对此产生妄见。依据同与异、俱不俱、无与有、非有非无、常住与无常的对立产生观点。

"又譬如大地，在草木不生的沙漠。在阳光的折射时，热浪奔腾，如波浪云涌，这景象并不是真但亦不是没有。同此理，愚昧的人被无始的虚伪习气熏染，产生执着的妄想，依据生起、存在与消灭、同与异、具备与不具备、有无与非有非无、常存与无常等等。从中推理，从而使平静之心升起如沙漠中的热浪和光的波浪。

"再譬如有人，用咒语玄机，以非人的方法，借尸还魂，用幻觉合成事体，显现形态。凡夫愚昧之人执着于妄想中的死而复生。正如其他教派希望于邪恶的见解一样。依据于同异、俱不俱、有无与非有非无、常存与无常。

执着论辩的游戏之中，产生种种不实的想法。"

这时佛陀，又复述义理，用偈言归纳说：

事如幻梦水中影，假像毛发热浪涌。

如此观想三界事，必定终究得解脱。

譬如鹿渴心生念，意动迷惑乱人心。

鹿想热浪为清波,追逐而去无实物。
好似业力之种子,躁动转化依境生。
愚昧之人执妄想,好比病眼遮蔽生。
于无始处念生死,执着映象有自性。
佛法好比顺逆楔,教化远离执着贪。
心念如幻发咒术,浮云梦幻电火逝。
观察悟道得解脱,永断如水业力流。
各种事物无自性,犹如虚幻中光影。
如能了知诸法事,无所束缚无所知。
言语教化假托名,本身并无有真实。
对此从中起妄想,五阴潜行见假发。
像身虚发皆为幻,海市蜃楼妄想城。
星火转轮虚光影,无中生有凡夫想。
常存无常同与异,俱与不俱同此理。
无始习气相续流,愚夫痴迷与妄想。
明镜水清法眼净,如意宝珠色不同。
众生心中生色相,其实原本无所有。
一切自性有显现,好似画像火热影。
百怪千奇众色相,一如梦幻无所有。

"另外大慧,如来演说佛法,远离对立的四句见解。即同与异,和谐与破裂,有与无以及似是而非之有无,存在与变化。远离有与无的争论辩驳。依次进行宣法和对经典进行对证结集,以示真谛与万物缘起而实无自性,求得寂灭解脱的道果。如来说法,以心的境界为首要,不是法有自性,也不是万有由天王造作,不是万物无因而生,也不是由原子生,不是由时间产生,也不讲自性如水流相续,只是为了教化人心而用种种方式说佛法。还有大慧,为了净除人们心念中的烦恼和妄想之智障。好比商人满足人们需求一样,依次所述一百零八个问题,究其根本，亦一无所论，要善于分别不同的证悟境界了解各种修行阶位的显现形态。"

【经文】

"复次大慧，有四种禅。云何为四？谓愚夫所行禅，观察义禅，攀缘如禅，如来禅。云何愚夫所行禅？谓声闻缘觉外道修行者，观人无我性。自相共相，骨镔无常[①]，苦，不净相，计著为首，如是相不异观。前后转进，想不除灭，是名愚夫所行禅。云何观察义禅？谓人无我自相共相，外道自他俱无性已。观法无我彼地相义，渐次增进，是名观察义禅。云何攀缘如禅？谓妄想，二无我妄想，如实处不生妄想，是名攀缘如禅。云何如来禅？谓入如来地，得自觉圣智相三种乐住[②]，成办众生不思议事，是名如来禅。"

尔时世尊，欲重宣此义，而说偈言：

凡夫所行禅，观察相义禅。

攀缘如实禅，如来清净禅。

譬如日月形，钵头摩深险。

如虚空火尽，修行者观察。

如是种种相，外道道通禅。

亦复堕声闻，及缘觉境界。

舍离彼一切，则是无所有。

一切刹诸佛，以不思议手。

一时摩其顶，随顺入如相。

尔时大慧菩萨摩诃萨，复白佛言："世尊，般涅槃者，说何等法谓为涅槃？"佛告大慧："一切自性习气，藏意意识见习，转变名为涅槃。诸佛及我,涅槃自性空事境界。复次大慧,涅槃者圣智自觉境界,离断常妄想性非性。

云何非常?谓自相共相妄想断,故非常。云何非断?谓一切圣,去来现在得自觉,故非断。大慧,涅槃不坏不死,若涅槃死者,复应受生相续。若坏者,应堕有为相。是故涅槃离坏离死,是故修行者之所归依。复次大慧,涅槃,非舍非得非断非常,非一义,非种种义,是名涅槃。复次大慧,声闻缘觉涅槃者,觉自相共相,不习近境界,不颠倒见,妄想不生,彼等于彼,作涅槃觉。

【注释】

① 骨镰(suǒ):镰,同锁,连接,骨肉连接。
② 三种乐住:乐,佛教名词。指遇好缘好境而身心舒适快悦。三种乐住即一天乐,修十善,生于天上受种种妙乐;二禅乐,修行之人,入诸禅定,一心清净,万虑俱止,得寂静之悦乐;三涅槃乐,离生死之苦而证涅槃,究竟得无为安稳。

【白话】

"再有大慧,有四种禅。哪四种呢?即愚夫所行禅,观察义禅,攀缘如禅,如来禅。什么是愚夫所行禅?就是声闻和缘觉和其他教派的修行者,他们观悟了人无我的本质。自身与众生,不过是骨肉连接,变化不止的无常组合,执着于人生是苦难,人身为不净之聚集,证悟于无我形态。随时光流转,日有所进,以灭尽定的境地为形态而执着,就叫愚人所修行的禅。何为观察义禅呢?就是认知了我与他人及其他教派的修行,都无自性,观悟了一切法均无实我的义理,渐渐有所增益,就称为观察义禅。什么是攀缘如禅呢？就是心念，人法二无我，知心念与义理事体无实我而妄想不生，就叫攀缘如禅。什么是如来禅呢？即证入如来境地，得处自觉圣智形态的天乐、禅乐、涅槃乐，为成就众生度脱烦恼，办理许多不可思议的事，这就叫做如来禅。"

这时佛陀，又复述义理，用偈言归纳说：
第一凡夫所行禅，第二观察相义禅。
第三攀缘如实禅，第四如来清净禅。
好比入定日月明，红莲在天深无边。
又若虚空烟火净，修行之人细体察。
如此这般种种相，各派修证皆路通。
同样堕入声闻乘，以及缘觉乘境界。
舍离所称禅境界，了无一物无所依。
十方刹土一切佛，不可思议妙相手。
此时摩娑灌其顶，随之顺入如来境。

这时大慧发愿证悟之人，又问佛陀："世人之尊，涅槃之境，用什么方法才能证得涅槃？"佛陀告诉大慧："一切自性的习气，藏识以及意识的妄想习气的彻底转变，就叫涅槃。诸佛与我，所证涅槃就是自性空无事理的境界。其次大慧，涅槃即自觉圣明智慧的境界，远离断常二见的有和无的妄想。

为何是无常见的呢？就是我与物我等形态的妄想断绝，因此不是常见。为何不是断见呢？就是一切圣贤，在过去、未来与现在都可得证自觉圣智之境，因此不是断见。大慧，涅槃本无坏灭、生死，若涅槃寂灭，是指灭尽才有相续的涅槃生。若涅槃坏死，就堕入有为的形态。所以涅槃远离坏灭、死去，因此是一切修悟者的归结依止。还有大慧，涅槃，不是舍去，不是得到，不是断灭也不是常见，不是一种义理，也不是各种义理所概括的，只是称为涅槃。再有大慧，声闻与缘觉乘的涅槃境界，只证悟了我与事理形态本无，不受外境习气的感染，不执着颠倒对立的见解，不生妄想，只是将这种修悟化作为涅槃罢了。

【经文】

"复次大慧，二种自性相。云何为二？谓言说自性相计著，事自性相计著。言说自性相计著者，从无始言说虚伪习气计著生，事自性相计著者，从不觉自心现分齐生。

"复次大慧，如来以二种神力建立，菩萨摩诃萨顶礼诸佛，听受问义。云何二种神力建立？谓三昧正受，为现一切身面言说神力及手灌顶神力。大慧，菩萨摩诃萨初菩萨地，住佛神力。所谓入菩萨大乘照明三昧，入是三昧已。十方世界一切诸佛以神通力[1]，为现一切身面言说。如金刚藏菩萨摩诃萨，及余如是相功德成就菩萨摩诃萨。大慧，是名初菩萨地。菩萨摩诃萨得菩萨三昧正受神力，于百千劫[2]，积习善根之所成就。次第诸地对治所治相，通达究竟。至法云地，住大莲华微妙宫殿，坐大莲华宝师子座，同类菩萨摩诃萨眷属围绕。众宝璎珞庄严其身，如黄金薝卜[3]，日月光明，诸最胜子从十方来，就大莲华宫殿座上而灌其顶。譬如自在转轮圣王，及天帝释太子灌顶，是名菩萨手灌顶神力。大慧，是名菩萨摩诃萨二种神力。若菩萨摩诃萨住二种神力，面见诸佛如来，若不如是，则不能见。

"复次大慧，菩萨摩诃萨，凡所分别，三昧神足诸法之行是等一切，悉住如来二种神力。大慧，若菩萨摩诃萨离佛神力，能辩说者，一切凡夫亦应能说。所以者何？谓不住神力故。大慧，山石树木及诸乐器，城郭宫殿，以如来入城威神力故，皆自然出音乐之声,何况有心者。聋盲喑哑,无量众苦,皆得解脱。如来有如是等无量神力,利安众生。"

大慧菩萨复白佛言:"世尊,以何因缘,如来应供等正觉,菩萨摩诃萨住三昧正受时,及胜进地灌顶时,加其神力。"佛告大慧:"为离魔业烦恼故,及不堕声闻地禅故,为得如来自觉地故,及增进所得法故。是故如来应供等正觉,咸以神力建立诸菩萨摩诃萨,若不以神力建立者,则堕外道恶见妄想,及诸声闻,众魔希望,不得阿耨多罗三藐三菩提。以是故,诸佛如来咸以神力摄受诸菩萨摩诃萨。"

【注释】

① 十方:十个方位,佛家指东南西北,东南、西南、东北、西北,上、下,合为十方。

② 劫:又译为劫波、劫簸。意译为分别时节或大时。在印度计时单位中最长的时间为劫。即永远的时间或无限的时间。通常是把世界从形成发展直至灭亡的整个过程称作一劫,以形容其久远。

③ 薝(zhān)卜:花名。木丹,越桃,鲜支,花名薝卜。见《本草纲目·木部三》。

【白话】

"还有大慧,有两种自性相。哪两种呢?就是言语自性相的执着和事自性相的执着。所谓言语自性相执着,就是无始以来言语论述的虚伪习气而执着产生;事自性相执着,就是从不觉悟的自心显现的分别境地,而产生的事物形态的执著。

"再有大慧,如来以两种神力建立真谛,有成就的修证者,拜膜顶礼诸佛，聆听接受问题的义旨。哪两种神力建立呢？就是正定正念的止力并呈现各种形态和言语的神通之力，还有得到手摩顶的灌顶的入定之力。大慧，具有大志的修行者证入欢喜之初地，就是依佛神力所住。所谓入于大乘菩萨地的光照明朗的正定，进入三昧境之后，十方世界的一切诸佛，以神通之力，为其呈现一切各种形态言语说法。如摧毁一切烦恼的证悟者们，都是具有如此功德成就的修证者。大慧，这就叫初菩萨地。这是有大志的修悟者们受正定凝虑神力，于百千劫中积累修习善根所得到的成就。接着逐步认知不同诸地的不同治理形态，从而通达究竟。

往至法云地，这十地之中，住持于大莲花微妙的宫殿，坐大莲花宝狮子座。同修的有成就的众生们都相互围绕，各种珍宝都端庄地装饰其身，如黄金花朵，似日月光明，许多最殊胜的子弟从十方来，在大莲花宫殿座上行灌顶仪式。譬如自在的转轮圣王，以及天帝之子行灌顶礼。这就叫做菩萨手灌顶神力。如果发愿证悟者得到这两种神力，可以面见诸佛如来，如果不是这样，就不能见到。

"另外大慧，具有大志的修证者，凡是有所分别于正定和神通诸法的不同境地，都住于如来两种神力的作用。大慧，如果发愿证悟者脱离佛之神力而能够辩论解说的话，一切凡夫也应能说佛法。为什么呢？就是遮挡不住神力的原故。大慧，连山石树木以及各种乐器，城墙宫殿，可以由于如来进入威神之力的原故，都会自然地发出音乐之声，何况有心识的人呢？聋、盲、喑哑，无量之苦难，全都解脱。如来有如此之无量的神通之力，来利度安乐众生。"

大慧这位有大志的修证者又问佛陀说："世人之尊，因为什么因缘当证悟者住于正定止念并殊胜地进行灌顶时，如来应同时平等正觉以神力加持他们。"佛陀告诉大慧："为使他们远离恶魔业力所致的烦恼之心，以及不堕入声闻等禅定的境地，为使他们得到如来自觉圣地的原因，以及增进得到的法力，所以如来应以同样平等正觉，加以神力从而建立各位有证悟的人，如果不能以神力住持的人，就会堕入其他教派邪恶显现的妄想，以及成就了声闻乘和诸烦恼心的希望，不能得到无上智慧正确的佛果。因此诸佛如来以神力呈现加持有成就的证悟者。"

【经文】

尔时世尊，欲重宣此义，而说偈言：

神力人中尊，大愿悉清净。

三摩提灌顶，初地及十地。

尔时大慧菩萨摩诃萨，复白佛言："世尊，佛说缘起即是说因缘，不自说道。世尊，外道亦说因缘，谓胜自在时微尘生，如是诸性生。然世尊所谓因缘生诸性言说，有间悉檀？无间悉檀？世尊，外道亦说有无有生，世尊亦说无有生，生已灭。

如世尊所说无明缘行，乃至老死，此是世尊无因说，非有因说。世尊建立作如是说，此有故彼有，非建立渐生。观外道说胜，非如来也。所以者何？世尊，外道说因不从缘生，而有所生。世尊说观因有事，观事有因。如是因缘杂乱，如是展转无穷。"

佛告大慧："我非无因说及因缘杂乱说。此有故彼有者，摄所摄非性，觉自心现量。大慧，若摄所摄计著，不觉自心现量，外境界性非性。彼有如是过，非我说缘起。我常说言，因缘和合而生诸法，非无因生。"大慧复白佛言："世尊，非言说有性，有一切性耶。世尊，若无性者，言说不生。是故言说有性，有一切性。"

佛告大慧："无性而作言说，谓兔角龟毛等，世间现言说。大慧，非性非非性，但言说耳。如汝所说，言说有性，有一切性者，汝论则坏。大慧，非一切刹土有言说，言说者是作耳。或有佛刹瞻视显法，或有作相，或有扬眉，或有动睛，或笑或欠，或謦欬①，或念刹土，或动摇。大慧，如瞻视及香积世界，普贤如来国土。但以瞻视，令诸菩萨得无生法忍，及诸胜三昧。是故非言说有性，有一切性。大慧，见此世界蚊蚋虫蚁，是等众生无有言说，而各办事。"

尔时世尊，欲重宣此义，而说偈言：

如虚空兔角，及与槃大子②。

无而有言说，如是性妄想。

因缘和合法，凡愚起妄想。

不能如实知，轮回三有宅。

【注释】

① 謦（qǐng）欬：咳嗽声。欬，咳的异体字。
② 槃大子：石女。

【白话】

这时佛陀，又复述义理，用偈言归纳说：

两种神力人中尊，证悟大愿需清净。

心念定止灌顶礼，入于初地至十地。

这时大慧具有大志的修证者，又问佛说："世人之尊，您说事由缘起即所谓的因缘而生，不是讲自相。世之尊者，其他教派也说事由因缘而生，所谓由自在天王造作或由微尘原子生，这些都说有生发的自性。然而您所谓的因缘生事理，事理都无自性的说法，另有理义？或没有理论依据？世之尊者，其他教派也说有无相生，您也说本无生，生即是灭。

如您所说由无明缘起的变化直至老死，这是您的无因解说，不是有因之说。您建立这种解说，是指有了这，才有那，并非逐渐生成的见解。有其他修行者认为有一个至胜之因，不是如来的见解。为什么呢？世人之尊，其他的教派修行者说因并不从缘生，而另有所生。世人之尊，您说观察因就有事之果，观察事之果就有因。这样因缘杂乱无序，这样就辗转变化无穷。"

佛陀告诉大慧说："我不是说事理是无因而生，以及因缘是杂乱的理论。所谓有了这个，因而才有了那个，是指心识的显现和被显现的作用，只是自心现识的境地。大慧，若执着于反映和被反映之中，而不觉悟是由自心的现识而生，在外境界去追寻有性与无自性。这样的过错，不是我所说的缘起，我常讲，因缘的和合而产生各种事理，并非是说无因生出的。"大慧又问佛说："世人之尊，说言语没有定性，也不说万法有性吗。世之尊者，若言语无性，那么言语本身不会产生作用。因此说言语有性质功能，一切万法，也各有自性。"

佛陀告诉大慧说："若没有性质功能，就不产生言语论说，所谓兔角龟毛等，虽没有实物，却在世上出现了表达的言语论说。大慧，这些不具有其中的绝对性质，只是抽象名词的言语罢了。如你所说，言语有性，一切万法有其自性，那么你的论说就被破坏了。大慧，并非一切国土都有言语，言语是人造作而成。或许有的佛世界里，只要看一下，思想就表达了，或作一个外部的现象形态，或扬眉转睛，或是笑一下，欠欠身，或咳嗽一下，或心意沟通，或遥感身心。还有，在众香世界普贤如来的境地，见到佛身，可让修证者得无生法忍和殊胜的正觉智慧，所以不一定靠语言，才能了知自性。大慧，你看这世上的蚊、蚋、虫、蚁等众生物，虽无人言，但也亦有交往，各办其事。"

这时世之尊者,又复述其理,用偈言归纳说:
抽象的所谓兔角,虚拟的石女生子。
虽无实却有言语,这都是自性妄念。
世事因缘和合生,凡夫愚人起妄想。
不解缘起性空实,轮回三有苦难宅。

【经文】

尔时大慧菩萨摩诃萨,复白佛言:"世尊,常声者,何事说?"佛告大慧:"为惑乱。以彼惑乱,诸圣亦现而非颠倒。大慧,如春时炎,火轮垂发,揵闼婆城,幻梦镜像世间颠倒,非明智也,然非不现。大慧,彼惑乱者有种种现,非惑乱作无常。所以者何?谓离性非性故。大慧,云何离性非性惑乱?谓一切愚夫种种境界故。如彼恒河饿鬼见不见故,无惑乱性。于余现故,非无性。如是惑乱,诸圣离颠倒,不颠倒。是故惑乱常,谓相相不坏故。大慧,非惑乱种种相。妄想相坏,是故惑乱常。大慧,云何惑乱真实?若复因缘,诸圣于此惑乱,不起颠倒觉,非不颠倒觉。大慧,除诸圣于此惑乱,有少分想,非圣智事相。大慧,凡有者愚夫妄说,非圣言说。彼惑乱者,倒不倒妄想,起二种种性。谓圣种性及愚夫种性。圣种性者,三种分别。谓声闻乘、缘觉乘、佛乘。云何愚夫妄想,起声闻乘种性?谓自共相计著,起声闻乘种性,是名妄想起声闻乘种性。大慧,即彼惑乱妄想,起缘觉乘种性。谓即彼惑乱自共相不亲计著,起缘觉乘种性。云何智者即彼惑乱,起佛乘种性?谓觉自心现量,外性非性,不妄想相,起佛乘种性,是名即彼惑乱,起佛乘种性。又种种事性,凡夫惑想,起愚夫种性。彼非有事非无事,是名种性义。大慧,即彼惑乱不妄想,诸圣心意意识,过习气,自性法,转变性,是名为如,是故说如离心。我说此句显示离想,即说离一切想。"大慧白佛言:"世尊,惑乱为有为无?"佛告大慧:"如幻,无计著相。若惑乱有计著相者,计著性不可灭。缘起应如外道,说因缘生法。"大慧白佛言:"世尊,若惑乱如幻者,复当与余惑作因。"佛告大慧:"非幻惑因,不起过故。大慧,幻不起过,无有妄想。大慧,幻者从他明处生,非自妄想过习气处生,是故不起过。大慧,此是愚夫心惑计著,非圣贤也。"

尔时世尊,欲重宣此义,而说偈言:

圣不见惑乱,中间亦无实。

中间若真实,惑乱即真实。

舍离一切惑,若有相生者。

是亦为惑乱,不净犹如翳。

【白话】

这时大慧这位有大志的修证者,又问佛说:"世人之尊,有论述声是常住的,为什么这样说?"佛陀告诉大慧:"这是因为他们被现象迷惑后的乱讲。由于他们的颠倒,诸多的圣者也表现出迷惑,但心识却不颠倒。大慧,好比春日荒漠中阳光的幻影,星火之转,病目见垂发,海市蜃楼,幻梦以及镜中的画像等等,如认为世界中的事物本为实有,就是颠倒惑乱,不是明智的,但这也并不是说没有现象形态。大慧,那些惑乱的人,认为实有各种现象,而明智者不被惑乱,而知一切现象形态无常。为什么呢?是远离自性妄想境界的原故。大慧,为何远离自性心念就不会惑乱呢？是一切愚人凡夫被常见的种种现象心中产生执着的原故。比如恒河在饿鬼看来，不是水是苦海无边。不应被自性惑乱。现象会显现，也不会绝对否定其性质。但不能因此而迷惑乱性，远离圣智产生颠倒之念，不被外部现象所迷惑颠倒。因此迷惑混乱常有，是由于外境形态，常相对地有固定形态的原因。大慧，心念不是惑乱产生的各种外界形态。心念的妄想不断消失变化，而外界现象相对长久，因此人们会被外部形态迷惑而以为常存。大慧，为何讲引起惑乱的现象，具有自性真实？在于一切由因缘而生，圣者在迷惑混乱的现象中，但不起颠倒的觉想，并非不见颠倒的形态。大慧，若修证者对于惑乱，产生心念，那不是圣明智慧的境界。大慧，凡是有愚夫妄想认识的，并非圣人之说。对惑乱，有无颠倒不颠倒的分别与妄想，就产生二种种性。就是圣者种性以及凡人种性。圣人种性，也有三种区别。即声闻乘、缘觉乘、佛乘。什么是凡人妄想，兴起声闻乘种性呢？即对于使人惑乱的自相形态共有现象厌离执着于静，就生起声闻乘种性，而执着即妄想，就叫做妄想起声闻种性。大慧，对于惑乱妄想，所起的缘觉乘种性，就是对于那些惑乱现象形态，不亲近而执着于自修心识，从而兴起缘觉乘种性。何为智者在惑乱之中，兴起佛乘种性呢？就是自觉悟得各种现象形态都是自心现量，内外境物均无自性，不起妄想形态，生起佛乘种性，就叫做在惑乱中兴起佛乘种性。另外各种事理，不同形态，从而引发人们的迷惑妄想，产生凡人种性。现象并非实有事，也并非无形态，这就被称为不同种性的义理。大慧，在这惑乱的现象中，不生妄想，超过心识习气所染，生法无自性的转变，就叫做真实，因此说真实离开心识。我说这句话是要显示远离妄想，就是讲心远离一切妄念。"大慧对佛陀说："世之尊者，那么惑乱究竟是有常性还是无常性？"佛告诉大慧说："一切事的现象如幻，不能把握它的形态。如果惑乱的现象形态能把握住，那么这种偏执的把握就不会消灭。其说法与由缘起，造作生因，由因缘生法的其他教派相同。"大慧又问佛陀说："世之尊者，如果惑乱如幻梦，那么它应当成为其他迷惑的原因。"佛告诉大慧："并非幻是惑乱之因，不生起过失。大慧，幻不兴起过失，不产生妄想。大慧，所谓幻是明白了一切如幻，不是从妄想习气中产生，所以不兴起过失。大慧，这是凡人的心识迷惑偏执，不是圣贤之理。"

这时佛陀，又复述义理，用偈言归纳说：
圣人心中无惑乱，有无之间亦不实。
有无之间若真实，迷惑混乱即真实。
舍弃远离一切惑，如果心中形态生。
其心本身生惑乱，不净犹如眼生翳。

【经文】

"复次大慧，非幻无有相似，见一切法如幻。"大慧白佛言："世尊，为种种幻相计著，言一切法如幻，为异相计著。若种种幻相计著，言一切性如幻者。

世尊，有性不如幻者。所以者何？谓色种种相非因。世尊，无有因色种种相现，如幻。世尊，是故无种种幻相计著相似，性如幻。"佛告大慧："非种种幻相计著相似，一切法如幻。大慧，然不实一切法，速灭如电，是则如幻。大慧，譬如电光刹那顷现，现已即灭，非愚夫现。如是一切性，自妄想自共相。观察无性，非现色相计著。"

尔时世尊，欲重宣此义，而说偈言：
非幻无有譬，说法性如幻。

不实速如电,是故说如幻。

大慧复白佛言:"如世尊所说,一切性无生及如幻。将无世尊前后所说,自相违耶?说无生性如幻?"佛告大慧:"非我说无生性如幻,前后相违过。所以者何?谓生无生,觉自心现量。有非有,外性非性,无生现。大慧,非我前后说相违过,然坏外道因生,故我说一切性无生。大慧,外道痴聚,欲令有无有生,非自妄想种种计著缘。大意,我非有无有生,是故我以无生说而说。大慧,说性者,为摄生死故。坏无见断见故,为我弟子摄受种种业,受生处故。以声性,说摄受生死。大慧,说幻性自性相,为离性自性相故。堕愚夫恶见相希望,不知自心现量。坏因所作生,缘自性相计著。

说幻梦自性相一切法,不令愚夫恶见,希望计著,自及他一切法,如实处见,作不正论。大慧,如实处见一切法者,谓超自心现量。"

尔时世尊,欲重宣此义,而说偈言:

无生作非性,有性摄生死。

观察如幻等,于相不妄想。

"复次大慧,当说名句形身相[①]。善观名句形身菩萨摩诃萨,随入义句形身,疾得阿耨多罗三藐三菩提。如是觉已,觉一切众生。大慧,名身者,谓若依事立名,是名名身。句身者,谓句有义身,自性决定究竟,是名句身。形身者,谓显示名句,是名形身。又形身者,谓长短高下。又句身者,谓径迹,如象马人兽等所行径迹,得句身名。大慧,名及形者,谓以名说无色四阴,故说名。自相现,故说形,是名名句形身。说名句形身相分齐,应当修学。"

尔时世尊，欲重宣此义，而说偈言：
名身与句身，及形身差别。
凡夫愚计著，如象溺深泥。

【注释】

①形身相：文字形为体现，称为形身相。相，表现与形态。

【白话】

"另外大慧，非幻之境，没有相似的，所见的一切事理都如幻境。"大慧对佛说："世人之尊，由于人们为种种幻的形态执着，您说一切事理如幻。世人之尊，有的事理不如幻。为什么呢？就是各种物体的色相，它又成现象的另一个因。世人之尊，且没有因为无色的各种相出现，才说如幻。

世人之尊，因此没有各种幻相的执着与相似，事理如幻。"佛告大慧："并非种种幻相执着与相似，一切事理即法如幻。大慧，然而不实的一切事理，其迅速消灭如电闪，因此如幻。大慧，比如电光瞬间出现，一现即灭，并非只在凡人眼中出现。正如一切事理，只是心识的妄想于自性与共相。观察一切事理无自性，并非只指现象中对色相的执着。"

这时佛陀，又重述义理，用偈言归纳说：
觉悟非幻无可比，所说法性亦如幻。
不实之体如电闪，因此事理皆如幻。

大慧又问佛道："如您所说，一切法性本身不生如幻，既无生何有幻。将您前后所讲的对照，不是自相矛盾吗？是说不生自性，还是如幻呢？"佛告诉大慧："不是我说不生自性如幻，前后矛盾。为何呢？所谓生，并无可生。只是自心现量的所求。有并非实有，外境之性非性，无所谓现象的生。大慧，不是我前后所说的有相互矛盾。是为了破坏其他教派的创因生的见解，所以讲一切法自性无生。大慧，其他教派痴愚聚合，认为有生于无，相互而生，这都是自己对种种妄想执着的缘由。大慧，我并非认为有无或有生，只是以自性本自无生才说无生罢了。大慧，我讲的性与自性，是反映生死缘起的原故。是破除死后什么都没有了的断见的原故，为我的弟子们接受各种业力，明白产生生命的缘起之处的原故。以称为性或自性的词句，来说明反映生死的事来。大慧，我说法性自性如幻，是为远离性自性的形态，以免凡人堕入邪恶见解之中，一心关注现象形态，而不知这只是自心现量的境地。从而破坏一切由因由造化所生，产生自身由因缘而生的执着。

解说自性的形态一切法如幻梦，使人们不产生执着于内心外物的一切事理，认清如如之真实实处，做出不正确的论说。大慧，如实之处见一切法，就是超脱自心的认识。"

这时佛陀，又复述义理，用偈言归纳说：

自性无生称作性，有性只为说生死。

观察一切皆如幻，生死形态无妄想。

"再有大慧，应当为你们说词句和文字的义理，修证者要善于从词句文字中，迅速得到无上正确智慧的境界。如此觉悟自己，又可以此开悟众生。大慧，所谓名身，就是依据事理命名，就叫做名词。所谓句身，就是词句中有义理，有是与不是的决定作用，叫做句子。所谓形身，就是显示名词句子，叫做文字。还有文字，有长短高下不同字形。还有所谓的句身，就是如道路的行迹，如象、马、人、兽等行走后的形迹，从此得句子的称谓。大慧，名词与句子，是以名词解说无形态的抽象事理，即如受、想、行、识等类别，因此称为名称的句子。本身的形体，就是字形即文字，称之为名词与句子。说句子、文字的不同作用，可表达义理，你们应当修学。"

这时佛陀,又复述其理,用偈言归纳说:
所说名词与句子,以及文字有区别。
凡是人们执着它,如象陷入深泥中。

【经文】

"复次大慧,未来世智者,以离一异俱不俱见相,我所通义,问无智者,彼即答言:'此非正问。'谓色等,常无常?为异不异?如是涅槃诸行,相所相,求那所求那,造所造,见所见,尘及微尘,修与修者?如是比展转相,如是等问,而言佛说无记止论[①]。非彼痴人之所能知,谓闻慧不具故。如来应供等正觉,令彼离恐怖句故,说言无记,不为记说。又止外道见论故,而不为说。大慧,外道作如是说,谓命即是身,如是等无记论。大慧,彼诸外道愚痴,于因作无记论,非我所说。大慧,我所说者,离摄所摄,妄想不生。云何止彼?大慧,若摄所摄计著者,不知自心现量,故止彼。大慧,如来应供等正觉,以四种记论,为众生说法。大慧,止记论者,我时时说,为根未熟,不为熟者。复次大慧,一切法,离所作因缘不生,无作者故,一切法不生。大慧,何故一切性,离自性?以自觉观时,自共性相不可得,故说一切法不生。何故一切法不可持来,不可持去?以自共相,欲持来无所来,欲持去无所去,是故一切法离持来去。大慧,何故一切诸法不灭?谓性自性相无故,一切法不可得,故一切法不灭。大慧,何故一切法无常?谓相起无常性。是故说一切法无常。大慧,何故一切法常?谓相起无生性,无常常,故说一切法常。"

尔时世尊,欲重宣此义,而说偈言:

记论有四种,一向反诘问。
分别及止论,以制诸外道。
有及非有生,僧佉毗舍师②。
一切悉无记,彼如是显示。
正觉所分别,自性不可得。
以离于言说,故说离自性。

【注释】

① 无记止论:无记,有两种义:非善非恶与不下判断不作肯定与否定即回避回答。止论,四种记论之一,即置答。四种记论为:直答、反问、分别和置答。

② 僧佉毗舍:即迦毗罗,数论派创始人。以数为度量根本,从数而论,故名。

【白话】

"另外大慧,在未来世间的智者,以远离于同与异,具备不具备,认识,我的价值等共通的理义来询问无智之人,这些人会说:'这不是正确的问法。'还会谈及色的形态即各种状态是常存还是无常?是相同还是不同?何为涅槃状态,各种现象的形态,作者所依止的变化,造化所造的原因,能见与所见的区别,原子与微量,修行什么谁是修行者?如此相互联系、变化的等等问题。而愚人则说佛说这些问题不作肯定与否定回答。这些不是那些愚人所能知道的,是不具备多闻智慧的原故。如来应共同平等正觉,让他们远离无法理解的义理,说言语不作回答,不为他们进行论说。又为了阻止其他教派的论说,因此而置之不答。大慧,那些外道教派愚昧痴迷,不知生命之因,而作置答论说,不是我所讲的。大慧,我所说的是对于反映的现象,不生妄想。这又怎能阻止他们?大慧,如果执着于反映被反映的现象,不知所生都是心识的现量,所以就阻止他们。大慧,如来应共同平等证悟,以直答、反问、分别与置答,为众生说法。大慧,置答是阻止无记论的方法,我经常说,它是用于善根未熟之人,不用于悟者。其次大慧,一切法,离开了因缘不生,无造化者,所以讲一切法本无生。大慧,为何一切性,离自性呢?以自觉证悟来观察,诸法自性空无可得,因此说一切法不生。为何一切法既不可把握来,也不能把握去?以自心妄念,要把握却无所谓来,也无所谓去,因此一切法远离把握与来去。大慧,为何一切诸法不灭呢?因为心之自性,本无实有形态,一切法无可得到什么,因此一切法不消灭。大慧,为何一切法无常?由于形态产生并无生起的性质,生灭无常,而自有却如常,因之说一切法的本质是空是如常之常的。"

这时佛陀,又重述义理,用偈言归纳说:

记论分别有四种,从来用以驳与论。
分别回答和置答,制服邪见使用它。
有体以及无生有,数论学者常用之。
这些都是无记论,都是回避不作答。
正智觉悟所分别,自有性质无可得。
所以远离于论说,因此称之无自性。

【经文】

尔时大慧菩萨摩诃萨复白佛言:"世尊,惟愿为说诸须陀洹,须陀洹趣,差别通相。若菩萨摩诃萨善解须陀洹趣差别通相,及斯陀含,阿那含,阿罗汉,方便相,分别知己,如是如是,为众生说法。谓二无我相及二障净,度诸地相,究竟通达,得诸如来不思议究竟境界。如众色摩尼,善能饶益一切众生,以一切法境界无尽身财,摄养一切。"

佛告大慧:"谛听,谛听,善思念之,今为汝说。"大慧白佛言:"善哉,世尊,唯然听受。"

佛告大慧:"有三种须陀洹,须陀洹果差别。云何为三?谓下中上。下者极七有生;中者三五有生而般涅槃;上者即彼生而般涅槃。此三种有三结,下中上。云何三结?谓身见、疑、戒取。是三结差别。上上升进,得阿罗汉。大慧,身见有二种,谓俱生及妄想。如缘起妄想,自性妄想。譬如依缘起自性,种种妄想自性计著生。以彼非有非无,非有无,无实妄想相故。愚夫妄想,种种妄想自性相计著。如热是时炎,鹿渴水想。是须陀洹妄想身见。

彼以人无我,摄受无性,断除久远无知计著。

"大慧,俱生者,须陀洹身见,自他身等,四阴无色相故。色生造及所造故,展转相因相故,大种及色不集故。须陀洹观有无品不现,身见则断。如是身见断,贪则不生,是名身见相。大慧,疑相者,谓得法善见相故,及先二种身见妄想断故。疑法不生,不于余处起大师见。为净不净,是名疑相,须陀洹断。大慧,戒取者云何?须陀洹不取戒。谓善见受生处苦相故,是故不取。大慧,取者谓愚夫决定受习苦行,为众具乐,故求受生。彼则不取,除回向自觉胜。离妄想,无漏法相行方便,受持戒支,是名须陀洹,取戒相断。

须陀洹断三结,贪痴不生。若须陀洹作是念,此诸结我不成就者,应有二过。堕身见及诸结不断。"大慧白佛言:"世尊,世尊说众多贪欲,彼何者贪断?"

【白话】

这时大慧这位有大志的证悟者又问佛道:"世之所尊,期望您解说声闻初果及去处、果位的不同与形态。若修证者善于了解一至四果的分别,知道后可以如此这般地为众生说法。说人法无我以及除去烦恼与所知二障,度于诸地形态,通达究竟至于诸如来不可思议的功德境界。如宝珠,善念能利益一切众生,以一切法境界的数无尽的身心财富,来度脱养育一切众生。"

佛告诉大慧:"听着,认真听,好好思考,我今天为你解说。"大慧对佛陀说:"好的,世之尊者,我恭敬地聆听教诲。"

佛告诉大慧:"有三种初果,初果须陀洹的差别。哪三种呢?即上、中、下三种。下品须陀洹要经七次往生人世;中品要三至五次往返人间;上品其生入涅槃。在这三种初果中,还有三结,分上、中、下。哪三结呢?就是身见即我见,疑正理,戒取即行邪戒。就是这三种区别。修行精进,可得到四果无烦恼的阿罗汉。大慧,我见有二种,就是与生命同时具备以及妄想。如缘起妄想,自性妄想。比如依缘起自性,产生种种妄想执着而生。以为它既非有,也不是无,因此而产生不实的妄想现象形态。愚夫的妄想,于各种性质的形态执著于自性为空。如渴鹿,把空幻光的热焰当作清水。这是初果的妄想于无我的执着。

他们以人无我,并反映于无自性的境界,断除烦恼,长久永远地偏执于无智无我。

"大慧,初果中身见里的俱生,观悟自身他人身的四阴即受、想、行、识,都无色相之形态。色之形态都由物所造,辗转相因而作用,地水火风四大种以及现象都不集聚不变。由此不执有与无之见解,断除了自身的我见。这样我身的断除,贪念不生,就称为初果身见相。大慧,所谓疑相,就是以为得到了法不生的正确见解，以及两种身见妄想断除。这样就怀疑已证悟的圣贤之法净说，也有未净，就叫疑相即怀疑的表现，就是须陀洹果的断见疑相。大慧，什么是戒取见呢？须陀洹不吸取戒律的见解。认为人生即苦，善有福报，有苦也坦然对待，所以不以戒律之善来取获由苦变福。大慧，取是人们决定修苦行，以求福或升天往生。须陀洹则不取这种见解，除了息心于自觉胜境外，远离妄想，守除烦恼的无漏法的形态归于清静，不执着于外境，就叫做须陀洹戒取断见。

须陀洹断见三结，贪、嗔、欲都不生。如果须陀洹道果境地的人这样认为，这断见三结，我不必再证悟了，就应有两种过错。堕于身见之中以及疑、戒取诸结也不能断除。"大慧问佛陀道："世之尊者，您说人们有很多贪欲，须陀洹果之人断了哪些贪欲呢？"

【经文】

佛告大慧："爱乐女人，缠绵贪著种种方便，身口恶业，受现在乐，种未来苦。彼则不生，所以者何？得三昧正受乐故，是故彼断。非趣涅槃贪断。大慧，云何斯陀含相？谓顿照色相妄想，生相见相不生，善见禅趣相故。顿来此世，尽苦际，得涅槃。是故名斯陀含。大慧，云何阿那含？谓过去未来现在色相，性非性，生见过患使，妄想不生故及结断故，名阿那含。

大慧，阿罗汉者，谓诸禅三昧解脱力明。烦恼苦妄想非性故，名阿罗汉。"大慧白佛言："世尊，世尊说三种阿罗汉，此说何等阿罗汉？世尊为得寂静一乘道①，为菩萨摩诃萨方便示现阿罗汉，为佛化化。"

佛告大慧："得寂静一乘道声闻，非余。余者行菩萨行及佛化化。巧方便本愿故,于大众中示现受生,为庄严佛眷属故。大慧,于妄想处种种说法,谓得果得禅。禅者入禅,悉远离故。示现得自心现量,得果相,说名得果。复次大慧,欲超禅无量无色界者,当离自心现量相。大慧,受想正受,超自心现量者,不然。何以故?有心量故。"

尔时世尊,欲重宣此义,而说偈言:

诸禅四无量,无色三摩提。

一切受想灭,心量彼无有。

须陀槃那果,往来及不还。

及与阿罗汉,斯等心惑乱。

禅者禅及缘,断知见真谛。

此则妄想量,若觉得解脱。

"复次大慧,有二种觉。谓观察觉及妄想相摄受计著建立觉。大慧,观察觉者,谓若觉性自性相,选择离四句不可得,是名观察觉。大慧,彼四句者,谓离一异、俱不俱、有无非有非无、常无常,是名四句。大慧,此四句离,是名一切法。大慧,此四句观察一切法应当修学。

大慧,云何妄想相摄受计著建立觉?谓妄想相摄受计著。坚湿暖动不实妄想相,四大种。宗因相譬喻计著②,不实建立而建立,是名妄想相摄受计著建立觉。是名二种觉相。若菩萨摩诃萨成就此二觉相,人法无我相究竟,善知方便无所有觉,观察行地,得初地,入百三昧。得差别三昧,见百佛及百菩萨。知前后际各百劫事,光照百刹土。知上上地相,大愿殊胜神力自在,法云灌顶。当得如来自觉地。善系心十无尽句③,成熟众生。种种变化,光明庄严。得自觉圣乐三昧正受。

【注释】

① 一乘：即一佛乘之法，指一切众生都可以成佛的教理。

② 宗因相譬喻：即由宗、因、喻组成的论法。被称为因明三支。宗指立义；因指成宗的道理，推理；喻指帮助立义的譬喻。其中以因为要，要力求明了、智慧，故称因明。

③ 十无尽句：初地菩萨，发大愿，以下十句不尽，我则不尽，以见其度脱众生，修悟佛理之志。十无尽为：◎众生界无尽；◎世间无尽；◎虚空界无尽；◎法界无尽；◎涅槃界无尽；◎佛出现界无尽；◎如来智界无尽；◎心所缘无尽；◎佛智所入境界无尽；◎世间转法转智转无尽。

【白话】

佛陀告诉大慧："对于男女之间的情爱，缠绵、身体与语言所带来的现在之乐，种下的未来之苦，须陀洹果的人已不产生，为何呢？因为他们已证得了正心止念之乐，所以断了情爱之欲，但贪欲涅槃之乐趣未断。何为斯陀含境界？就是彻底洞察了外境所出现的形态，除妄想，善于处在禅定清静中。此生苦境已结，得静寂。因此称为斯陀含果。大慧，何为阿那含果呢？就是过去与未来和现在的各色形态，自性心念，已无产生我见的过患，妄念不生并断除前述三结，就称为阿那含。

大慧，阿罗汉果就是禅定正止已有解脱的神明之力，烦恼苦乐妄想之念不再生，就称为阿罗汉。"大慧对佛陀说："世人之尊，您说有三种阿罗汉，这里说的是哪一种？是您为众生得到大乘的证悟境界，为修证者而做的方便显现为阿罗汉，还是您变化的化身显现？"

佛陀告诉大慧说："是指得到寂静一乘道的声闻者，不是别的。而遍行证悟的方法而示现的阿罗汉以及佛变化的化身，只是修度心愿的一种表现，在大众中表现来引导人们接受佛法，庄严佛地罢了。大慧，那种为证悟而说的阶位道果和禅定。真实的入定修悟者，应当远离。这些只表示得证的自心现量即程度，得到道果的表现形态，只是一种称谓罢了。还有大慧，要超越入定的无量、无色即欲、色、无色三界的境地，应当远离自己的心识形态。大慧，接受想念或正定而有所接受，以及自以为超越心量的意念，都是不对的。为什么呢？说明他还存有心量。"

这时佛陀，要复述义理，用偈言归纳说：
慈悲喜舍四无量，欲色无色三止念。
一切感受心念灭，自身心量归于无。
初地佛果须陀洹，往来不还三四果。
以及四果阿罗汉，皆是自心迷惑乱。
禅者禅心与禅缘，断除知见有真谛。
除却心量妄想念，方能觉悟得解脱。

"另外大慧，有两种觉悟的形态。就是观察觉及妄想相摄受执着建立的感觉。大慧，观察觉就是觉悟了自性的本质，选择了远离四个句子中的不可证得，就称为观察觉。大慧，这四个句子，就是同与异，共存与不共存，有与无和似有似无，永恒与无常，这四个相对的句子。大慧，应远离于这四句，就称为一切法。大慧，以此四句的观悟体察一切事理，可得觉悟应当修证学习。

大慧，什么是妄想相摄受计著建立觉呢？就是在本能的感觉中产生执着的妄想。对于地水火风这四大种产生的状态如坚硬、湿、暖、运动产生并非真实的妄想。并在因明三支，即宗、因、喻的论证上偏执，在本无实之中求真实，这就叫妄想相摄受计著建立觉。被称为两种初步的觉悟形态。如果修证者成就了这两种觉悟形态，认识了人法无我，善于知道无所有觉悟的各种方法，观悟体察于修证的境地，由得证的初果境地，入于各地正定心止，分别得增益诸地心得，得以面见百佛百位证悟贤者。知过去未来乃至无限时空之事，智光普照诸地。知各殊胜境地，发大愿殊胜神通自在之力，诸佛灌顶。应得如来自觉境界。善心所及，天下众生。种种显现变化神通，光明而庄严，得入自觉圣明乐趣寂息心念。

【经文】

"复次大慧，菩萨摩诃萨，当善四大造色。云何菩萨善四大造色？大慧，菩萨摩诃萨作是觉彼真谛者，四大不生。于彼四大不生，作如是观察。观察已，觉名相妄想分齐，自心现分齐，外性非性，是名心现妄想分齐。谓三界观彼四大造色性，离四句通净，离我我所，如实相自相分段住，无生自相成。

"大慧，彼四大种，云何生造色？谓津润妄想大种，生内外水界；堪能妄想大种，生内外火界；飘动妄想大种，生内外风界；断截色妄想大种，生内外地界。色及虚空俱，计著邪谛，五阴集聚，四大造色生。大慧，识者，因乐种种迹境界故，余趣相续。大慧，地等四大及造色等，有四大缘。非彼四大缘，所以者何？谓性形相处所作方便无性，大种不生。大慧，性形相，处所作方便和合生，非无形。是故四大造色相。外道妄想，非我。

"复次大慧，当说诸阴自性相。云何诸阴自性相？谓五阴。云何五？谓色、受、想、行、识。彼四阴非色，谓受、想、行、识。大慧，色者，四大及造色，各各异相。大慧，非无色。有四数如虚空。譬如虚空，过数相，离于数。而妄想言一虚空。大慧，如是阴，过数相，离于数。

离性非性，离四句。数相者，愚夫言说，非圣贤也。大慧，圣者如幻。种种色像，离异不异施设。又如梦影士夫身，离异不异故。大慧，圣智趣，同阴妄想现。是名诸阴自性相，汝当除灭。灭已，说寂静法。断一切佛刹，诸外道见。大慧，说寂静时，法无我见净及入不动地。入不动地已，无量三昧自在及得意生身。得如幻三昧，通达究竟力明自在。救摄饶益一切众生。犹如大地，载育众生。菩萨摩诃萨，普济众生，亦复如是。

"复次大慧，诸外道有四种涅槃。云何为四？谓性自性，非性涅槃；种种相性，非性涅槃；自相自性，非性觉涅槃；诸阴自共相，相续流注断涅槃。

是名诸外道四种涅槃，非我所说法。大慧，我所说者，妄想识灭，名为涅槃。"大慧白佛言："世尊不建立八识耶？"佛言："建立。"大慧白佛言："若建立者，云何离意识，非七识？"佛告大慧："彼因及彼攀缘故，七识不生。意识者，境界分段计著生。习气长养，藏识意俱。我我所计著，思惟因缘生。不坏身相，藏识因攀缘，自心现境界，计著心聚生。展转相因。譬如海浪，自心现境界风吹，若生若灭，亦如是。是故意识灭七识亦灭。"

尔时世尊，欲重宣此义，而说偈言：
我不涅槃性，所作及与相。
妄想尔焰识，此灭我涅槃。
彼因彼攀缘，意趣等成身。
与因者是心，为识之所依。
如水大流尽，波浪则不起。
如是意识灭，种种识不生。

【白话】

"还有大慧,有成就的修证者,应善于分别地水火风这四大造成的色境。何为修证者善于分别四大所造色境?大慧,修悟者应觉悟它的真谛是四大本自无生,对四大无生,作观察。这才觉悟一切现象形态,是名与形态妄想区分,是由自心分别而已,事物本无性,这就称为妄想分别。就是在欲、色、无色三界观悟四大所造色境,离四句可通于净地,离我与我所有的心念,就比如实相形态与分段的实相形态无可得,在本无生的自性体相中。

"大慧,那四大种,是怎样造化出色境?所谓众生心识如津液滋润妄想之种,产生内外水的境地;产生热能妄想之种,生于内外火的境地;产生飘动妄想之种,从而生出内外风境地;产生坚固的起伏形态的妄想之种,从而生出心内外地的境地。以及产生了色相与虚空的妄想,执着于邪念,使色、受、想、行、识之五阴集聚,并与四大之地水火风和合,造成各种色境的产生。大慧,识,由内外境界各种形态生发,而乐于执着,使贪欲之趣连续不断。大慧,地等四大造就的色境,有四大缘。但实际并不由它的四大因缘而生,为什么呢?即自性本无生,各种形态只是微尘原子的暂时合成,在不断演化着,四大本质上无生。大慧,自性形态只是显现的由因缘合成的现象,并非无形态。所以说由四大造成各种色境形态,其本质是其他教派的妄想,并非我所说。

"另外大慧,应当为你说明诸阴的自性形态。所谓的五阴。哪五阴?即色、受、想、行、识。这里的四阴并不是色,即受、想、行、识。大慧,色是四大及其所造,各有不同形态。大慧,其他不是色阴的,也不止四个数如虚空。譬如虚空,超过数的形态,离于数。不可用妄想的说法谈虚空。大慧,这样的阴,超过数的形态,脱离了一定数的量。

远离自性，对立四句的认识。用一定的数的形态说虚空，是愚人的说法，不是圣贤所说的。大慧，圣者如幻，各种形态表现，离开了同与不同的表象。好比身影随，远离同与不同的心识。大慧，得圣明智趣者，都悟得五阴是妄想现象。就称为心识不起诸阴的自性形态，你应当除灭幻梦的名称与数之妄念。灭除后，得寂静时则法无我入于清静不动地。此后，无量正念自在与得意生身。得如幻正心念止，通达究竟明了自在之力。救度利益一切众生。犹如大地，载育众生，修证得悟的人普济众生，也同样如此。

"其次大慧，其他教派有四种涅槃境界。有哪四种呢？就是事的本质无所谓有，静心独意的涅槃境界；自性不存的断见涅槃境界；身心之表现的自性本无，但有觉想的涅槃境界；诸阴及自相共相的形态之念相续流注不断的涅槃境地。

这就称为其他教派的四种涅槃，不是我所说的。大慧，我所说的是妄想的心识已灭，就称为涅槃。"大慧向佛陀问道："您不建立八识了吗？"佛回答说："建立。"大慧又问佛陀："如建立，为何只说离意识，不说其他七识呢？"佛陀告诉大慧："这是因为意识的攀缘之故，无意识之因，七识不生。意识是由对前五识，眼耳鼻舌身依次执着而生的。由习气长期养成，以至于成就如来藏识。对我与我所生念的执着，思维由因此而缘生。不破坏自身形态，藏识由此因攀缘而成，如自心显现各种境地，执着心念集聚而生，辗转相因。这就好比海浪，自心显现境界与否导致妄想风吹与否，浪生波灭，也是这个道理。因此说意识如果灭除，其他心识亦归于寂灭。"

这时佛陀，又复述义理，用偈言归纳说：
我不讲涅槃实质，无可作无涅槃相。
妄想的焰影断除，它的灭就是涅槃。
意识起自互攀缘，依起生出意识来。

由因起处在于心，意识依处是心处。
如水洪流泄尽处，无水波浪则不起。
比如若是意识灭，种种心识皆不生。

【经文】

"复次大慧，今当说妄想自性分别通相。若妄想自性分别通相，善分别，汝及余菩萨摩诃萨，离妄想，到自觉圣。外道通趣善见，觉摄所摄妄想断。缘起种种相，妄想自性行，不复妄想。

"大慧，云何妄想自性分别通相。谓言说妄想，所说事妄想，相妄想，利妄想，自性妄想，因妄想，见妄想，成妄想，生妄想，不生妄想，相续妄想，缚不缚妄想，是名妄想自性分别通相。大慧，云何言说妄想？谓种种妙音歌咏之声，美乐计著，是名言说妄想。大慧，云何所说事妄想？谓有所说事自性，圣智所知，依彼而生言说妄想，是名所说事妄想。大慧，云何相妄想？谓即彼所说事，如鹿渴想，种种计著而计著。谓坚湿暖动相，一切性妄想，是名相妄想。大慧，云何利妄想？谓乐种种金银珍宝，是名利妄想。大慧，云何自性妄想？谓自性持此如是，不异恶见妄想，是名自性妄想。大慧，云何因妄想？谓若因若缘，有无分别，因相生，是名因妄想。大慧，云何见妄想？谓有无一异，俱不俱恶见，外道妄想计著妄想，是名见妄想。大慧，云何成妄想？谓我我所想，成决定论，是名成妄想。大慧，云何生妄想？谓缘有无性生计著，是名生妄想。大慧，云何不生妄想？谓一切性，本无生无种，因缘生无因身，是名不生妄想。大慧，云何相续妄想？谓彼俱相续，如金缕，是名相续妄想。大慧，云何缚不缚妄想？谓缚不缚因缘计著，如士夫方便，若缚若解，是名缚不缚妄想。于此妄想自性分别通相。一切愚夫，计著有无。

"大慧，计著缘起。而计著者，种种妄想计著自性，如幻示现种种之身。凡夫妄想，见种种异幻。大慧，幻与种种，非异非不异。若异者，幻非种种因。

若不异者，幻与种种无差别，而见差别。是故非异非不异。是故大慧，汝及余菩萨摩诃萨，如幻缘起妄想自性，异不异有无，莫计著。"

【白话】

"还有大慧，今天应当说妄想自性与相通现象。如果善于分别妄想自性和相通的现象，你和其他证悟者可以远离妄想，到自觉圣地。对其他教派的共通心趣善于认识，会自觉除断反映现象而生的妄想。认识缘起的种种现象形态，以及妄想自性的行为心态，不使妄想复生。

"大慧，何为妄想自性的不同现象形态和相通的共有现象形态。就是语言论说妄想，所说的事妄想，现象与形态妄想，利妄想，自性的本质妄想，因妄想，见妄想，成就妄想，生发的妄想，不生的妄想，相续妄想，缚与不缚的妄想，这就叫做妄想自性的不同现象和共通现象。大慧，什么是言语论说妄想？即对各种美妙的音乐、歌咏之声，产生美好快乐执著心念，就称为言说妄想。大慧，什么是所说的事妄想呢？即所说的事理，有其自性，这只有圣明智慧的能认识，是依他而产生的言语论说的妄想，就叫做所说事妄想。大慧，什么是表现形态的妄想？即别人所说事理，如鹿干渴，见阳光幻焰，以为是水的妄想，由此而执着，以至于对于自然界各种现象的性质产生执着,就是相妄想。大慧,什么是利的妄想?就是乐于各种金银珍宝的占有,就叫利妄想。大慧,什么是自性妄想呢?就是把心识产生的自性即自有本质产生自持为正确,这与邪恶见解的妄想没有不同,就称为自性妄想。大慧,什么是因妄想呢?就是对一切事推究其因、推究其缘,不探求其内外之别一切由因产生,就称因妄想。大慧,什么是见妄想呢?就是在有与无同和异、具备不具备的邪恶对立见解中,成为其他教派妄想的执着者,就叫做见妄想。大慧,何为成就妄想?就是对自我和我所建立成就的认识,认为是绝对真理,就称为成就妄想。大慧,什么是生发妄想?即对缘起的特性有无本质产生妄念,执着于生发,就是生发妄想。大慧,何为不生妄想呢?就是一切本无生,由因缘而起,就叫不生妄想。大慧,什么是相续妄想呢?就是心念之生相续不断,如金丝绣线,相互交织,彼此相生,就称为相续妄想。大慧,何为束缚与不束缚妄想?即执着于是否被因缘烦恼所束缚,好比自己给绳子打结,自结自解,总有若缚若解脱的妄念,就叫缚不缚妄想。在这些妄想自性和分别形态与相通形态中,一切愚昧之人,都偏执于有与无的妄想中。

"大慧,偏执于缘起。从而执着的人,产生妄念执着于分别的特性本质,好比幻梦显示各种现象。人们妄想,以为幻境为实而现。大慧,幻梦与各种现象形态,并非不同也并非相同。若不同,幻便不为事因。

若同,幻与现实形态无差别,但实有差别。因此说它是非不同非同的。因此大慧,你与证悟者,如幻像及依此而生的缘想妄想的自性,同与不同和有与无,不能执着。"

【经文】

尔时世尊,欲重宣此义,而说偈言:

心缚于境界，觉想智随转。
无所有及胜，平等智慧生。
妄想自性有，于缘起则无。
妄想或摄受，缘起非妄想。
种种支分生，如幻则不成。
彼相有种种，妄想则不成。
彼相则是过，皆从心缚生。
妄想无所知，于缘起妄想。
此诸妄想性，即是彼缘起。
妄想有种种，于缘起妄想。
世谛第一义①，第三无因生。
妄想说世谛，断则圣境界。
譬如修行事，于一种种现。
于彼无种种，妄想相如是。
譬如种种翳，妄想众色现。
翳无色非色，缘起不觉然。
譬如炼真金，远离诸垢秽。
虚空无云翳，妄想净亦然。
无有妄想性，及有彼缘起。
建立及诽谤，悉由妄想坏。
妄想若无性，而有缘起性。
无性而有性，有性无性生。
依因于妄想，而得彼缘起。
相名常相随，而生诸妄想。
究竟不成就，则度诸妄想。

然后智清净,是名第一义。
妄想有十二,缘起有六种。
自觉知尔焰,彼无有差别。
五法为真实,自性有三种。
修行分别此,不越于如如。
众相及缘起,彼名起妄想。
彼诸妄想相,从彼缘起生。
觉慧善观察,无缘无妄想。
成已无有性,云何妄想觉?
彼妄想自性,建立二自性。
妄想种种现,清净圣境界。
妄想如画色,缘起计妄想。
若异妄想者,则依外道论。
妄想说所想,因见和合生。
离二妄想者,如是则为成。

【注释】

① 世谛:被人们所认识的事实与道理,与真谛相对。

【白话】

这时世尊,复述其理,用偈言归纳说:
心被外境来束缚,感受妄念随着走。
一无所有殊胜界,一切平等智慧生。
妄想自性所以有,从缘生起及至灭。
妄想以及其反映,缘起依他非有实。

从而种种有差别，但无幻境则不成。
各种形态有多种，妄想终究不长久。
各种形态是过错，一切皆由心束缚。
妄想本自无所知，诸缘相逢而生成。
妄想依他无自性，由于缘起而产生。
佛法世理最高义，若有第三空无因。
妄想人们说世谛，断除其想入圣境。
譬如修行证悟事，一心生于种种物。
这些事物本无实，妄想心识造就成。
譬如眼中生翳病，现出妄想众形态。
眼病实则非有物，依此生缘不自知。
譬如冶炼取真金，远离心识诸垢秽。
心澄清静无云翳，妄想净除也同理。
妄想自性无所有，依他缘起而发生。
建立邪见来诽谤，一切皆由妄想来。
如说妄想无自性，而遇缘起而起性。
就是无性而生性，有性是从无性生。
妄想依因而兴起，从而称之为缘起。
形态名称随之有，有从无生亦妄想。
有无心识无成就，灭除脱度诸妄想。
从而进入清静地，因此称为第一义。
妄想上述十二种，缘起在于有六境。
自觉知其心幻焰，本自空寂无差别。
五法证得为真实，自性三种有想因。
修行分别此中义，何能不越入真谛。
各种形态与缘起，就被称之为妄想。
这些各种妄想态，互为因缘共生起。
自觉智慧善观察，本无缘起无有想。

成为心念本无性，何来妄念与知觉。
所有妄想有无论，从而建立我与物。
妄想从而事理现，清静圣境无此物。
妄想如画涂上色，由色缘起执着想。
如果另生造化想，则其无异外教派。
妄想之论人所想，因为正见和合生。
离有与无妄想者，如此方得真实智。

【经文】

大慧菩萨摩诃萨，复白佛言："世尊，惟愿为说自觉圣智相及一乘。若自觉圣智相及一乘，我及余菩萨善自觉圣智相及一乘，不由于他，通达佛法。"佛告大慧："谛听、谛听，善思念之，当为汝说。"大慧白佛言："唯然受教。"佛告大慧："前圣所知，转相传授，妄想无性。菩萨摩诃萨，独一静处，自觉观察，不由于他，离见妄想。上上升进，入如来地。是名自觉圣智相。

"大慧，云何一乘相？谓得一乘道觉，我说一乘。云何得一乘道觉？谓摄所摄妄想，如实处不生妄想，是名一乘觉。大慧，一乘觉者，非余外道声闻缘觉，梵天王等之所能得。唯除如来以是故，说名一乘。"大慧白佛言："世尊，何故说三乘，而不说一乘。"佛告大慧："不自般涅槃法，故不说一切声闻缘觉一乘。以一切声闻缘觉，如来调伏，授寂静方便而得解脱，非自己力，是故不说一乘。

"复次大慧，烦恼障业习气不断，故不说一切声闻缘觉一乘。不觉法无我，不离分段死，故说三乘。大慧，彼诸一切起烦恼过习气断及觉法无我。彼一切起烦恼过习气断，三昧乐味著非性，无漏界觉①。觉已，复入出世间。上上无漏界满足众具。当得如来不思议自在法身。"

尔时世尊，欲重宣此义，而说偈言：
诸天及梵乘，声闻缘觉乘。
诸佛如来乘，我说此诸乘。
乃至有心转，诸乘非究竟。
若彼心灭尽，无乘及乘者。
无有乘建立，我说为一乘。
引导众生故，分别说诸乘。
解脱有三种，及与法无我。
烦恼智慧等，解脱则远离。
譬如海浮木，常随波浪转。
声闻愚亦然，相风所飘荡。
彼起烦恼灭，余习烦恼愚。
味著三昧乐，安住无漏界。
无有究竟趣，亦复不退还。
得诸三昧身，乃至劫不觉。
譬如昏醉人，酒消然后觉。
彼觉法亦然，得佛无上身。

【注释】

① 无漏：烦恼及无漏，离开烦恼的方法途径称之为无漏。

【白话】

大慧这位有成就的修行者，又问佛陀："世人之尊，希望您解说自觉圣智相及一乘佛法。若对于自觉圣智的表现形态以及一乘佛法证悟，我与其他有志修行者善于领会自觉圣智形态与一乘佛法，从而不至于误入迷途，通达理解佛法。"佛陀告诉大慧："听着，认真听，好好思考，我应当为你解说。"大慧对佛说："恭敬地聆听教诲。"佛陀告诉大慧："前世圣贤所悟知，并转而相互传授。妄想本无自性，修证的有志者，在独自一人的清静处，自觉观察，不由于他人的传授，远离妄想。不断升华进入如来境地，就称为自觉圣明智慧的表现形态。

"大慧，何为一乘佛法的表现呢？即得一乘道品的觉悟，这是我讲的一乘。何为一乘佛法道品的觉悟呢？就是在感受、反映事理时能在物境处不生妄念，就叫一乘觉。大慧，一乘佛法的觉悟者，不是其他学派的声闻、缘觉、色界天人梵天王等所能得。只有如来悟得，所以称之为一乘法。"大慧问佛陀说："世人之尊，为什么又说三乘法，而不说一乘法。"佛告诉大慧："由于不证入自在涅槃，所以对一切声闻、缘觉不说一乘法。一切声闻与缘觉，如来为调教降伏，授以寂静的方法而得以解脱世俗烦恼，并不是由他们自觉证得，所以不讲一乘。

"再有大慧，由于声闻缘觉烦恼的业力习气仍未断绝，因此不对他们说一乘。由于其不能觉悟法无我，不离生死变易而分阶段，因此说三乘。大慧，他们若断一切烦恼习气并自觉法无我。他们一切烦恼习气断除，正心念乐，不执自性，于烦恼的无漏界觉悟以后，从而入再出于世间，具备充足无上的一无烦恼的无漏境界。应当得如来不可思议的自在法身。"

这时佛陀，复述其理，用偈言归纳说：

色界诸天梵天位，声闻缘觉诸乘果。

诸佛修至如来乘，我说所谓有诸乘。

乃至仍有心识转，诸乘修悟未究竟。

如果你心灭尽定，并无三乘与一乘。
并无诸乘而建立，我所说的一乘法。
只为引导众生们，从而分别讲诸乘。
解脱性圆方便净，这三种和法无我。
烦恼智慧心不起，证得解脱要远离。
好比海中飘浮木，常随风波浪里行。
声闻愚者也如此，自身外境风不息。
他们修得烦恼灭，烦恼习气有余波。
贪著入定有乐处，安住烦恼断除中。
并无成就真乐趣，但也不复生烦恼。
得入正定心念息，虽历万劫人不觉。
好比昏然酒醉人，酒醒处时方觉悟。
他们觉悟法义理，得入如来佛法身。

卷 三

【经文】

一切佛语心品之三

尔时世尊，告大慧菩萨摩诃萨言："意生身分别通相。我今当说。谛听、谛听，善思念之。"大慧白佛言："善哉，世尊，唯然受教。"佛告大慧："有三种意生身。云何为三？所谓三昧乐正受意生身，觉法自性性意生身，种类俱生无行作意生身。修行者了知，初地上上增进相，得三种身。大慧，云何三昧乐正受意生身？谓第三、第四、第五地，三昧乐正受故，种种自心寂静，安住心海，起浪识相不生，知自心现境界，性非性，是名三昧乐正受意生身。大慧，云何觉法自性性意生身？谓第八地观察觉了，如幻等法悉无所有，身心转变，得如幻三昧及余三昧门；无量相力自在明，如妙华庄严迅疾如意，犹如幻梦水月镜像，非造非所造；如造所造，一切色种种支分，具足庄严，随入一切佛刹大众，通达自性法故，是名觉法自性性意生身。大慧，云何种类俱生无行作意生身？所谓觉一切佛法，缘自得乐相，是名种类俱生无行作意生身。大慧，于彼三种身相，观察觉了，应当修学。"

尔时世尊，欲重宣此义，而说偈言：

非我乘大乘，非说亦非字。

非谛非解脱，非无有境界。

然乘摩诃衍①，三摩提自在。

种种意生身，自在华庄严。

尔时大慧菩萨摩诃萨，白佛言："世尊，如世尊说：

若男子女人，行五无间业②，不入无择地狱。世尊，云何男子女人行五无间业，不入无择地狱。"佛告大慧："谛听、谛听，善思念之，当为汝说。"大慧白佛言："善哉，世尊，唯然受教。"佛告大慧："云何五无间业？所谓杀父母及害罗汉，破坏众僧，恶心出佛身血。大慧，云何众生母？谓爱更受生，贪喜俱，如缘母立。"

无明为父，生入处聚落。断二根本，名害父母。彼诸使不现，如鼠毒发，诸法究竟断彼名害罗汉。云何破僧？谓异相诸阴和合积聚，究竟断彼，名为破僧。大慧，不觉外自共相，自心现量，七识身，以三解脱无漏恶想究竟断彼七种识佛，名为恶心出佛身血。若男子女人行此无间事者，名五无间。亦名无间等。

【注释】

① 摩诃衍：意为大乘的修证、教法。

② 无间业：无间指地狱，做了恶，犯了大罪的作法、表现。

【白话】

佛所说的一切心法之三

这时佛陀，告诉大慧这位有成就的修证者说："对于意生身的区分与相通的表现，我今天应当为你解说。听着，认真听，好好思考。"大慧对佛陀说："好的，世人之尊，恭敬地接受教导。"佛陀告诉大慧："有三种意生身。哪三种呢？就是三昧乐正受意生身，觉法自性性意生身，种类俱行无行作意生身。修行者证悟后，进入菩萨境地——初果之地以后，不断上进，便可增进得到三种意生身。大慧，何为三昧乐正受意生身？即分别依次到达菩萨第三、第四、第五地的发光地、焰慧地、难胜地而得到正念定止，心于一境，从而种种自心归于寂静，安定地住于心海，各种意念之风波不兴，认知心内外境地，无独立自性，这就称之为三昧乐正受意生身。大慧，什么是觉法自性性意生身呢？即至菩萨道第八地，观察觉悟，万法皆归于幻影而一无所存，身心转变，得到如幻的定止心寂以及各种定念的境界。此时产生无法估量的色相形态，运用各种神通而心明若镜，如庄严莲华般地奇妙，似幻梦像水中月镜里像，说其有却无质，说其无，却如造化所造而出现形态，具有一切不同的色相即表现形态，具备一切庄严，随而入于一切境地普救众生，通达了自性之法，从它的性能生发出来，这就叫做觉法自性性意生身。大慧，什么是种类俱生无行作意生身？就是觉悟了一切佛理，得到了自性实质的乐趣形态，就称为各种类方法、形态具备，于无行之处显现任何身体的形态来度化众生的种类俱生无行作意生身。大慧，对于这三种意生身，要观察觉悟，努力修学。"

这时佛陀，要复述其义理，用偈言归纳说：
我说大乘无所乘，既非语言也非字。
无所诽谤无解脱，并非也无境界中。
然而修得大乘道，方得正念心定止。
种种如意化为身，自在如莲本庄严。

这时大慧这位证悟者又问道："世人之尊，正如您所说，若有人犯了五种大罪，却不入于永致陷身的地狱。您说，为何犯了重罪，却不入永远痛楚的地狱。"佛陀告诉大慧："听着，认真听，好好思考，我今天应当为你解说。"大慧对佛说："好的，您说罢,我恭敬地接受教诲。"佛陀告诉大慧:"什么是五无间业呢?就是杀害父亲,杀害母亲,杀害有成就的修行者,破坏在一起修证的出家人,恶意出佛身血。大慧,何为众生的母亲呢?由爱心引出的感受,生出贪恋欢喜的形态,如业缘而生的母亲之性。"

心念的无明是人们父亲之性的来源,在世间聚合起落。断了这两个根本,称为杀害父母。心中妄想,如鼠疫传播,若将其断绝,就叫害罗汉。什么是破坏僧众呢?就是各种形态由色、受、想、行、识聚合,将它彻底断除,称之为破坏僧人。大慧,心识不感觉外境于心之表现形态,认识自心的现量表现,眼耳鼻舌身意以及末那七识由心生发,能以性净解脱,圆净解脱,方便净解脱而彻底解脱,断除七识之根本,转如来藏识(阿赖耶识)成为大圆镜智者,称之为出自恶心放佛身之血。如果人能行这五无间事,称为大罪,实为成就道业,叫做无间。

【经文】

"复次大慧,有外无间,今当演说。汝及余菩萨摩诃萨闻是义已,于未来世,不堕愚痴。云何五无间?谓先所说无间。若行此者,于三解脱——不得无间等法。除此已,余化神力,现无闻等。谓声闻化神力,菩萨化神力,如来化神力,为余作无间罪者,除疑悔过,为劝发故,神力变化现无间等。无有一向作无间事,不得无间等。除觉自心现量,离身财妄想,离我我所摄受。或时遇善知识,解脱余趣相续妄想。"

尔时世尊,欲重宣此义,而说偈言:

贪爱名为母,无明则为父。

觉境识为佛,诸使为罗汉。

阴集名为僧，无间次第断。

谓是五无间，不入无择狱。

尔时大慧菩萨，复白佛言："世尊，惟愿为说佛之知觉。世尊，何等是佛之知觉？"佛告大慧："觉人法无我，了知二障，离二种死，断二烦恼，是名佛之知觉。声闻缘觉得此法者，亦名为佛。以是因缘故，我说一乘。"

尔时世尊，俗重宣此义，而说偈言：

善知二无我，二障烦恼断。

永离二种死，是名佛知觉。

尔时大慧菩萨，白佛言："世尊，何故世尊于大众中唱如是言：我是过去一切佛及种种受生。我尔时作曼陀转轮圣王①，六牙大象及鹦鹉鸟，释提恒因②，善眼仙人，如是等百千生经说。"

佛告大慧："以四等故，如来应供等正觉，于大众中唱如是言：我尔时作拘留孙，拘那含牟尼，迦叶佛③。云何四等？谓字等、语等、法等、身等，是名四等。以四种等故，如来应供等正觉，于大众中唱如是言。云何字等？若字称我为佛，彼字亦称一切诸佛。彼字自性，无有差别，是名字等。云何语等？谓我六十四种梵音，言语相生；彼诸如来应供等正觉，亦如是六十四种梵音，言语相生。无增无减，无有差别。迦陵频伽④，梵音声性。云何身等，谓我与诸佛法身及色身相好，无有差别。除为调伏彼彼诸趣差别众生故，示现种种差别色身，是名身等。云何法等？谓我及彼佛，得三十七菩提分法，略说佛法无障碍智，是名四等。是故如来应供等正觉，于大众中唱如是言。"

尔时世尊，欲重宣此义，而说偈言：

迦叶拘留孙，拘那含是我。

以此四种等，我为佛子说。

【注释】

① 曼陀：即曼陀罗、曼荼罗，意为聚集、具备充足。

② 释提恒因：须弥山忉利天主，统领天下，又称帝释、能天主。

③ 迦叶佛：佛教名词，佛教认为过去有七佛，即毗婆尸佛、尸弃佛、毗舍婆佛、拘留孙佛、拘那含佛、迦叶佛，再加上释迦牟尼佛，一共七位，通称为"过去七佛。"

④ 迦陵频伽：鸟名，译为好声、和雅，此鸟本出雪山，在壳中即能鸣，其音和雅，听者不厌。

【白话】

"另外大慧，还有一外无间罪，今天应当解说，你们修证者听了以后，在未来的岁月中，不致堕入愚昧痴迷。何为外现五无间呢？就是前面所说的无间。在行为上杀了父母，修证者以及破坏出家者修行和害佛出血等犯下了罪恶，又不能在三解脱门加以证修解脱。对此种已出现的罪恶，修得声闻、菩萨乘以及佛乘的将以化身的神力现身为他们显现罪恶，使之悔过。为了劝告他们，以神力变化，不再做罪恶之事。除却自心现量，觉悟由我产生的物欲，舍去我有的妄想，离我与我所感觉的执着。或者能得遇美好善良的认识，解脱心念中相续不断的妄想，脱于苦海。"

这时佛陀，又复述义理，用偈言归纳说：

贪爱的欲念为母，无明的认识是父。

觉悟的心识为佛，除指使心做罗汉。

断五阴集聚是僧，心五无间依次断。
说是此等五无间，不入无择地狱中。

这时大慧修证者，又问佛道："世之尊者，希望解说佛的知觉境界。世之尊者，什么是佛的知觉呢？"佛陀告诉大慧："觉悟了人法无我，了知了烦恼障和所知障二障，远离了分段生死与变易生死这两种生死，断灭了贪嗔痴的根本烦恼以及忿恨覆的随烦恼这两种烦恼，就称其为佛的知觉。声闻与缘觉二乘的修证者得到这种法的，也叫做佛。由此原因，我讲佛法是一乘。"

这时佛陀，又复述义理，用偈言总结说：
善于知道二无我，烦恼障所知障离。
永离分段变易死，就可称为佛知觉。

这时大慧修证者，对佛陀说："世人之尊，为何您在人们面前讲：我是过去六佛以及各种生物的传授所生。我那时做过天主和转轮圣王，化身为六牙大象及鹦鹉、山鸟，善于眼观知道一切的仙人，以及等等诸如此类的众生呢？"

佛陀告诉大慧："有四个原因，如来应当共同平等正定心念，所以于大众中这样讲，我过去做过拘留孙佛，拘那含佛，迦叶佛。哪四个呢？就是文字的意义平等、语言意义平等、法门意义平等、身体生命的意义平等。由于四种平等的原故，如来应当同样平等心念止定，所以在大众之中这样说。什么是文字平等？如果文字称我为佛陀，用其他文字来表示，其含义相同。文字的表现形态不同，但性质没有差别，这就是文字平等。什么是语言平等？如古梵文有六十四种不同的音韵，不同的语言从中产生。并没有增加或减少，其含义没有差别。如雪山鸟的叫声，是梵文的声韵性质。什么是生命之身平等？即我与诸佛的身体表现形态，没有差别。除了为了调教降伏不同众生而显示不同形态，所以说生命之身平等。什么是法门平等？即我与诸佛，得证的三十七菩提分法，略说的无障碍智，意义相等，称之为法平等。这以上所述，就称为四平等。由于如来应共同平等正定心止，所以于大众之中讲这样的话。"

这时佛陀，又复述义理，用偈言归纳说：

迦叶拘留孙二佛，拘那含佛都是我。

以上所述四平等，我为弟子广为说。

【经文】

大慧复白佛言："如世尊所说，我从某夜得最正觉，乃至某夜入般涅槃。于其中间，乃至不说一字，亦不已说当说，不说是佛说。世尊，如来应供等正觉，何因说言，不说是佛说。"佛告大慧："我因二法故，作如是说。云何二法？谓缘自得法及本住法，是名二法。因此二法故，我如是说。云何缘自得法？若彼如来所得，我亦得之。无增无减，缘自得法，究竟境界。离言说妄想，离字二趣。云何本住法？谓古先圣道，如金银等性。法界常住，若如来出世，若不出世，法界常住。如趣彼城道，譬如士夫行旷野中，见向古城平坦正道，即随入城，受如意乐。大慧，于意云何？彼作是道及城中种种乐耶。"答言："不也。"佛告大慧："我及过去一切诸佛，法界常住，亦复如是。是故说言：我从某夜得最正觉，乃至某夜入般涅槃，于其中间不说一字，亦不已说当说。"

尔时世尊，欲重宣此义，而说偈言：

我某夜成道，至某夜涅槃。

于此二中间，我都无所说。

缘自得法住，故我作是说。

彼佛及与我，悉无有差别。

【白话】

大慧又问佛陀说:"如您所说,我从某一天夜里证得智慧平等的心念定止,以至于某一天夜里入于涅槃。但在这中间,以至于不说一字,也不是已经说的,现在说的,不讲是佛说。世人之尊,如来应供奉平等正心,为何讲您说过的话,不讲是佛所说。"佛陀告诉大慧:"我因为两种法门的原因,才这样说。哪两种法门呢?就是缘于自心得证法以及本自常住之法,就称为二法。由此二法的原故,我这样说。什么是本缘于自证而得之法?若昔日如来所悟得,我同样悟得于心。并无增加或减少,缘于自心证得法门,成就境界。远离言语妄想,离表象字句二趣。什么是本自常住之法呢?即亘古以来圣道如金银性质不变。法界常住不变,如佛出世,或不出世,法界本自常住。如去往城市的道路,行道于旷野中的人,看见通往古城的大路,上路后自然到达城内,感受如意和乐趣。大慧,你认为如来由修悟之路到达法城,享受快乐吗?"回答说:"不是这样。"佛陀告诉大慧:"我及过去世的一切诸佛,法界常住,也是这个意思。所以这样说:我从某夜中得证无上正觉,乃至于在某夜入于涅槃境界,在这中间不说一字一句,也没有说已经说的和现在讲的。"

这时佛陀,要复述义理,用偈言归纳说:

我于某夜悟得道,以至某夜入涅槃。

悟道涅槃二事体,我都一无有所说。

缘自悟得法界住,因此我方如此说。

过去诸佛以及我,全部皆无有差别。

【经文】

尔时大慧菩萨,复请世尊:"惟愿为说一切法有无有相,令我及余菩萨摩诃萨,离有无有相,疾得阿耨多罗三藐三菩提。"佛告大慧:"谛听、谛听,善思念之,当为汝说。"大慧白佛言:"善哉,世尊,唯然受教。"佛告大慧:"此世间依有二种:谓依有及无堕性非性,欲见不离离相。大慧,云何世间依有?谓有世间因缘生,非不有从有生,非无有生。大慧,彼如是说者,是说世间无因。大慧,云何世间依无?谓受贪恚痴性已①,然后妄想计著贪恚痴,性非性。大慧,若不取有性者,性相寂静故谓诸如来声闻缘觉,不取贪恚痴性,为有为无。大慧,此中何等为坏者?"大慧白佛言:"世尊,若彼取贪恚痴性,后不复取。"佛告大慧:"善哉,善哉,汝如是解。大慧,非但贪恚痴性非性为坏者,于声闻缘觉及佛亦是坏者。所以者何?谓内外不可得故,烦恼性异不异故。大慧,贪恚痴,若内若外不可得。贪恚痴性,无身故,无取故,非佛声闻缘觉是坏者。佛声闻缘觉自性解脱故。缚与缚因非性故。大慧,若有缚者,应有缚是缚因故。大慧,如是说坏者,是名无有相。大慧,因是故,我说宁取人见如须弥山,不起无所有增上慢空见。大慧,无所有增上慢者,是名为坏。堕自共相见希望,不知自心现量,见外性,无常刹那展转坏。阴界入相续,流注变灭。离文字相妄想,是名为坏者。"

尔时世尊,为重宣此义,而说偈言:
有无是二边②,乃至心境界。
净除彼境界,平等心寂灭。
无取境界性,灭非无所有。
有事悉如如,如贤圣境界。
无种而有生,生已而复灭。

因缘有非有③,不住我教法。
非外道非佛,非我亦非余。
因缘所集起,云何而得无?
谁集因缘有,而复说言无?
邪见论生法,妄想计有无。
若知无所生,亦复无所灭。
观此悉空寂,有无二俱离。

【注释】

① 恚(huì):怨恨。

② 二边:指有边无边,佛门术语。论事物有与无的义理。佛教认为一切事物都是凭借各种因缘生成,合成后表现为一个具体的事物,因此称之为有、有边。但一切事物原无自性,从佛理看只是短暂的聚合,故称为无、无边。

③ 因缘:即十二因缘。是佛教对人生的观察与解释。分别是:老死,这是观察人生求得解脱的出发点;还有生、有、取、爱、受、触、六入(包括眼、耳、鼻、舌、身、意)、名色(主客观的统一,即身心的结合)、识、行、无明(指对佛教缘起、无常、无我的不能理解)。这就是十二因缘最基本的内容。

【白话】

这时大慧这位修证者,又问佛陀:"希望为我们解说一切法的有与无的表现形态,使我们立志修悟的人远离有与无的形态,迅速得证无上智慧正确的佛果之心。"佛陀告诉大慧:"听着,认真听,好好思考,现在应当为你们解说。"大慧对佛陀说:"好的,世之尊者,恭敬地接受教导。"佛陀告诉大慧:"这世间的认识,依据有两种:即依据有或无堕入自有的本质,要不离所见，或远离于形态表现。大慧，什么是世间依有呢？就是世间之事，依因缘而生，并非无，从有而生，不是无中生有。大慧，这样说的人，认为万物之生并无其他原因。大慧，什么是世间认识依于无呢？即受贪、恚、痴的作用于自己，从而产生妄想执着于贪、怨恨、痴迷，性非性即并无本质的自性。大慧，如果不认为有自有之性，自有的表现形态归于寂静，因而就认为如来、声闻、缘觉的修行者，不取贪、怨、痴之认识，使有成为无。大慧，这里面的错误是什么呢？"大慧回答佛陀说："世人之尊，好像是他们先执着于贪、恚、痴的自性，以后被舍去不取了。"佛告诉大慧："是的，很好，你说的对，大慧，不但贪、恚、痴等心识无自性，是错误的，连所谓的声闻、缘觉以及佛也是错误的。为什么呢？即内心外境一无可得的原故，烦恼与澄清在性质上不同，在心识上无不同。大慧，贪、恚、痴，在心境的内与外上都不可得。贪、恚、痴的本性，并无实体，并无可取的原故，并非佛、声闻、缘觉是错的。而是佛、声闻、缘觉的修行者，在心识上完全解脱的原故。心识的束缚与所束缚的本因并非有性有真实的性质。大慧，如果有束缚，应有解脱，被缚就有原因。大慧，这样说是错误的，被称为依据于无的无相见解。大慧，因此上我说宁取人的见解为有如须弥山高大，不要起无所有增进缓慢的空无的见解。大慧，无所有增进缓慢的，就称为破坏的断见。堕于自他心识见共相的希望中，不知自有共有的形态，都是自心显现的现量，于外境，见一切无常瞬间辗转坏灭，在心内知五阴如注，但亦变化灭除。以为远离文字的形态和妄想的现象即可，这就叫做破坏的断灭之见。"

这时佛陀，又复述义理，用偈言归纳说：
有见无见是二边，心识境地有偏见。
净除这种心境界，平等寂灭心止定。

本心不取何境界，寂灭并非无所有。
有事之时见真实，无有无灭圣贤界。
从无之中产生有，生起之后归于灭。
因缘产生有与无，不住于我佛法中。
无所谓外道诸佛，无所谓无我无他。
因缘所集有所生，怎可又说它是无。
邪恶见解论产生，妄想执着谈有无。
如果认知体不生，同样其体亦不灭。
相对见解皆空寂，有无之见都远离。

【经文】

尔时大慧菩萨，复白佛言："世尊，惟愿为我及诸菩萨说宗通相。若善分别宗通相者，我及诸菩萨通达是相。通达是相已，速成阿耨多罗三藐三菩提，不随觉想及众魔外道。"佛告大慧："谛听、谛听，善思念之，当为汝说。"大慧白佛言："唯然受教。"佛告大慧："一切声闻缘觉菩萨，有二种通相，谓宗通及说通。大慧，宗通者，谓缘自得胜进相，远离言说文字妄想趣无漏界自觉地自相，远离一切虚妄觉想，降伏一切外道众魔，缘自觉趣光明辉发，是名宗通相。云何说通相？

谓说九部种种教法①，离异不异有无等相，以巧方便随顺众生，如应说法，令得度脱，是名说通相。大慧，汝及余菩萨，应当修学。"

尔时世尊，欲重宣此义，而说偈言：
宗及说通相，缘自与教法。
善见善分别，不随诸觉想。
非有真实性，如愚夫妄想。

云何起妄想，非性为解脱。
观察诸有为，生灭等相续。
增长于二见，颠倒无所知。
一是为真谛，无罪为涅槃。
观察世妄想，如幻梦芭蕉。
虽有贪恚痴，而实无有人。
从爱生诸阴，有皆如幻梦。

【注释】

① 九部：佛经内容的分类，有九种。即，修多罗、祇夜、和伽罗那、伽陀、优陀那、伊帝目多伽、阇陀伽、毗佛略、阿浮陀达磨等。大小乘分法还有所不同。

【白话】

这时大慧这位证悟者，又问佛陀道："世人之尊，期望能为我们说法自在与自悟正觉，这通向佛法的根本义理。如果能善于分别宗通即自悟成佛的形态，我们通往到达这样的表现形态。通往到达并速成无上正确智慧的佛果之心，不随感觉妄想误入邪魔外教之途。"佛告诉大慧："听着，认真听，好好思考，应当为你们解说。"大慧对佛陀说："恭敬地接受教导。"佛陀告诉大慧："一切声闻、缘觉、菩萨们，有两种通的形态，就是宗通及说通。大慧，宗通即有自证觉悟的殊胜进取表现形态，远离语言文字的妄想，入于无漏，得自我觉悟的形态，脱离一切虚妄感觉想象，降伏一切其他教派的邪魔似的心识，使自觉的心趣光辉明亮，就称为宗通的表现形态。什么是说通的表现形态呢？

即论说佛门九部分理论，通达同与不同，有与无的理义，以巧妙的方式教化引导众生，知道如何讲说佛理，使众生脱于烦恼，就称为说通的形态。大慧，你们修证者，应当修证学习。"

这时佛陀，又复述义理，用偈言归纳说：
宗通以及说通相，缘于自证和教法。
善见法性善分别，感觉妄想不随从。
通相并非有真实，好比人们所妄想。
为何从中起妄想，本自无性何解脱。
观察一切有为法，好似生灭总相续。
增长偏执于二见，从而颠倒无所知。
一无心识为真谛，了无罪恶是涅槃。
观察世人妄想念，好似梦中见芭蕉。
觉悟观人贪恚痴，其实空空有何人。
只因心中生五阴，虽现暂有若梦幻。

【经文】

尔时大慧菩萨，白佛言："世尊，惟愿为说不实妄想相。不实妄想，云何而生？说何等法名不实妄想？于何等法中，不实妄想？"佛告大慧："善哉、善哉，能问如来如是之义，多所饶益，多所安乐，哀愍世间一切天人。谛听、谛听，善思念之，当为汝说。"大慧白佛言："善哉，世尊，唯然受教。"

佛告大慧："种种义，种种不实妄想计著，妄想生。

大慧，摄所摄计著，不知自心现量及堕有无见，增长外道见。妄想习气，计著外种种义。心心数妄想计著①，我我所生。"大慧白佛言："世尊，若种种义，种种不实妄想计著，妄想生。摄所摄计著，不知自心现量及堕有无见，增长外道见。

妄想习气，计著外种种义，心心数妄想，我我所计著生。世尊，若如是，外种种义相，堕有无相，离性非性，离见相。世尊，第一义亦如是，离量根分譬因相。世尊，何故一处妄想不实义，种种性计著，妄想生？非计著第一义处相，妄想生？将无世尊说邪因论耶，说一生一不生？"

佛告大慧："非妄想一生一不生。

所以者何？谓有无妄想不生，故外现性非性，觉自心现量妄想不生。大慧，我说余愚夫，自心种种妄想相故，事业在前。种种妄想性相计著生。云何愚夫得离我我所计著见？离作所作因缘过，觉自妄想心量，身心转变，究竟明解一切地，如来自觉境界，离五法自性事见妄想。以是因缘故，我说妄想从种种不实义计著生。知如实义，得解脱自心种种妄想。"

尔时世尊，欲重宣此义，而说偈言：

诸因及与缘，从此生世间。

妄想著四句，不知我所通。

世间非有生，亦复非无生。

不从有无生，亦非非有无。

诸因及与缘，云何愚妄想？

非有亦非无，亦复非有无。

如是观世间，心转得无我。

一切性不生，以从缘生故。

一切缘所作，所作非自有。

事不自生事，有二事过故。

无二事过故，非有性可得。

观诸有为法，离攀缘所缘。

无心之心量②，我说为心量。
量者自性处，缘性二俱离。
性究竟妙净，我说名心量。
施设世谛我，彼则无实事。
诸阴阴施设，无事亦复然。
有四种平等，相及因性生。
第三无我等，第四修修者。
妄想习气转，有种种心生。
境界于外现，是世俗心量。
外现而非有，心见彼种种。
建立于身财，我说为心量。
离一切诸见，及离想所想。
无得亦无生，我说为心量。
非性非非性，性非性悉离。
谓彼心解脱，我说为心量。
如如与空际，涅槃及法界。
种种意生身，我说为心量。

【注释】

① 心心数：心与心所，心所称为心数。

② 心量：心起妄想，产生各种度量外境事理的心念，称为心量。佛门认为，心量应离一切所缘能缘而住于无心。

【白话】

这时大慧这位修悟者，对佛陀说："世之尊者，希望为我们解说不实妄想，是如何产生的？是什么叫不实妄想？在哪种法中，是不实妄想？"佛陀告诉大慧："好，好的，能问如来这样的义理，会有很多收益，产生许多安定快乐，而哀怜悲悯世间一切人、天界众生。听着、认真听，好好思考，应当为你解说。"大慧对佛陀说："好的，世人之尊，恭敬地接受教诲。"

佛陀告诉大慧："各种义理，各种不实的妄想，都是执着心念而产生。

大慧，以心中反映的事理而执着，不知是自心的现象计量从而堕入或有或无的偏见之中，增长了各种其他的见解。使妄想心惑的习气，产生执着于各种义理，内心与心之所念，各种妄想更加执着，使自我的各心识增生。"大慧对佛陀说："以此各种义理，各种不实的妄想执着，使妄想产生。心念反映的执着，不知是自心现量从而堕入有与无的偏见，增长了各种由此生发的见解。使妄想习气，执着于外境的各种义理，由心与心之所识，滋长于我的心识，更加执着于妄想。世人之尊，如果是这样，各种义理，堕于有与无的形态，若远离了妄想自性，以及所见的形态。世人之尊，第一义也是如此，离心量六根所现各种因此而显现的形态，非因明义理。世之尊者，为何有一处产生妄想的不实义，各种不同的执着，妄想纷纷产生？岂非执着于第一处的形态，也会产生妄想吗？不也如您所说的和那些其他教派的说一事理生，另一事理不生？"

佛陀告诉大慧："并非妄想的一事理生，一不生。

为什么呢？即有或无的妄想都不生，所以处境的形态本自无，觉自心现量种种妄想的表现不生。大慧，我说的那些愚昧的人，自心显现各种妄想，在诸多的事物义理上。从而产生执着的妄念形态。那么又怎样使愚昧的人，得以远离我，以及我所执著的形态和见解呢？要远离作的和要作的因缘的偏执，知我所说的一切妄想从各种不实义理的心识执着而生。知道了如实的真义,就得以解脱自心现量所呈现的种种妄想。"

这时佛陀,又复述义理,用偈言归纳说:

世间事理因缘生,从而就此生世间。
妄想有无非有无,不知我所通达义。
世上万法并无生,也非根本没有生。
不从有无相互生,不是非有非无生。
万法都从因缘起,为何愚者有妄想?
本质非有也非无,不是有无辗转生。
如此观悟世间事,以识转变得无我。
一切事物无自性,因为是从因缘生。
因缘和合生万法,所以所作非自有。
事物本自不生事,若生好比果生果。
观察一切有为法,远离攀缘和所缘。
无有此心之心量,万法唯心谈心量。
心量自性根本处,因缘自性都远离。
自性本质极净妙,万法唯心叫心量。
假设世理所谓我,其则本自无真实。
所谓五阴显现处,本无事理也如此。
四种自性平等法,就是相因与性生。
第三自性本无我,生与无生修证得。
业根妄想习气转,由此种种心识生。
显现形态见境地,即是世俗人心量。
外现形态实非有,心识表现事种种。
从而建立身与物,我说世俗的心量。
远离一切诸妄想,以及心想与所想。
一无所有亦无生,是我所说唯心量。
无所谓性非无性,性与非性要远离。
就是人心得解脱,是我所说唯心量。

真实如如空无际,涅槃寂灭与法界。
证得各种意生身,唯心现量我所说。

【经文】

尔时大慧菩萨,白佛言:"世尊,如世尊所说,菩萨摩诃萨,当善语义。云何为菩萨善语义?云何为语?云何为义?"佛告大慧:"谛听、谛听,善思念之,当为汝说。"大慧白佛言:"善哉,世尊,唯然受教。"佛告大慧:"云何为语?谓言字妄想和合,依咽喉唇舌,齿断颊辅,因彼我言说,妄想习气计著生,是名为语。大慧,云何为义?谓离一切妄想相,言说相,是名为义。大慧,菩萨摩诃萨于如是义,独一静处,闻思修慧。缘自觉了,向涅槃城。习气身转变已,自觉境界。观地地中间,胜进义相,是名菩萨摩诃萨善义。

"复次大慧,善语义菩萨摩诃萨,观语与义,非异非不异。观义与语,亦复如是。若语异义者,则不因语辩义。而以语入义,如灯照色。复次大慧,不生不灭自性涅槃,三乘一乘,心自性等,如缘言说义计著,堕建立及诽谤见。异建立,异妄想,如幻种种妄想现。譬如处种幻,凡愚众生作异妄想,非圣贤也。"

尔时世尊,欲重宣此义,而说偈言:
彼言说妄想,建立于诸法。
以彼建立故,死堕泥犁中。
阴中无有我,阴非即是我。
不如彼妄想,亦复非无我。
一切悉有性,如凡愚妄想。

若如彼所见，一切应见谛。
一切法无性，净秽悉无有。
不实如彼见，亦非无所有。

【白话】

这时大慧这位修证者，对佛陀说："世之尊者，如您所说，具有大志的证悟者，应当善于用语义。什么是修悟者善于用语义？什么是语，何为义？"佛告诉大慧："听着、认真听，好好思考，应当为你们解说。"大慧对佛陀说："好的，世之尊者，恭敬地接受教导。"佛陀告诉大慧："什么是语呢？即言语和字妄想习气的和合，依据咽喉、唇舌、齿龂、面颊的辅助而发声，由此我说，由妄想习气的执着而产生的，就称之为言语。大慧，什么是义呢？就是远离一切妄想形态，只是称其为显现的形态，这就是义。大慧，有成就的修证者在无心识的义中，独自证悟，静思修行，增进智慧。缘自于自觉，入于涅槃城。使自心习气转变之后，在自己觉悟的境界。进一步在菩萨十地中，殊胜进取悟得义的显现形态，这就叫做有成就的修证者善于了解义的形态。

"还有大慧，善于语义的具有大志的修证者，观察语与义，同中有异。观察义与语，也是如此。如果语言和义理不同，那么就不会因为语言来辨别义理。而且用语言表现义理，就好比灯光照亮一样。再说大慧，不生不灭的自性涅槃，以及三乘与一乘佛果，心和自性等等，如果只由缘于语言所表达的义理而执着，那么就堕入心有所建立和诽谤佛理的见解中。不同于语言于义理的实质，无异于妄想，如幻梦产生各种妄想心识的表现。比如处在幻想中，是愚昧的人所作的偏执心念，不是圣贤的境界。"

这时佛陀,又复述义理,用偈言归纳说:
在语言的妄想中,建立起各种事理。
由这执着的建立,堕入泥潭轮回中。
五阴之中本无我,色受想行识非我。
并不是人们妄想,本质之中原无我。
一切事理有性能,如此都是愚昧想。
如果真是此见解,一切都有其真谛。
万法本自无有性,澄静秽污皆如此。
事理如幻似镜花,并非形态无所有。

【经文】

"复次大慧,智识相今当说。若善分别智识相者,汝及诸菩萨则能通达智识之相,疾得阿耨多罗三藐三菩提。大慧,彼智有三种:谓世间、出世间、出世间上上。云何世间智?谓一切外道凡夫计著有无。云何出世间智?谓一切声闻缘觉,堕自共相,希望计著。云何出世间上上智?谓诸佛菩萨,观无所有法见不生不灭,离有无品,如来地,人法无我,缘自得生。大慧,彼生灭者是识,不生不灭者是智。复次堕相无相,及堕有无种种相因是识,超有无相是智。复次长养相是识,非长养相是智。复次有三种智,谓知生灭,知自共相,知不生不灭。复次无碍相是智,境界种种碍相是识。复次三事和合生①,方便相是识,无事方便自性相是智。复次得相是识,不得相是智。自得圣智境界,不出不入故,如水中月。"

尔时世尊,欲重宣此义,而说偈言:
采集业为识,不采集为智。
观察一切法,通达无所有。

逮得自在力，是则名为慧。
缚境界为心，觉想生为智。
无所有及胜，慧则从是生。
心意及与识，远离思惟想。
得无思想法，佛子非声闻。
寂静胜进忍，如来清净智。
生于善胜义，所行悉远离。
我有三种智，圣开发真实。
于彼想思惟，悉摄受诸性。
二乘不相应，智离诸所有。
计著于自性，从诸声闻生。
超度诸心量，如来智清净。

【注释】

① 三事：即根、尘、我，合聚而生成主观的心识。

【白话】

"还有大慧，智与识的各自形态今天应当为你们说明。如果善于分别智与识的表现形态，你们具有大志的修行者就能通达认识智与识，迅速证得无上正确智慧的佛果之心。大慧，智有三种：即世间智、出世间智、出世间的证悟之智。什么是世间智呢？就是一切其他教派和执着于有和无认识的智慧。什么是出世间智呢？即一切声闻、缘觉乘的修行者，堕入自身与他人，希望得悟解脱世间苦难的执着心念。什么是出世间的证悟佛果的智慧呢？就是诸佛与成就证悟的人，观察一切事理，本不生也不灭，远离有或无的偏见，入于如来境地，人无我法无我，业缘本自于生，没有得什么。大慧，那些持生与灭的就是识，不生也不灭的就是智。另外堕于有相的形态和无相，以及堕于有和无的各种形态和原因的就是识，超于有与无表现形态的就是智。还有长期供养的形态是识，不长期供养的形态是智。接下来还有三种智，即知生与灭之智，知自我形态和共同形态之智，知不生也不灭之智。其次心无挂碍的表现形态是智，在各种境界中有所挂碍的表现形态的是识。再有三事及根、尘、我的和合而生的各种形态是识，心无一事，顺于各种事理本质无生的形态是智。另外有所得形态的是识，无所得的是智。自证得入圣明智慧的境界，于无所谓住与无所出与无所入之中，因此好比水中明月。"

这时佛陀，又复述义理，用偈言归纳说：
采集业力习为识，智为习气不采集。
观察世间一切法，自悟通达无所有。
心得自在无碍力，这就称之为智慧。
束缚境界在于心，觉悟生发化为智。
心之意念与见识，远离此等思维念。
从而得入无所思，佛乘寂灭非声闻。
寂静殊胜入法忍，如来清静无上智。
产生善解胜进义，执着烦恼皆远离。
上述三种不同智，圣明开启见本质。
认识妄念思维想，全都出于显心识。
声闻缘觉不理解，智慧远离其所有。
执着自性空无物，仍为声闻见解生。
超越执无各心量，如来智慧澄净清。

【经文】

"复次大慧，外道有九种转变论，外道转变见生。所谓形处转变、相转变、因转变、成转变、见转变、性转变、缘分明转变、所作分明转变、事转变。大慧，是名九种转变见。一切外道，因是起有无，生转变论。云何形处转变？谓形处异见，譬如金变作诸器物，则有种种形处显现，非金性变。一切性变，亦复如是。或有外道作如是妄想，乃至事变妄想，彼非如非异妄想故。如是一切性转变，当知如乳酪酒果等熟。外道转变妄想，彼亦无有转变。若有若无，自心现，外性非性。大慧，如是凡愚众生，自妄想修习生。大慧，无有法若生若灭，如见幻梦色生。"

尔时世尊，欲重宣此义，而说偈言：

形处时转变，四大种诸根。

中阴渐次生，妄想非明智。

最胜于缘起，非如彼妄想。

然世间缘起，如揵闼婆城。

【白话】

"还有大慧，其他教派有九种转变的理论，并由此转变为对于生命的见解。就是形体的转变论、表现形态的转变论、起因转变论、成就转变论、所见转变论、性质转变论、缘起转变论、不同作用转变论、事实转变论。大慧，这些就称为九种转变的见解。一切其他教派，都是由此产生有与无，生命转变的论述。什么是形处转变呢？即从外形上的变异产生见解，比如金子做成不同器物，就有不同的外形显现出来，但并非是金子的性质发生了变化。一切事理的变化，外形、形态变了，本质不变，也是如此。那些其他教派的人，产生了如上所说的妄想，乃至于对所有事的妄想，他们似不对又似对，是由于妄想的原故。一切性即事理的转变，也是如此。应当知道好比乳干成酪发酵变酒果实成熟。其他教派的人产生了转变的妄想，不知其自性本质没有变。或有或无的见解，都是自心现量的表现，一切外性并非本性。大慧，这都是愚昧的人们，由自心妄念的习气中产生的。大慧，所谓法若生若灭，本自无，如梦中所见各种色像，醒后空空如也。"

这时佛陀，又复述义理，用偈言归纳说：

事物形状变化中，地水火风六根生。
色香味触逐渐起，心识妄想不明智。
最殊胜义在缘起，并非人们所妄想。
然而世间缘起义，海市蜃楼梦幻中。

【经文】

尔时大慧菩萨，复白佛言："世尊，惟愿为说一切法相续义，解脱义。若善分别一切法，相续不相续相，我及诸菩萨善解一切相续巧方便，不堕如所说义计著相续。善于一切诸法，相续不相续相及离言说文字妄想觉，游行一切诸佛刹土，无量大众。力自在通，总持之印。种种变化，光明照耀觉慧①，善入十无尽句，无方便行。犹如日月、摩尼、四大，于一切地离自妄想相见，见一切法如幻梦等，入佛地身。于一切众生界，随其所应而为说法，而引导之。悉令安住，一切诸法如幻梦等，离有无品及生灭妄想，异言说义，其身转胜。"佛告大慧："善哉，善哉，谛听、谛听，善思念之，当为汝说。"大慧白佛言："唯然受教。"佛告大慧："无量一切诸法，如所说义，计著相续。所谓相计著相续、缘计著相续、性非性计著相续、生不生妄想计著相续、灭不灭妄想计著相续，乘非乘妄想计著相续、有为无为妄想计著相续、地地自相妄想计著相续、自妄想无间妄想计著相续、有无品外道依妄想计著相续、三乘一乘无间妄想计著相续。

"复次大慧,此及余凡愚众生,自妄想相续,以此相续故。凡愚妄想,如蚕作茧,以妄想丝自缠缠他,有无有相续计著。复次大慧,彼中亦无相续及不相续相,见一切法寂静,妄想不生故。菩萨摩诃萨见一切法寂静。复次大慧,觉外性非性,自心现相无所有。随顺观察自心现量,有无一切性无相。见相续寂静故,于一切法无相续不相续相。

"复次大慧,彼中无有若缚若解,余堕不如实觉知,有缚有解。所以者何?谓于一切法有无有,无众生可得故。复次大慧,愚夫有三相续,谓贪、恚、痴及爱未来,有喜爱俱。以此相续,故有趣相续,彼相续者五趣②。大慧,相续断者,无有相续不相续相。复次大慧,三和合缘,作方便计著,识相续无间生。方便计著,则有相续,三和合缘识断③,见三解脱,一切相续不生。"

尔时世尊,欲重宣此义,而说偈言:

不真实妄想,是说相续相。

若知彼真实,相续网则断。

于诸性无知,随言说摄受。

譬如彼蚕虫,结网而自缠。

愚夫妄想缚,相续不观察。

【注释】

① 光明:佛教名词。自莹为光,照物为明。分为自己受用的

智光，光照他身、大众的身光。其作用为照明与现法。

② 五趣：又称五道。即地狱、饿鬼、畜生、人、天。

③ 三和合缘：根、尘、我三缘和合而生识。

【白话】

这时大慧这位证悟者，又对佛陀说："世之尊者，希望能解说一切法的执着相续的义理，以及解脱的义理。如果善于分别一切法的相续和不相续的形态表现，我们修证者能善于解说一切关于相续义理的见解，不堕入如您所说的执着相续的邪见。善于了解一切法，相续和不相续的表现形态以及远离语言和文字的妄想，遍行于一切诸佛的境地，为无量大众。神力自在，持住法印，以种种方式，用光明照耀黑暗，觉悟智慧，善于入于普救众生的所有境地，没有不能显现的行为。好比日月、如意宝珠、风、水、地、火，在一切境地远离自性妄想的见解，认识一切法本如幻梦，入于佛国境地，化身为一切众生，随机相应进行说法，引导人们安住心所，知一切诸法如幻梦，远离有与无、生与灭的妄想，用各种语言方式解说义理，使身意转入佛门胜地。"佛陀对大慧说："好，很好，听着，认真听，好好思考，应当为你解说。"大慧对佛陀说："恭敬地接受教诲。"佛陀告诉大慧："不可计量的一切诸法，对其所说的义理，都会使人产生执着。所谓表现形态的执着相续、对缘起的执着相续、对有自性和非自性的执着相续、生与不生的妄想执着相续、灭与不灭的妄想执着相续、大小乘与非大小乘的妄想执着相续、有为与无为的妄想执着相续、各种修证境地的妄想执着相续、不同自我的妄想形态情况的执着相续、有与无或非有非无的其他教派的妄想执着相续、声闻缘觉菩萨乘道果与一乘佛果的妄想执着相续。

"再有大慧，这些都是愚昧众生，自心妄想，环环相扣，相续不断的原故。凡是愚昧妄想，如蚕作茧自缚，以妄想之丝自缚并束缚别人，在自始以来的妄想形态中相续执着。另外大慧，这其中也无相续以及不相续的解脱形态是，见到的一切法归于寂静，所以不生妄想。还有大慧，觉悟一切外物都无自性，自心现量的形态也一无所有。随顺观察自心现量，有与无的一切性没有表现形态。所见一切归于寂静，无续可言，在一切法上，也无所谓不相续、无相续的形态。

其次大慧，这中间也就没有所谓的束缚与解脱，若堕入不如实的感觉和认识中，就有束缚和解脱的偏见。为什么呢？所谓一切法的有与无，本无可得，一切众生亦无所谓的束缚，因此也就无解脱可得了。再次大慧，愚昧的人有三种相续，即贪、恚、痴以及对未来的渴爱，具有欢喜与爱欲。由此而相续连绵，因此有生命乐趣的相续不绝，形成了五种境地。大慧，所说的相续断，即没有相续和不相续的形态、心念。再说大慧，根、尘、我三缘和合，由习性作不同方式的执着，从而心识相续没有间断地辗转产生，由便利习气的执着，引发相续不断，若断除三缘和合而生之识，就可见到三种相续的解脱，一切相续不再产生。"

这时佛陀，又复述义理，用偈言归纳说：
不真实如梦妄想，是说连续的形态。
如果知道其实质，相续之网被断除。
不知道一切法性，随着语言说感受。
好比春蚕自作茧，吐丝结网而自缠。
愚昧妄想自束缚，相续不断未观悟。

【经文】

大慧复白佛言："如世尊所说，以彼彼妄想，妄想彼彼性，非有彼自性，但妄想自性耳。世尊，若但妄想自性，非性自性相待者,非为世尊如是说烦恼清净,无性过耶?一切法妄想自性,非性故。"佛告大慧:"如是,如是,如汝所说。大慧,非如愚夫性自性妄想真实,此妄想自性,非有性自性相然。

大慧,如圣智有性自性,圣知、圣见、圣慧眼①,如是性自性知。"

大慧白佛言:"若使如圣,以圣知圣见圣慧眼,非天眼,非肉眼,性自性,如是知,非如愚夫妄想。世尊,云何愚夫离是妄想,不觉圣性事故?世尊,彼亦非颠倒,非不颠倒。所以者何?谓不觉圣事,性自性故,不见离有无相故。世尊,圣亦不如是见,如事妄想,不以自相境界,为境界故。世尊,彼亦性自性相,妄想自性如是现,不说因无因故。谓堕性相见故。异境界,非如彼等,如是无穷过。世尊,不觉性自性相故。世尊,亦非妄想自性,因性自性相。彼云何妄想非妄想,如实知妄想?世尊,妄想异,自性相异。世尊,不相似因,妄想自性相。彼云何各各不妄想?而愚夫不如实知。然为众生离妄想故,说如妄想相不如实有。世尊,何故遮众生有无有见,事自性计著?圣智所行境界计著,堕有见。说空法非性,而说圣智自性事。"

佛告大慧:"非我说空法非性,亦不堕有见,说圣智自性事,然为令众生离恐怖句故。众生无始以来计著性自性相,圣智事自性,计著相见,说空法。大慧,我不说性自性相。大慧,但我住自得如实空法,离惑乱相见,离自心现性非性见。得三解脱,如实印,所印于性自性,得缘自觉观察住,离有无事见相。"

【注释】

① 慧眼：即智慧之眼，以及洞察事物本质，认识真理之眼。又为大乘佛教的五眼之一。五眼即肉眼，为肉身之眼；天眼，为色界天人之眼，能知众生未来生死；慧眼，二乘人之眼，能够认识"真实无相"之眼；法眼，即菩萨为救众生而能照见一切法门之眼；佛眼，即具备前四种眼的佛眼。

【白话】

大慧又问佛陀："如您所说，以各种各样的妄想，妄想着这样那样的自性，并非事物有自性，只是妄想的自性罢了。世之尊者，如果仅仅是妄想自性，岂不非自性与自性冲突，您说烦恼和清净，没有自性这不矛盾吗？因为一切法由妄想自性产生，但妄想本身也无自性。"佛陀告诉大慧："是这样的，是的，正如你所说。大慧，我说的并非如愚昧之人妄想的事物都有真实的自性，这是妄想的自性，它没有本质的真实的形态表现。

大慧，如圣智有本质的自性，圣知、圣见、圣慧眼，这是自性自觉证知的表现形态。"

大慧又问佛陀说："如果能使人如圣，有圣知、圣见和圣慧，这不是天眼，肉眼，这是自性自证知的形态，不是如愚昧之人的妄想。世之尊者，什么是愚昧的人不能离于妄想，不觉圣明自性事理的原因？世尊，他们不是颠倒，也并非不颠倒。为什么呢？就是不能觉悟圣明事理，执事物有自性的原故，不能远离有与无的表现形态的原故。世之尊者，圣明之人并不是不见事物，只是不对事体生妄想，不以自心的形态为境界的原故。佛陀，他们也会在觉悟的自性中产生自有之性的形态，妄想自性也会显现，但不认为是有因与无因的原故。而那些堕入自性形态的执着。是另一种境界，不与自证的人相同，执着于自性就会带来无穷的过错。佛陀，这是由于不觉证自性本无表现形态的原故。佛陀，这也并非妄想的自性，是自性本无实有形态的原因。那么什么是妄想非妄想，如实地证知妄想呢？世之尊者，妄想因人而异，从而认为自性的形态不同。世之尊者，这是由并不相似的因，推论妄想的自性形态。那么怎样才能在各个不同的情况下不生妄想？由于愚昧之人不能如实知自性本无。为了引导众生们远离妄想，因此说妄想的形态并非实有。世人之尊，是什么能遮住众生不落入有与无的偏见，以及对事物产生自性执着的呢？以至产生对圣智境界的执着，堕入有与无的深坑。并说诸法皆空非无自性，进而论说在圣智境界中有自性形态的事理。"

佛陀告诉大慧："并非我说诸法皆空并非无自性，也不是堕于有的见解中，说圣智有自性的事理，然而为了使众生离于空洞的恐怖心理，才说出这样的话来。众生从无始以来一直执着于自性是有我的形态，圣智境界出于对自性本无的自悟，为了避免执着于形态的见识，论说万法皆空。大慧，我不说自性有自有的表现形态。大慧，但我心住于自证而得的如实空法之中，远离了迷惑混乱的形态与识见，远离自心现量与证见了自有之性非性。得到了远离三种相续妄想的解脱，这如实的法印，并印证于性自性本无，从而得缘自觉观察住于一心，远离对有与无事理见解的妄想形态。"

【经文】

"复次大慧，一切法不生者，菩萨摩诃萨不应立是宗。所以者何？谓宗一切性非性故，及彼因生相故说一切法不生宗，彼宗则坏，彼宗一切法不生，彼宗坏者，以宗有待而生故。又彼宗不生，入一切法故，不坏相不生故，立一切法不生宗者，彼说则坏。大慧，有无不生宗，彼宗入一切性，有无相不可得。大慧，若使彼宗不生，一切性不生而立宗，如是彼宗坏。以有无性相不生故，不应立宗。五分论多过故①，展转因异相故及为作故，不应立宗分。

谓一切法不生，如是一切法空，如是一切法无自性，不应立宗。大慧，然菩萨摩诃萨，说一切法如幻梦，现不现相故及见觉过故，当说一切法，如幻梦性，除为愚夫离恐怖句故。大慧，愚夫堕有无见，莫令彼恐怖，远离摩诃衍。"

尔时世尊，欲重宣此义，而说偈言：
无自性无说，无事无相续。
彼愚夫妄想，如死尸恶觉。
一切法不生，非彼外道宗。
至竟无所生，性缘所成就。
一切法不生，慧者不作想。
彼宗因生故，觉者悉除灭。
譬如翳目视，妄见垂发相。
计著性亦然，愚夫邪妄想。
施设于三有，无有事自性。
施设事自性，思维起妄想。
相事设言教，意乱极震掉。
佛子能超出，远离诸妄想。
非水水想受，斯从渴爱生。
愚夫如是惑，圣见则不然。
圣人见清净，三脱三昧生。
远离于生灭，游行无所有。

修行无所有,亦无性非性。
性非性平等,从是生圣果。
云何性非性?云何为平等?
谓彼心不知,内外极漂动。
若能坏彼者,心则平等见。

【注释】

① 五分论:又称五分作法、五支作法,因明用语,即由宗、因、喻、合、结五支组成的推理论式。

【白话】

"还有大慧,对一切法不生,具有大志的修证者不应当立其为宗旨。为什么呢?即宗于一切事理本无性的义理,及于宗就有了因的形态,因此说一切法本无,当然无因,从而也不生宗了,立宗旨则不成立,要宗一切法不生,其宗不成立,是由于所立宗旨有所待,即有依持而生,而万法本自无,因而是有与无的偏执。另外其立宗不生,也在一切法即事理之中,无自无形态,因而无可生,所以立一切法不生为宗旨的,其说不成立。大慧,有了以本无不生的宗旨,那其立的宗,入于一切性,而有无的形态,从质上并无可得。大慧,如果其宗为不生,以一切性不生而立为宗,如此一来其宗不成立。由于有与无的性相不生,所以不应立宗。用因明的五分论考察,辗转相因,不同表现形态的矛盾,也会有许多错误,所以不应立宗旨。

就是一切法不生,由此一切法本于空,由此一切法无自性,所以不应立宗。大慧,具有成就的修悟者,说一切法如梦幻,是说显现不显现形态的原故以及见了现象形态后已觉悟了的原因,从而应说一切法,如梦幻的性即事理一样,这是为了除去人们离开了形态而恐怖的心理。所以大慧,愚昧之人堕于有与无的习惯见解中,不要让他们因为恐怖,远离大乘教法。"

这时佛陀,又重述义理,用偈言归纳说:
自性本无自性说,无事亦无有相续。
只是愚人空妄想,如死人体有恶念。
立诸法不生为宗,那是外教派之论。
以至究竟无所生,无性所缘去成就。
持有一切法不生,智者不作这样想。
法无何需借缘生,觉悟之人都断除。
譬如病眼看物体,虚妄见有毛发垂。
执着自性同此理,愚昧之人所妄想。
欲界色界无色界,事实并无有自性。
假设事理说自性,心识思维起妄想。
形态事理设言教,意乱至极震动掉。
佛门子弟应超越,远离自性生妄想。
无水感受渴望水,干渴群鹿逐水喝。
愚昧之人受迷惑,圣智见解则不然。
自悟圣者心清净,正定法空三解脱。
我空远离于生灭,无相无愿无所有。
修悟之心无所求,亦无性与非自性。
有性无性皆平等,从中自然佛果成。
何为自性非自性?何为性相本平等?
所谓心法人不知,内心外境起波动。
如能除却心妄想,自性平等之心现。

【经文】

尔时大慧菩萨,复白佛言:"世尊,如世尊说,如攀缘事,智慧不得,是施设量,建立施设。所摄受非性,摄受亦非性,以无摄故，智则不生，唯施设名耳。云何世尊？为不觉性自相共相，异不异故，智不得耶？为自相共相，种种性自性相，隐蔽故，智不得耶？为山岩石壁，地水火风障故，智不得耶？为极远极近故，智不得耶？为老小盲冥，诸根不具故，智不得耶？世尊，若不觉自共相异不异，智不得者，不应说智，应说无智，以有事不可得故。若复种种自共相性自性相，隐蔽故，智不得者，彼亦无智，非是智。世尊，有尔炎故智生。非无性，会尔炎，故名为智。若山岩石壁，地水火风，极远极近，老小盲冥，诸根不具，智不得者，此亦非智，应是无智。以有事不可得故。"

佛告大慧："不如是。无智，应是智，非非智。我不如是隐覆说攀缘事，智慧不得，是施设量建立。觉自心现量，有无有，外性非性。知而事不得，不得故，智于尔炎不生。顺三解脱①，智亦不得。非妄想者，无始性非性，虚伪习智，作如是知，是知彼不知。故于外事处所，相性无性，妄想不断，自心现量建立，说我我所相，摄受计著，不觉自心现量，于智尔炎而起妄想。妄想故，外性非性，观察不得依于断见。"

尔时世尊，欲重宣此义，而说偈言：
有诸攀缘事，智慧不观察。
此无智非智，是妄想者说。
于不异相性，智慧不观察。
障碍及远近，是名为邪智。
老小诸根冥，而智慧不生。
而实有尔炎，是亦说邪智。

【注释】

① 三解脱：又称"三解脱门""三三昧""三空"等。分别为：空解脱，观人法二空；无相解脱，观万法无相，无差别；无愿解脱，观悟生死之厌，但不可愿求，以入于涅槃。

【白话】

这时大慧这位有大志的修证者，又问佛陀说："世人之尊，如您所说，分别攀缘的妄想，以智慧之心来对待，是得不到什么的，只是假设的表现，是建立的假有。妄想之心不能有所反映接受和有所接受的自性，所以没有反映或接受什么，智也不产生，只是一个假设的名称。为什么佛陀？是为不能觉悟性的自我与共通形态，不同与相同的原故，不能得到智呢？或是为自身的表现形态以及共同的形态，各种不同的自有形态所隐蔽的原因，不能得到智呢？或是被山岩、石壁，乃至地、水、火、风所阻碍的原故，不能得到智呢？或是被远与近的距离限制，不能得到智的表现形态呢？还是因为年老、年幼、眼盲、愚昧，这些根业的不具备，不能得到智的形态与表现？佛陀，如果不能觉悟自我与共通形态的区别与相同，智不能得到，那么不应说智，应当说无智，因为连现有的事理都不能得以证到。如果被其他各种性相隐蔽，不能得到智，即无智，不是智。佛陀，心明方智生。并非无明，才是智。由于受地理环境，生理缺陷的限制，不能得智，是无智，是由于主客观条件不具备的原故。"

佛陀告诉大慧说："不是如此，无智，应当是智，非不智。我不这样隐晦地说。在攀缘事体的心识中，是得不到智慧的，只是假设一个对象建立一个名称。觉悟了自心现量，有与无外性并非有性，知道缘事而不得，由此智慧地使自己虚妄的光焰无从而生。在人法二空，观万法无相与不可愿求中得以解脱，所谓之智也无可得。不是妄想之人，从无始就习惯有性非性，在虚伪寻求所谓智，认为如此才是智，那般是不知道智。所以对一切外境之事，做自有与无性的心念，妄想不断，不能觉悟是由自心现量造成的，说我与我所见知的各种形态，对反映和感受的事物产生执着，不能觉悟是自己心识的现状计量，在智和自己妄想的幻焰上执着。由于妄想，以为外性无自性不可得，使观察依托于断见。"

这时佛陀，又重述其理，用偈言归纳说：
在各种攀缘之中，不能观察出智慧。
说无智慧与智慧，都是妄想的见解。
同与异的性相中，不能观察得智慧。
障碍阻挡与远近，就称为邪恶之智。
年老年幼本根晦，从而智慧不诞生。
这些实为心幻焰，就是佛说邪恶智。

【经文】

"复次大慧，愚痴凡夫，无始虚伪，恶邪妄想之所回转。回转时，自宗通及说通，不善了知，著自心现，外性相故。著方便说于自宗四句①，清净通相，不善分别。"大慧白佛言："诚如尊教，惟愿世尊，为我分别说通及宗通，我及余菩萨摩诃萨，善于二通，来世凡夫声闻缘觉，不得其短。"佛告大慧："善哉，善哉。谛听，谛听。善思念之，当为汝说。"大慧白佛言："唯然受教。"佛告大慧："三世如来，有二种法通，谓说通及自宗通。说通者，谓随众生心之所应，为说种种众具契经，是名说通。

自宗通者,谓修行者,离自心现,种种妄想。谓不堕一异,俱不俱品,超度一切心意意识,自觉圣境界,离因成见相。一切外道声闻缘觉堕二边者,所不能知,我说是名自宗通法。大慧,是名自宗通及说通相。汝及余菩萨摩诃萨,应当修学。"

尔时世尊,欲重宣此义,而说偈言:

我谓二种通,宗通及言说。

说者授童蒙,宗为修行者。

【注释】

① 四句:指四句执。即为常句,执于常见故称;无常句,执于断见,称为无常句;亦常亦无常句,即执于我常身无常之见;非常非无常,认为身有不同,非无常。称为四句。

【白话】

"还有大慧,愚痴的人们,由无始以来的虚伪习气,被邪恶的妄想迷惑转向。转向迷惑后,不善于了知自证悟法与自在说法,执着于自心现量,外境性相的形态。因此执着于方便说法,对于四句执有,不善于分别清静共通的形态。"大慧对佛陀说:"诚然如世人之尊所教,希望您为我分别讲解说通与宗通,我们具有大志的修证者,善于认识二通,将来不会有人们与声闻、缘觉的短处。"佛陀告诉大慧:"好的,很好。听着,认真听。好好思考,应当为你解说。"大慧对佛陀说:"恭敬地接受教诲。"佛陀告诉大慧:"过去、现在,未来三世如来,有两种法通,即说通及自宗通。说通,就是能够顺应人们的心理,为其解说各种经典,就称为说通。

自宗通,就是修行者,远离自心现量以及种种妄想。不堕入同与异、具有不具有的认识，超越度脱一切心意、意识，自觉证悟圣明境界，远离因果显现的形态表现。这是一切其他教派、声闻、缘觉，堕于断常二见的人，所不能知道的，我就称之为自宗通法。大慧，称为自宗通以及说通的表现形态。你以及有成就的修证者，应当修证学习。"

这时佛陀，又重述其义，用偈言归纳说：
我讲述了两种通，宗通以及言说通。
说通之人开启人，宗通修悟大乘果。

【经文】

尔时大慧菩萨白佛言："世尊，如世尊一时说言，世间诸论种种辩说，慎勿习近。若习近者，摄受贪欲，不摄受法。世尊何故作如是说？"佛告大慧："世间言论，种种句味，因缘譬喻，采集庄严。诱引诳惑愚痴凡夫，不入真实自通，不觉一切法，妄想颠倒，堕于二边。凡愚痴惑而自破坏，诸趣相续不得解脱，不能觉知自心现量，不离外性自性，妄想计著。是故世间言论，种种辩说，不脱生老病死，忧悲苦恼，诳惑迷乱。大慧，释提恒因广解众论，自造声论。彼世论者，有一弟子，持龙形像，诣释天宫，建立论宗，要坏帝释千辐之轮。随我不如断一一头，以谢所屈，作是要已，即以释法，摧伏帝释。释堕负处，即坏其车，还来人间。

如是大慧，世间言论，因譬庄严，乃至畜生，亦能以种种句味，惑彼诸天及阿修罗，著生灭见，而况于人。是故大慧，世间言论，应当远离，以能招致苦生因故，慎勿习近。

"大慧，世论者惟说身觉境界而已。大慧，彼世论者乃有百千，但于后时后五十年，当破坏结集。恶觉因见盛故，恶弟子受。如是大慧,世论破坏结集,种种句味,因譬庄严,说外道事。著自因缘,无有自通。大慧,彼诸外道,无自通论。于余世论,广说无量百千事门,无有自通,亦不自知愚痴世论。"

尔时大慧白佛言:"世尊,若外道世论,种种句味因譬庄严,无有自通,自事计著者,世尊亦说世论,为种种异方诸来会众,天人阿修罗广说无量种种句味,亦非自通耶?亦入一切外道智慧,言说数耶?"佛告大慧:"我不说世论,亦无来去,唯说不来不去。大慧,来者趣聚会生,去者散坏。不来不去,是不生不灭。我所说义,不堕世论妄想数中。所以者何?谓不计著外性非性,自心现处,二边妄想,所不能转。相境非性,觉自心现,则自心现妄想不生。妄想不生者,空、无相、无作入三脱门,名为解脱。"

【白话】

这时大慧大士对佛陀说:"世之尊者,如您所讲的,对世间各种论述,各种辩说,要谨慎不要学习接近。如果接近了,会接受贪欲的认识,不接受正法。您说,为何要这样讲呢?"佛陀告诉大慧:"世间的言论,各种文句,用因缘与比喻,来修饰显现庄严之像。诱导诳惑愚痴的人们,不能接受真实本质的自通觉悟,不能证觉一切法,妄想颠倒,堕于断见与常见的二边。凡是愚痴的人从而自坏其心而执性,各种现实乐趣相续不断,不得解脱,不能觉悟了知自心现量,不能远离自有的自性形态,产生妄想执着,因此世间的言语论述,各种辩说,不能脱离生、老、病、死、忧伤、悲凉、苦恼、诳惑与迷惑混乱。大慧,传说忉利天主广泛解释各种论述,自造了声论。其他世论学者,有一弟子,持有龙的形象,到达忉利天王即释帝天宫,建立了论宗，要破坏帝释千辐之圣轮。称若不能胜论于对方，以头谢罪，说了之后，就以声论之偏颇，摧毁降伏了天王。帝释堕落失败后，破坏了其车乘，来往于人间。

因此大慧，世间的语言论述，因缘比喻，词采庄严，以至于畜生，也能以各种句义，迷惑各位天人及战神阿修罗，执着于生与灭的见解，更何况人。因此大慧，世间的语言论述，应当远离，由于它能招致苦难而生的因缘，因此须小心不要接近。

"大慧，世间的论说，只不过讲身心感觉而已。大慧，那些世论者有成百乃至上千，在我灭度后五百年之后，这些人将破坏佛弟子所结集的经典。由于邪恶的认识的兴盛，在佛门中也会有邪恶的人接受世论。因此大慧，世论者破坏结集，用各种语言，文辞华美因缘比喻庄严，讲述其他教派的事理。执着因缘义理，不能自证通达圣觉。大慧，这些其他教派的人，没有自觉证通的见识。只在他们的世论之中，广泛讲说无量事理的现象形态，不能自觉通达，也不会自知自己所论是愚痴的世间言论。"

这时大慧对佛陀说："世之尊者，如果讲其他教派的世论之说，各种语句多采纷呈，因缘比喻庄严，没有自证通达，自身事理执着，那么您不也说世论，为种种各方的众生、天人、阿罗汉神广泛解说无可计量的各种句子，岂不也不能自己通达吗？也入于一切其他教派的所谓智慧，不也同样进行言语论述吗？"佛陀告诉大慧："我不说世论，既无来，也无去，只说不来不去之法。大慧，来就是指去聚集而生，去是指散乱毁坏。不来不去，意在不生不灭。我所说的义理，不堕入世论妄想的圈子中。为什么呢？就是不执着于外物的自性与非自性，自心现量的表现，不落入断见二边的偏见之中，被妄想迷转。各种表现形态的境界都不是自性，觉悟这些由自心之识所显现，从而自心显现的妄想不产生。妄想不产生，得空、无相、无为入于三解脱门，这就称为解脱。"

【经文】

"大慧，我念一时于一处住。有世论婆罗门，来诣我所，不请空闲，便问我言：'瞿昙①，一切所作耶？'我时答应：

'婆罗门，一切所作是初世论。'彼复问言：'一切非所作耶？'我复报言：'一切非所作是第二世论。'彼复问言：'一切常耶？一切无常耶？一切生耶？一切不生耶？'我时报言：'是六世论。'大慧，彼复问我言：'一切一耶？一切异耶？一切俱耶？一切不俱耶？一切因种种受生现耶？'我时报言：'是十一世论。'大慧，彼复问言：'一切无记耶？一切记耶？有我耶？无我耶？有此世耶？无此世耶？有他世耶？无他世耶？有解脱耶？无解脱耶？一切刹那耶？一切不刹那耶？虚空耶？非数灭耶？涅槃耶？瞿昙作耶？非作耶？有中阴耶？无中阴耶？'

大慧，我时报言：'婆罗门，如是说者，悉是世论，非我所说，是汝世论。我唯说无始虚伪，妄想习气，种种诸恶，三有之因，不能觉知自心现量，而生妄想攀缘外性。如外道法，我诸根义，三合知生，我不如是。婆罗门，我不说因，不说无因，惟说妄想摄所摄性，施设缘起。非汝及余堕受我相续者，所能觉知。'大慧，涅槃、虚空、灭，非有三种，但数有三耳。"

【注释】

① 瞿昙：佛陀，释迦牟尼的本姓，即姓乔达摩，名悉达多。

本文中直呼其姓名。

【白话】

"大慧,我记得曾经住在一个地方。有一位专讲世论的婆罗门学者,来到我住的房子,没有客套,一见面就问我:'乔达摩·悉达多,一切是由造化所创造的吗?'我这时回答说:

'婆罗门,这是初世论。'他又问道:'一切不是造化创造的吗?'我又答道:'这是第二世论的学说。'他又问道:'一切常存吗?一切无常吗?一切生吗?一切不生吗?'我回答说:'是六世论。'大慧,他又问道:'一切是一样吗?一切是不同吗?一切具备吗?一切不具备吗?一切是因为种种因缘而感受产生显现的吗?'我回答说:'是十一世论。'大慧,他又问道:'一切无记吗?一切有记吗?有我吗?无我吗?有此世吗?无此世吗?有他世吗?无他世吗?有解脱吗?无解脱吗?一切是刹那吗?一切不刹那吗?虚空吗?不是缘数尽灭吗?涅槃寂灭吗?你有所作吗?你无所作吗?有中阴吗?还是无中阴?'

大慧,我当时回答:'婆罗门,你所讲的这些,都是世论,不是我所说的,是你的世论。我只讲由无始以来的虚伪妄想习气,产生了各种邪恶,形成了欲有、色有、无色有的因果论,不能觉知自心现量,而产生妄想,攀缘于外境自性的不实显现。如其他教派的说法,认为我与根即自身、尘即物质、意等三缘合成而产生了智,我不是这样认为。婆罗门,我不说因,也不讲无因,只说妄想的感受与反映而产生的作用,假设缘起而论法。不是你和那些堕入感受自我形态而相续不断的人,所能觉悟了解的。'大慧,涅槃、虚空、灭尽,不是只有这三种境界,只是称其数为三罢了。"

【经文】

"复次大慧,尔时世论婆罗门,复问我言:'痴爱业因故,有三有耶?为无因耶?'我时报言:'此二者,亦是世论耳。'

彼复问言:'一切性皆入自共相耶?'我复报言:'此亦世论。婆罗门,乃至意流妄计外尘,皆是世论。'复次大慧,尔时世论婆罗门,复问我言:'颇有非世论者不?我是一切外道之宗,说种种句味,因缘譬喻庄严。'我复报言:'婆罗门,有。非汝有者,非为非宗,非说,非不说种种句味,非不因譬庄严。'婆罗门言:'何等为非世论、非非宗、非非说。'我时报言:'婆罗门,有非世论,汝诸外道所不能知。以于外性,不实妄想,虚伪计著故。谓妄想不生,觉了有无自心现量,妄想不生。不受外尘,妄想永息,是名非世论。此是我法,非汝有也。

婆罗门,略说彼识,若来若去,若死若生,若乐若苦,若溺若见,若触若著,种种相,若和合相续,若爱若因计著。婆罗门,如是比者,是汝等世论,非是我有。'大慧,世论婆罗门作如是问,我如是答。彼即默然,不辞而退,思自通处,作是念言:'沙门释子,出于通外,说无生、无相、无因、觉自妄想现相,妄想不生。'大慧,此即是汝向所问我,何故说习近世论,种种辩说,摄受贪欲,不摄受法。"

【白话】

"再有大慧,这时持世论见解的婆罗门,又问我说:'是由于痴、爱、业的原因,才产生三有的吗?还是无因而生的呢?'我这时回答说:'这两个论点,也都是世论。'

他又问道:'一切性都能归入自他的共相吗?'我又回答:

'这也是世论。婆罗门,以至于意念流动妄想执着于外境事物,都是世间之论。'还有大慧,这时持世论见解的婆罗门,又问我说:'又有什么不是世间论述的呢?我们婆罗门是一切其他教派的正宗,解说各种道理,因缘譬喻,文词庄严。'我回答说:'婆罗门,有所谓的有。但并非你们所有,非作为,非正宗,非所谓说,非不说各种句义,也不是因缘比喻,所谓庄严。'婆罗门又问:'什么为非世论,非非之宗,非非之说。'我回答说:'婆罗门,有不是世论的义理,是你们其他各种教派所不能认识的。这是由于你们于心外之性,产生不实的妄想,从而虚伪而执着的原故。就是妄想不生,觉悟了有与无都是自心现量,从而妄念不生。就不感受外尘的熏染,使心之妄想永远息止,就称为非世论。这才是我所说的法,并非你们具有的。

婆罗门,我简略地解说一下你们的这种认识,其若来若去,似死似生,若乐若苦,似沉没如显现,如感触似执着,其各种形态,如和合相续不断,似爱于各因缘执着。婆罗门,如此之论,是你们的世论,不是我所说。'大慧,持世论见解的婆罗门这样问,我也就这样答。他默然而思,不辞而别,思考自通的道理,心想道:'修行的释迦,见解出于通常所说的之外,所说无生、无相、无因法门,自觉证悟妄想的表现形态,从而妄念不生。'大慧,这就是你向我所问的问题,为什么说修习接近世论,从而接受各种辩解陈词,会感受贪欲,却不能接受正法的义理所在。"

【经文】

大慧白佛言:"世尊,摄受贪欲及法,有何句义?"佛告大慧:"善哉,善哉。汝乃能为未来众生,思惟咨问如是句义。谛听、谛听。善思念之,当为汝说。"大慧白佛言:"唯然受教。"

佛告大慧："所谓贪者，若取若舍，若触若味，系著外尘，堕二边见。复生苦阴，生老病死，忧悲苦恼，如是诸患，皆从爱起。斯由习近世论及世论者，我及诸佛，说名为贪，是名摄受贪欲，不摄受法。大慧，云何摄受法？谓善觉知自心现量，见人无我及法无我相，妄想不生。善知上上地，离心意意识，一切诸佛智慧灌顶，具足摄受，十无尽句，于一切法，无开发自在，是名为法。所谓不堕一切见，一切虚伪，一切妄想，一切性，一切二边。大慧，多有外道痴人，堕于二边，若常若断，非黠慧者，受无因论，则起常见。外因坏，因缘非性，则起断见。

大慧，我不见生住灭故，说名为法。大慧，是名贪欲及法，汝及余菩萨摩诃萨，应当修学。"

尔时世尊，欲重宣此义，而说偈言：

一切世间论，外道虚妄说。

妄见作所作，彼则无自宗。

惟我一自宗，离于作所作。

为诸弟子说，远离诸世论。

心量不可见，不观察二心①。

摄所摄非性，断常二俱离。

乃至心流转，是则为世论。

妄想不转者，是人见自心。

来者谓事生，去者事不现。

明了知去来，妄想不复生。

有常及无常，所作无所作。

此世他世等，斯皆世论通。

【注释】

①二心：佛教名词。分别指真心，即本来具有的净明之心；妄心，由心念而生的各种境界。

【白话】

大慧问佛陀说："世之尊者，反映接受贪欲以及接受正法，怎样表达其义理呢？"佛陀告诉大慧："问得好，很好。好在你能为未来众生，思考并问询这样的义理。听着，认真听。好好思索，应当为你解说。"大慧对佛陀说："恭敬地接受教诲。"

佛陀告诉大慧："所谓贪，就是于取舍，触动心之感味，系于外境的表现形态，堕于断常二见之中。从而产生苦恼，生老病死，悲苦烦恼，这些患疾，都从爱欲生起。这些都是修习并接近世论义理及论说者的，我与诸佛，称之为贪，叫做反映并接受贪欲，不接受正法。大慧，何为接受正法？即善于觉悟知道一切都出于自心现量，证见于人无我及法无我的形态，妄想不生。善于了解知道无上的境地，远离心、意、意识，一切诸佛则为之智慧灌顶，具备充足接受十无尽句的心愿，于一切法，不需外在引导，能自觉证悟，这就称为法。就是不堕于一切见，一切虚伪，一切妄想，一切性，一切断见与常见二边。大慧，有许多其他教派的人，堕入二边，若常见若断见，不是智慧之人，接受无因论的认识，则生起常见。见到因缘尽时则灭，就起断见。

大慧，我不见生住灭，所以称为法。大慧，这就是贪欲及法的不同，你们有成就的修悟者应当修行学习。"

这时佛陀，又复述义理，用偈言归纳说：

一切世间的论说，各种教派虚妄说。

妄见能作与所作，这些实则没有宗。

惟一佛法自立宗，离于能作和所作。
佛门弟子听此说，远离各种世事论。
自身心量不能知，观察不到二边心。
显现反映无自性，断见常见俱难离。
心中妄念流转动，如此则为世论说。
心念妄想不流转，自心现量人自知。
来则心量生形态，去则心量形态消。
明了心识知去来，心中妄想不再生。
有常无常寻常事，造化所作无所作。
此世他世与现世，全部皆为世论通。

【经文】

尔时大慧菩萨，复白佛言："世尊，所言涅槃者，说何等法名为涅槃？而诸外道各起妄想。"佛告大慧："谛听，谛听，善思念之，当为汝说。如诸外道妄想涅槃，非彼妄想随顺涅槃。"大慧白佛言："唯然受教。"

佛告大慧，"或有外道，阴界入灭，境界离欲，见法无常，心心法品不生，不念去来现在境界，诸受阴尽。如灯火灭，如种子坏，妄想不生。斯等于此，作涅槃想。大慧，非以见坏，名为涅槃。大慧，或以从方至方，名为解脱。境界想灭，犹如风止，或复以觉所觉见坏，名为解脱。或见常无常，作解脱想。或见种种相想，招致苦生因。思惟是已，不善觉知自心现量，怖畏于相，而见无相，深生爱乐，作涅槃想。或有觉知内外诸法，自相共相，去来现在，有性不坏，作涅槃想。或谓我人、众生、寿命、一切法坏，作涅槃想。或以外道，恶烧智慧见自性及士夫，彼二有间，士夫所出，名为自性，如冥初比，求那转变，求那是作者，作涅槃想。

或谓福非福尽，或谓诸烦恼尽，或谓智慧，或见自在，是真实作生死者，作涅槃想。或谓展转相生，生死更无余因，如是即是计著因，而彼愚痴，不能觉知，以不知故，作涅槃想。或有外道言，得真谛道，作涅槃想。或见功德④，功德所起，和合一异，俱不俱，作涅槃想。或见自性所起，孔雀文彩，种种杂宝，及利刺等性，见已作涅槃想。"

【注释】

① 功德：佛教名词。大体有四种说法。一功者，福利功能，此功能为善行之德，因此称为功德；二施物为功，归己曰德；三恶尽言功，善满曰德；四德为修功所得，故称为功德。本文诸说皆通。

【白话】

这时大慧大士，又向佛陀问道："世之尊者，所说的涅槃，是什么法称为涅槃？其他教派也各有涅槃的妄想。"佛陀告诉大慧："听着，认真听，要善于思考，应当为你解说。各种其他教派所说的都是妄想涅槃，不是他们的由妄想随之而产生的涅槃。"大慧对佛陀说："恭敬地接受教导。"

佛陀告诉大慧："或有其他教派，认为五阴之色、受、想、行、识归于寂灭，于外物境地上脱离了一切欲念，识见一切法无常，心中不同之事理不生，不念记过去、现在、未来的境界中，各种感受也尽除。如灯火熄灭，种子坏死，各种妄想不生。把这般境界认为是涅槃。大慧，并非见一切不存在，就称为涅槃。大慧，或者有以此方到达彼方，这称为解脱。一切境界妄想灭尽，犹如风平而浪静，或还以不再显现感觉和反映外物，就称为解脱。或者以为见常与无常不起二见，就称为解脱。或者见各种现象形态，招致各种苦难，是苦之因。思维过后，不善于觉悟自心现量，畏惧恐怖于各种形态，而求不再显现各种现象，并深以为喜爱而乐以为此，认为这是涅槃。或有觉悟知内外一切法，其自相与共通之相，在过去现在未来中，有自性不坏灭，以为这是涅槃。或是我、人、众生、寿命，一切法归于坏灭，认为这是涅槃。或者以为其他教派，被邪恶烧坏心智，认为有自性以及人与物，在人与物之间，有时空的间隙，人与物的变化，都在于自性，其好比最初的物质微粒，依于作者即求那而发生转变，认为这是涅槃。

或者认为福与恶尽除，一切烦恼尽除，或以为智慧，或认识自在天主，是决定生与死的真正作者，这就是涅槃。或者认为辗转相生，生与死并无其他原因，这样想就是执着于因，但其愚痴，不能觉知义理，由于不能觉悟认识，以为这是涅槃。或有外教之人，说得到真谛，以为就是涅槃。或有见施与得所起，和合同与异，具有不具有，以为这就是涅槃。或有见识自然之力所生成，孔雀花纹，各种宝物及植物动物利刺等物性，以为自然之力，就是涅槃。"

【经文】

"大慧，或有觉二十五真实①，或王守护国，受六德论②，作涅槃想。或见时是作者，时节世间，如是觉者，作涅槃想。或谓性，或谓非性，或谓知性非性，或见有觉与涅槃差别，作涅槃想。有如是比，种种妄想，外道所说不成所成，智者所弃。大慧，如是一切，悉堕二边，作涅槃想。如是等外道涅槃妄想，彼中都无，若生若灭。大慧，彼一一外道涅槃，彼等自论，智慧观察，都无所立。如彼妄想，心意来去，漂驰流动,一切无有得涅槃者。

"大慧,如我所说涅槃者,谓善觉知自心现量,不著外性,离于四句,见如实处。不堕自心现妄想二边,摄所摄不可得,一切度量,不见所成,愚于真实,不应摄受,弃舍彼已,得自觉圣法。知二无我,离二烦恼,除净二障,永离二死。上上地,如来地,如影幻等诸深三昧,离心意意识,说名涅槃。大慧,汝等及余菩萨摩诃萨,应当修学。当疾远离一切外道诸涅槃见。"

尔时世尊,欲重宣此义,而说偈言:

外道涅槃见,各各起妄想。

斯从心想生,无解脱方便。

愚于缚缚者,远离善方便。

外道解脱想,解脱终不生。

众智各异趣,外道所见通。

彼悉无解脱,愚痴妄想故。

一切痴外道,妄见作所作。

有无有品论,彼悉无解脱。

凡愚乐妄想,不闻真实慧。

言语三苦本③,真实灭苦因。

譬如镜中像,虽现而非有。

于妄想心镜,愚夫见有二。

不识心及缘,则起二妄想。

了心及境界,妄想则不生。

心者即种种,远离相所相。

事现而无现,如彼愚妄想。

三有惟妄想，外义悉无有。
妄想种种现，凡愚不能了。
经经说妄想，终不出于名。
若离于言说，亦无有所说。

【注释】

① 二十五真实：即数论派的二十五谛，印度古代唯物主义派别，论述了世界产生的基本原理。异说纷纭，二十五谛与五藏说有密切关系，佛典中记有三种二十四谛说。大致由自性（物质）、大我、我慢、意以及五大（空风火水地）、五唯（声触色味香）、五知根（耳皮眼舌鼻）、五作根（口舌、脚、手、男女、大遗）相继组成（参见高杨、荆三隆《佛教起源论》201页至208页）。

② 六德论：即自在、炽盛、端严、名称、吉祥、尊贵。梵文薄伽梵即世尊六义就是六德。

③ 三苦本：三苦即苦苦（身心受饥寒贫病之苦）、行苦（受世事变幻而无常之苦）、坏苦（自身所爱之物被破坏之苦）。苦本，产生苦的本原，佛教认为由贪欲引起。

【白话】

"大慧，或有觉悟于二十五谛，或得到国王的守护，接受了六德的义理，认为这就是涅槃。或说时间是世界的造作者的见解，这样认识的人，以为就是涅槃。或者说有性，或者讲无性，或说性非性，或认为有感觉与涅槃的不同差别，即有觉与无觉涅槃，认为这就是涅槃。有上述如此多的涅槃境界的认识，都是不同的妄想，都是其他教派以不成立的论点作为认识的根据，为智慧的人所摈弃。大慧，这一切，全都是堕于相对的二边认识之中，产生的涅槃想法。在这些其他教派的关于涅槃境界的妄想之中都不能成立，都是似是而非，若生若灭的妄念。大慧，这诸多的各教派所立的涅槃，只是他们自以为是的论述，如果用智慧来观察，都不能确立。正如他们的妄想心意一样，来去漂浮，心驰意动，一无所得，其涅槃之论，也是这样。

"大慧，而我所说的涅槃，就是善于觉悟认识自心现量，不执着于外境之性，离于常与无常，亦常亦无常和非常非无常的偏执，见本质真实之处。不堕入自心所显现的妄想相对二边，接受与所接受的都不可得，一切忖度推量，都不成立，愚痴与真实，不应反映接受，弃舍了这些之后，就可以得到自觉证悟的圣法。知人、法无我，离贪嗔痴等六种根本烦恼以及忿恨覆等二十种随烦恼，除净烦恼障与所知障，永离分段生死和变易生死。进入殊胜境地以至如来境地，觉悟如身影梦幻似的深奥的正定念止，离于心、意、意识，这就叫做涅槃境界。大慧，你及其具有大志的修证者，应当修悟学习。当疾速远离一切其他教派的各种关于涅槃境界的偏见。"

  这时佛陀，又复述义理，用偈言归纳说：
  诸教派涅槃见解，分别各起心妄想。
  都是从心念生起，实无解脱的方法。
  愚昧束缚缚他者，远离善意方法门。
  各个教派解脱想，实际解脱终不生。
  众多智趣虽不同，都于外境所见通。
  这些全部无解脱，愚昧痴迷妄想论。
  一切痴迷各教派，妄见造化所作物。
  说有论无相对说，这都全都无解脱。
  人们愚乐生妄想，不知真实智慧意。
  身心无常爱欲苦，不悟自觉灭苦因。
  比如镜里人物像，虽然显现实无有。
  妄想心镜现外物，愚人见后生二边。

不识心量与缘起,则起相对两种想。
了知心识及境界,妄想心性则不生。
心中反映有种种,实无自相共相得。
事理虽现本却无,正如人们愚妄想。
三有欲色无色界,境外义理实无有。
妄想种种显现出,凡人愚夫不能脱。
经文典籍说妄念,终归不过是名称。
若离言语自证悟,万语千言无所说。

卷 四

【经文】

一切佛语心品之四

尔时大慧菩萨,白佛言:"世尊,惟愿为说三藐三佛陀。我及余菩萨摩诃萨,善于如来自性,自觉觉他。"佛告大慧:"恣所欲问,我当为汝随所问说。"大慧白佛言:"世尊,如来应供等正觉,为作耶?为不作耶?为事耶?为因耶?为相耶?为所相耶?为说耶?为所说耶?为觉耶?为所觉耶?如是等辞句,为异为不异?"佛告大慧:"如来应供等正觉,于如是等辞句,非事非因。

所以者何?俱有过故。大慧,若如来是事者,或作或无常。无常故,一切事应是如来。我及诸佛皆所不欲。若非所作者,无所得故,方便则空,同于兔角、槃大之子,以无所有故。大慧,若无事无因者,则非有非无。若非有非无,则出于四句。四句者,是世间言说。若出四句者,则不堕四句,不堕四句故,智者所取。一切如来句义亦如是,慧者当知。如我所说一切法无我,当知此义,无我性是无我。一切法有自性,无他性,如牛马。

"大慧,譬如非牛马性,非马牛性,其实非有非无。彼非无自性。如是大慧,一切诸法,非无自相,有自相。但非无我愚夫之所能知,以妄想故。

如是一切法空、无生、无自性，当如是知。如是如来与阴，非异非不异。若不异阴者，应是无常。若异者，方便则空。若二者应有异。如牛角，相似故不异，长短差别故有异，一切法亦如是。大慧，如牛右角异左角。左角异右角，如是长短种种色，各各异。大慧，如来于阴界入，非异非不异。"

【白话】

佛所说的一切心法之四

这时大慧大士，对佛说："世之尊者，希望能为我及具有大志的修证者解说无上正确智慧的佛果之心，善于认识如来自性，自觉并觉悟他人。"佛陀告诉大慧："尽管说出你的问题，我应当为你的随之所问进行解说。"大慧对佛陀说："世之尊者，如来应共同平等正定心止，有所作吗？还是无所作？是果呢？还是因？为相呢？还是为所相？为说呢？还是为所说？为觉呢？还是为所觉？这些许多辞句，是不同还是相同？"佛告诉大慧："如来应共同平等正定心止，你所说的许多辞句，既不是果也不是因。

为什么呢？都有过错的原故。大慧，若如来是事之果，或作或无常。而有作则有坏，所以无常，一切事就应是如来了。我与诸佛都不欲为此。若无所作，则无所得，只是为方便而设的假设，是空，与兔生角，石女生子一样，是不可能有所得的。因此大慧，若既无事之果，也无因，那便是非有非无。若非有非无，则出于四句之中，而四句是世间论的义理。若超出于四句的人，则不堕于四句，不堕于常与无常，亦常亦无常与非常非无常四句，所以是智者所取的认识。一切如来句子的义理也是如此，智慧之人应当知道。如我所说，一切法无我，应当知道其义理，无我的本质是无我的执着。一切法有其性质，没有别的性质,如牛马各不相及。

"大慧,比如不是牛有马性,不是马有牛性,其实质非有也非无。它们也不是没自性。大慧,一切诸法,也是如此,并非无自相,有自身的形态。但这不是未认识无我境界的愚夫所能理解的,这是由于妄想的原故。

同样一切法空、无生、无自性,也应当是如此认识。同理如来与五阴,并非不同也并非相同。若如来与五阴相同,应当是无常的。若不同,也只是为方便而作的假设。若如来五阴之色受想行识应当有所不同。如两支牛角,相似因此不异,但一对牛角长短仍有差别因此有不同,一切法之理亦是如此。大慧,如牛的角,右不同于左,左也不同于右,同样长短与各种形态,都有不同。大慧,如来和五阴的关系也是非异非不异。"

【经文】

"如是如来解脱,非异非不异。如是如来,以解脱名说。若如来异解脱者,应色相成,色相成故,应无常。若不异者,修行者得相,应无分别,而修行者见分别,是故非异非不异。如是智及尔炎,非异非不异。

大慧,智及尔炎非异非不异者,非常非无常,非作非所作,非有为非无为,非觉非所觉,非相非所相,非阴非异阴,非说非所说。非一非异,非俱非不俱。非一非异,非俱非不俱故,悉离一切量。离一切量,则无言说。无言说,则无生。无生,则无灭。无灭,则寂灭。寂灭,则自性涅槃。自性涅槃,则无事无因。无事无因,则无攀缘。无攀缘,则出过一切虚伪。出过一切虚伪,则是如来。如来则是三藐三佛陀。大慧,是名三藐三佛陀佛陀。大慧,三藐三佛陀佛陀者,离一切根量。"

尔时世尊，欲重宣此义，而说偈言：
悉离诸根量，无事亦无因。
已离觉所觉，亦离相所相。
阴缘等正觉，一异莫能见。
若无有见者，云何而分别？
非作非不作，非事亦非因。
非阴非在阴，亦非有余杂。
亦非有诸性，如彼妄想见。
当知亦非无，此法法亦尔。
以有故有无，以无故有有。
若无不应受，若有不应想。
或于我非我，言说量留连。
沈溺于二边，自坏坏世间。
解脱一切过，正观察我通。
是名为正观，不毁大导师。

【白话】

"同样如来解脱，也是非异，非不异。所以如来，以解脱这个名词来说法。若如来不是解脱者，应当有色相即形态表现成立，由于色相成立，应当无常。若是解脱者，得修行者之相即形态和表现，那么两者并无分别，而修行之人确见到了差别，因此说非异，非不异。同理智与心念，也是非异，非不异的。

大慧，智与心念非异，非不异。就是非常，非无常。非形态，非所形态。非阴，非异阴。非说，非所说。非同，非异。非具有，非不具有。由于非同，非异，非具有与非不具有的原故，是远离一切量的。离开了一切估量，则无言语可说。无言语可说，也就不生心念。不生心念，则无所谓灭。无灭，则归于清澄的寂灭。寂灭，则入自性涅槃。自性涅槃，则无事也无因。无事无因，则无攀附缘起，无攀附缘起，则超出越过一切虚伪。超出越过一切虚伪，就是如来。如来则是无上遍知正觉。大慧，就称为无上智慧正确而完全的佛果之心。大慧，无上正确智慧的佛果之心的人，远离一切根尘和现量境界。"

这时佛陀，又复述义理，用偈言归纳说：
远离一切根量事，本实无事也无因。
离开感觉被感觉，也离现象与状态。
五阴缘起正确想，相同区别无所见。
但若没有所见事，如何又能有分别？
并非有作非不作，并非缘事也非因。
不是五阴非在阴，也非另有其余事。
既非万法有自性，如同人们妄想见。
但是应知也非无，如此事理法也同。
所以见有才知无，以是知无方生有。
若无不应接受事，如有不应生妄想。
或是不悟我本无，言语估量留连生。
如果沉溺断常见，破坏自身坏人间。
摆脱一切邪见解，正心观察自通达。
这样叫做正观悟，不毁佛法世间师。

【经文】

尔时大慧菩萨，复白佛言："世尊，如世尊说修多罗摄受不生不灭。又世尊说，不生不灭是如来异名。云何世尊为无性故，说不生不灭？为是如来异名？"佛告大慧："我说一切法不生不灭，有无品不现。"大慧白佛言："世尊，若一切法不生者，则摄受法不可得。一切法不生故，若名字中有法者，惟愿为说。"佛告大慧："善哉，善哉。谛听，谛听。善思念之，吾当为汝分别解说。"大慧白佛言："唯然受教。"

佛告大慧："我说如来非无性，亦非不生不灭摄一切法。

亦不待缘故不生不灭，亦非无义。大慧，我说意生、法身，如来名号①。彼不生者，一切外道，声闻缘觉，七住菩萨，非其境界。大慧，彼不生，即如来异名。大慧，譬如因陀罗释迦②，不兰陀罗③。如是等诸物，一一各有多名。亦非多名而有多性，亦非无自性。如是大慧，我于此娑呵世界④，有三阿僧祇⑤，百千名号。愚夫悉闻，各说我名，而不解我如来异名。

"大慧，或有众生，知我如来者，有知一切智者，有知佛者，有知救世者，有知自觉者，有知导师者，有知广导者，有知一切导者，有知仙人者，有知梵者⑥，有知毗纽者⑦，有知自在者，有知胜者，有知迦毗罗者⑧，有知真实边者，有知月者，有知日者，有知主者，有知无生者，有知无灭者，有知空者，有知如如者，有知谛者，有知实际者，有知法性者，有知涅槃者，有知常者，有知平等者，有知不二者，有知无相者，有知解脱者，有知道者，有知意生者。大慧，如是等三阿僧祇百千名号，不增不减，此及余世界，皆悉知我。如水中月，不出不入。彼诸愚夫，不能知我堕二边故。然悉恭敬供养于我，而不善解知词句义趣，不分别名，不解自通。计著种种言说章句，于不生不灭，作无性想，不知如来名号差别。如因陀罗释迦，不兰陀罗，不解自通，会归终极。于一切法，随说计著。"

【注释】

① 名号：佛教名词。所谓显体为名，名彰于外而号令天下为号。诸佛、菩萨通用，常指南无阿弥陀佛。

② 因陀罗释迦：因陀罗本为雷雨之神，后佛教沿用，为最高神，与梵天并称，译为天主者、帝释天等；释迦即指释迦牟尼。

③ 不兰陀罗：疑为功德圆满具足者，待考。

④ 娑阿世界：又称堪忍世界。在此界要隐忍不受欲望诱惑；菩萨要忍受教化众生的疲倦。

⑤ 三阿僧祇：阿僧祇，译义为无数，三阿僧祇，指无量可计，极言其多。

⑥ 梵：即梵天，离天无欲而归于寂灭清净。

⑦ 毗纽：指自在天。

⑧ 迦毗罗：印度古代唯物主义哲学派别数论派的创立者。

【白话】

这时大慧这位修证者，又问佛陀："世之尊者，如您所说在经典义理中反映出不生与不灭。而您说，不生不灭就是如来的别称。为何您本无自有之性，反而说不生不灭呢？这就是如来的别称吗？"佛陀告诉大慧："我说一切法不生不灭，有与无的状况都不出现。"大慧对佛陀说："世之尊者，若一切法不生，则接受法就不能办到。因为一切法本不生，如果在名称中有法的含义，请您为我们解说。"佛陀告诉大慧："好的，很好。听着，认真听，要善于思考，我应当为你们分别加以解说。"大慧对佛陀说："恭敬地接受教导。"

佛陀告诉大慧："我所说的如来，不是无性，也不是以不生不灭涵盖一切法。

也不有待于因缘而不生不灭，更不是没有义理。大慧，我说的意生身、法身，都是如来显体于外的名号。这些不生，是一切其他教派、声闻、缘觉、以至于七地的菩萨诸乘，都不能觉悟具有的境界。大慧，这些不生，就是如来的另有的名称。大慧，比如天主者，功德圆满具足者等。如同有许多事物，一一都各有若干个名称。并非有许多名称就有很多本质，也不是无自性即特有的性质。因此大慧，我在这个修证的世界上，有不可计量的成百上千个名号。愚昧之人都可以听说，并讲出我的名称，但是却不能理解如来的各种不同的名称。

"大慧，或有人们，知道我叫如来，有的知道我的名字叫一切智，还有知道叫佛者的，救世者的，自觉者的，导师者的，广导者的，一切导者的，仙人者的，梵者的，自在天的，自左者的，知胜者的，创立者的，真实边者的，月者的，日者的，主者的，无生者的，无灭者的，空者的，如如者的，谛者的，实际者的，法性者的，涅槃者的，知常者的，平等者的，不二者的，无相者的，解脱者的，知道者的，以及知道我又叫意生者的。大慧，凡此种种众多的名称，既不减少什么也不增加什么，在此世和各世界中，全都知道我。比如水中明月，不出不入。那些愚昧的人，不能认知我而堕入相对的二边见解中。然而许多人都恭敬地供养我，但却不善于了解认识词句的义理之处，不能分辨不同的名称，不理解其自然相通的意蕴。执着于各种言语和佛典章句，于本不生不灭中，作无性之想，不知道如来名称的不同和差别，如天主者与功德圆满具足者一样，不需解说自然通达，会归于终极之处。而人们却于一切法中，随着言语名称而产生执着。"

【经文】

"大慧，彼诸痴人，作如是言，义如言说，义说无异。所以者何？谓义无身故，言说之外，更无余义。帷止言说。大慧，彼恶烧智，不知言说自性，不知言说生灭，义不生灭。大慧，一切言说，堕于文字，义则不堕。离性非性故，无受生亦无身。大慧，如来不说堕文字法。文字有无，不可得故，除不堕文字。

大慧，若有说言，如来说堕文字法者，此则妄说，法离文字故。是故大慧，我等诸佛及诸菩萨，不说一字，不答一字。所以者何？法离文字故，非不饶益义说。言说者，众生妄想故。大慧，若不说一切法者，教法则坏。教法坏者，则无诸佛菩萨缘觉声闻，若无者，谁说为谁？是故大慧，菩萨摩诃萨，莫著言说，随宜方便，广说经法。以众生希望烦恼不一故，我及诸佛，为彼种种异解众生，而说诸法，令离心意意识故，不为得自觉圣智处。

"大慧，于一切法无所有，觉自心现量，离二妄想。诸菩萨摩诃萨依于义，不依文字。若善男子善女人，依文字者，自坏第一义，亦不能觉他。

堕恶见相续，而为众说，不善了知一切法，一切地，一切相，亦不知章句。若善一切法，一切地，一切相，通达章句，具足性义，彼则能以正无相乐，而自娱乐。平等大乘，建立众生。

"大慧，摄受大乘者，则摄受诸佛菩萨缘觉声闻，摄受诸佛菩萨缘觉声闻者，则摄受一切众生。摄受一切众生者，则摄受正法。摄受正法者，则佛种不断。佛种不断者，则能了知得殊胜入处。知得殊胜入处，菩萨摩诃萨常得化生[①]，建立大乘十自在力，现众色像，通达众生，形类希望，烦恼诸相，如实说法。如实者，不异；如实者，不来不去相，一切虚伪息，是名如实。

【注释】

① 化生：四生之一，依业力自生。

【白话】

"大慧，他们这些痴迷的人，这样说，义理如语言所说，义理与语言没有不同。为什么呢？就是说义理本身无所有，在语言之外，就更没有义理了。因此无语言，亦无义理。大慧，他们被邪恶烧掉了智慧，不知道语言的自性即本质，不知语言是有生与灭的，而义理是不生不灭的。大慧，一切语言论说，如都局限于文字，那么义理也会受到局限。这是由于脱离了自性即本质就并非有性了，在无感受之处，也无本身。大慧，如来不说被文字局限了的法门。由于文字的有与无，不可得，所以不局限于文字之中。

大慧，如果有人说，如来的说法也局限于文字，这就是妄说，因为法离文字的原故。因此大慧，我和诸佛及诸菩萨，不说一字，不答一字。为什么呢？因为佛法远离文字的形态，并非不愿做有益众生的解说。由于用语言说法，是众生们的妄想的原故。大慧，如果不说一切法，教法就不能成立。教法不成立，则无诸佛，诸菩萨以及缘觉、声闻等修行者了。如果都没了，谁还说法又为谁说法呢？因此大慧，有成就的修证者，不要执着于语言说法，要方便随时而适宜地广泛传经说法。因为众生的希望和烦恼都不一样的原故，我以及诸佛，为了各种不同见解的众生，而说诸法，是为了使他们远离心、意、意识的原故，不只是为了使他们自觉证悟圣智的境地。

"大慧，要有于一切法无所有的见解，觉悟自心现量，远离断常二边的妄想。诸修证有成就的人依据于义理，不依据文字。如果修行出家的男人和女人，依于文字，将自坏第一义不能自觉，也不能觉他。

堕于邪恶的相续的见解，从而为众生解说法门，则不善于认识一切法，一切境地，一切形态，也不能知道文章词句的义理。如果善于知道一切法，一切境地，一切形态，通达文章句子的义理，具备充分的本质性的义理，那他就能以正确无形态的乐教化人，从而自觉欢娱快乐。在共同平等的大乘修证上，成就建立一切众生。

"大慧，反映并接受大乘道果，则接受诸佛、菩萨乘以及缘觉、声闻乘道果，接受诸菩萨乘、缘觉、声闻乘道果，就可以接受一切众生。接受一切众生，则可以接受正法。接受正法，那么佛门之种就不会断除。佛种不断，就能了知并得到殊胜之地的修行处。知道并得到殊胜之地的修行，就使有成就的修证者，常常得以化生显现，成立大乘道果的诸自在之力，显现众多的形象，通达于众生，以度脱各种形态的希望与烦恼，如实进行说法。如实，就是相同；如实，则不来不去，没有过去未来的动态，一切虚伪止息，就称为如实。

【经文】

"大慧，善男子善女人，不应摄受随说计著。真实者，离文字故。大慧，如为愚夫，以指指物愚夫观指，不得实义。如是愚夫随言说指，摄受计著，至竟不舍。终不能得离言说指第一实义。大慧，譬如婴儿，应食熟食，不应食生。若食生者，则令发狂。不知次第方便熟故。大慧，如是不生不灭，不方便修，则为不善。是故应当善修方便，莫随言说，如视指端。是故大慧，于真实义，当方便修。真实义者，微妙寂静，是涅槃因。言说者，妄想合，妄想者，集生死。

大慧，真实义者，从多闻者得。大慧，多闻者，谓善于义，非善言说。善义者,不随一切外道经论,身自不随,亦不令他随。是则名曰大德多闻。是故欲求义者,当亲切多闻。所谓善义,与此相违计著言说,应当远离。"

尔时大慧菩萨,复承佛威神而白佛言:"世尊,世尊显示不生不灭,无有奇特。所以者何?一切外道因,亦不生不灭。世尊亦说虚空,非数缘灭及涅槃界不生不灭。世尊,外道说因,生诸世间。世尊亦说无明爱业妄想为缘,生诸世间,彼因此缘,名差别耳。外物因缘亦如是,世尊与外道论,无有差别。微尘、胜妙、自在、众生主等,如是九物①,不生不灭。

世尊亦说一切性不生不灭,有无不可得。外道亦说四大不坏自性,不生不灭,四大常。是四大乃至周流诸趣,不舍自性。世尊所说,亦复如是。是故我言无有奇特。惟愿世尊,为说差别所以奇特,胜诸外道。若无差别者,一切外道皆亦是佛,以不生不灭故。而世尊说,一世界中多佛出世者,无有是处。如向所说,一世界中应有多佛,无差别故。"

【注释】

① 九物:有说时、方、虚空、微尘、四大种、梵天、胜妙天、自在天、众生主的神我,并称九物。

【白话】

"大慧,出家修行的善男信女,不要执着于接受随意的说法。由于真实之法,离于文字的形态的原故。大慧,比如愚昧的人,别人用手指,指物品给他观看,愚昧之人看手指不看物品,从而不能得出真实的义理。同样愚昧的人随着语言所说,执着接受,始终不舍。最后也不能得到语言所指的第一义。大慧，比如婴儿，应吃熟食，不应吃生硬食品。如果吃生硬食品，会使他哭闹不止。不知修行方法如做熟食品要循序渐进。大慧，同理不生不灭之法，如不能正确修证，就是不善于自证。因此应了解各种修行方法，切莫追随语言解说，如视指端之人，不见实物。因此大慧应当掌握修行方法，理解真实义理。真实义理，十分微妙且寂静，是进入涅槃境地的发端和起因。语言文字，是妄想的合成。妄想之人，总是集中于生死的形态。

　　大慧，真实义理，要从多闻博学中得到的。大慧，多闻是指善于觉悟义理，不是善于语言的解说。善于领会义理，就是不追随一切其他教派的经论，自己不随从，也不让他人随从。这就叫做多闻的有成就的修行者。因此要懂得义理，应当亲近多闻博学的人。所谓善于领会义理，就是对那些违背道理而执着于语言论说的人，要应当懂得远离。"

　　这时大慧这位证悟者，又承接着佛陀的威武神力而问佛陀道："世之尊者，您显示的不生不灭见解，并没有奇特之处，为何这样说呢？其他教派所讲的因，也是不生不灭的。您也说虚空，不是由数量和因缘的灭尽以至于在涅槃界也不生不灭。您看，其他教派说一切由因缘，从而生于世间。您也说以无明、爱、业以及妄想为缘起，而生于世间。他们的起因说与您的缘起论，只是名称上的差别。依据外物因缘生万法的也同样如此，您与外道即各教派的论述，没有差别。其他教派讲微尘、胜妙自在天主、众生主梵天等，这九物不生不灭。

　　您也说一切法性不生不灭，有与无都不可得。其他教派也说地、水、火、风不坏自性，不生不灭，而且永远常存。这地、水、火、风乃至于周遍流注于诸境地，而不舍弃自性。您所说的，也同样如此。因此我说您讲的没有奇特之处。希望您，能为我们解说差别和所以奇特之处，以便胜于其他教派。如果没有差别，一切其他教派全都是佛，因为同样讲不生不灭。而且您还说,一个世界中有很多佛出世,是不对的。如果其他教派也如您所说的一样,一个世界中就应当有许多佛了,佛门与其他教派也就没有差别了。"

【经文】

佛告大慧:"我说不生不灭,不同外道不生不灭。所以者何?彼诸外道有性自性,得不生不变相。我不如是堕有无品。

大慧,我者离有无品,离生灭。非性,非无性。如种种幻梦现故,非无性。云何无性?谓色无自性相摄受,现不现故,摄不摄故。以是故,一切性,无性非无性。但觉自心现量,妄想不生,安隐快乐,世事永息。愚痴凡夫妄想作事,非诸圣贤不实妄想,如揵闼婆城及幻化人。大慧,如揵闼婆城及幻化人,种种众生,商贾出入。愚夫妄想,谓真出入,而实无有出者入者,但彼妄想故。如是大慧,愚痴凡夫,起不生不灭惑,彼亦无有有为无为,如幻人生,其实无有若生若灭。性无性,无所有故。一切法亦如是,离于生灭。愚痴凡夫堕不如实,起生灭妄想,非诸圣贤,不如实者不尔。如性自性妄想,亦不异。若异妄想者,计著一切性自性,不见寂静。不见寂静者,终不离妄想。是故大慧,无相见胜,非相见。相见者,受生因,故不胜。大慧,无相者,妄想不生,不起不灭,我说涅槃。大慧,涅槃者,如真实义见,离先妄想心心数法。逮得如来自觉圣智,我说是涅槃。"

尔时世尊,欲重宣此义,而说偈言:
灭除彼生论,建立不生义。
我说如是法,愚夫不能知。

一切法不生,无性无所有。
揵闼婆幻梦,有性者无因。
不生无自性,何因空当说。
以离于和合,觉知性不现。
是故空不生,我说无自性。
谓一一和合,性现而非有。
分析无和合,非如外道见。
梦幻及垂发,野马揵闼婆。
世间种种事,无因而相现。
折伏有因论,申畅无生义。
申畅无生者,法流永不断。
炽然无因论,恐怖诸外道。

【白话】

佛陀告诉大慧:"我说的不生不灭,不同于其他教派的不生不灭。为什么呢?他们认为有本质的自有,即自性,并得到不生不变的形态表现。我不是这样堕在有与无的范畴里。

大慧,我所讲的有与无的范畴,远离生与灭。非有性即无自有的本质,也非无性。它如种种幻梦的出现,因此称之为并非无性即有一定的性质。什么是无性呢?就是一切色的形态,无自性的形态可存在,既显现又无可表现,有反映又无可反映。因此一切性,既无自性也并非不是无自性。只是自心现量的表现,如果心中妄想不生,就会安稳快乐,世事无忧了。愚痴的人们妄想所做的事,不是圣贤所为,是不实妄念,如海市蜃楼以及幻想中生发的人一样。大慧,如海市蜃楼和幻梦中人,看似有种种众生往来,商人出入。而愚人产生妄想,认为真有人出入其中，但实际上没有出入的人，只是个人的妄想罢了。同样大慧，愚痴之人，产生不生不灭的疑惑，其实并没有什么有为与无为，如幻梦人生一样，也没有若生若灭。性本自无性，无所有，所以一切法也如此，离于生与灭的。愚痴的人们堕入不真实的现象界中，生起了生与灭的妄想，不是圣贤境界，是不知真如的本质。与认为事理都有自性、有实质的东西，从而产生妄想，没有不同。如果认为自性是不同于妄想，那就会执着于一切事理，实有自性即本质特征，就不能显现心的寂静。不显现寂静的人，终究离不开妄想。因此大慧，无表现形态则显现胜境，不是有形态显现的。若显现形态，就感受生起之因，就不是胜境。大慧，心中无表现形态的，妄想不生，不起也不灭，就是我说的涅槃。大慧，涅槃，比如真实义理的显现，远离妄想之心，以及心中所生发的无数现象形态。这样才能悟得如来自觉圣智，这才是我所讲的涅槃境界。"

这时佛陀，又复述义理，用偈言归纳说：
灭除外教生灭论，建立法不生不灭。
我所说法的真义，愚昧之人不能知。
一切法本自无生，无自性来无所有。
海市蜃楼如幻境，若称有性何处来。
本自无生何有性，何因凭空怎么说。
远离因缘和合生，缘尽方知性不见。
因此性空本不生，我说本空无自性。
一一和合因缘起，合成见性实非有。
分别析理和合散，并非外教生灭见。
法如梦幻病眼发，尘埃海市蜃楼想。
世间种种万象事，初自无因形态现。
折伏有因生灭论，申明畅达无生义。
申明畅达无生者，法流长存永不断。

如此合成无因论，恐怖不安是外教。

【经文】

尔时大慧以偈问曰：
云何何所因？彼以何故生？
于何处和合？而作无因论？
尔时世尊复以偈答：
观察有为法，非无因有因。
彼生灭论者，所见从是灭。
尔时大慧说偈问曰：
云何为无生？为是无性耶？
为顾视诸缘，有法名无生。
名不应无义，惟为分别说。
尔时世尊复以偈答：
非无性无生，亦非顾诸缘。
非有性而名，名亦非无义。
一切诸外道，声闻及缘觉。
七住非境界，是名无生相。
远离诸因缘，亦离一切事。
唯有微心住，想所想俱离。
其身随转变，我说是无生。
无外性无性，亦无心摄受。
断除一切见，我说是无生。
如是无自性，空等应分别。
非空故说空，无生故说空。

因缘数和合,则有生有灭。
离诸因缘数,无别有生灭。
舍离因缘数,更无有异性。
若言一异者,是外道妄想。
有无性不生,非有亦非无。
除其数转变,是悉不可得。
但有诸俗数,展转为钩锁。
离彼因缘锁,生义不可得。
生无性不起,离诸外道过。
但说缘钩锁,凡愚不能了。
若离缘钩锁,别有生性者。
是则无因论,破坏钩锁义。
如灯显众像,钩锁现若然。
是则离钩锁,别更有诸性。
无性无有生,如虚空自性。
若离于钩锁,慧无所分别。
复有余无生,贤圣所得法。
彼生无生者,是则无生忍。
若使诸世间,观察钩锁者。
一切离钩锁,从是得三昧。
痴爱诸业等,是则内钩锁。
钻燧泥团轮,种子等名外。
若使有他性,而从因缘生。
彼非钩锁义,是则不成就。
若生无自性,彼为谁钩锁。

展转相生故,当知因缘义。
坚湿暖动法,凡愚生妄想。
离数无异法,是则说无性。
如医疗众病,无有若干论。
以病差别故,为设种种治。
我为彼众生,破坏诸烦恼。
知其根优劣,为彼说度门。
非烦恼根异,而有种种法。
唯说一乘法,是则为大乘。

【白话】

这时大慧用偈言问道:
究竟什么称为因?它是怎样来生成?
又在何处去和合?怎样称为无因论?
这时佛陀又用偈言回答说:
认真观察有为法,并非无因与有因。
论有说无生灭论,生灭本空因亦灭。
这时大慧又用偈言问道:
什么称做是无生?是说原本无自性?
是为诸法因缘现,有法托名叫无生。
既有名称何无义,希望一一说分明。
这时佛陀又以偈言回答:
并非无性生诸法,也非因缘合见性。
并非见性而托名,并非托名而无义。
一切其他教派人,声闻缘觉二乘果。
七住菩萨非境界,称为无生无形态。

远离因缘所生法，远离所有的事物。
惟有此心安住此，本想所想都远离。
致使身相随着变，心身澄清是无生。
身外之物有无性，对此无心去领受。
断除内外一切见，我说此便是无生。
对于此等无自性，虚空等等要分别。
不是无空方说空，本自无生故说空。
因缘和合一定数，方生方灭生诸法。
远离因缘成就数，从此别无有生灭。
若说自性同异事，皆是外教妄想见。
有与无本实不生，本自非有亦非无。
除了数成转变现，原本皆为不可得。
世俗所见数量成，辗转变化如钩锁。
远离因缘连环锁，其中义理不可得。
缘起无生性不起，远离外教错见解。
解说因缘如钩锁，愚昧之人不能知。
如果脱离因缘锁，另有一个自性生。
那它就是无因论，破坏缘起义理说。
比如灯亮见人像，由钩见锁同此论。
因此若离因缘锁，此外别无有自性。
既无自性也无生，本自无生性自空。
如若离了缘起钩，慧者无从去分别。
再有所谓无生界，圣贤自证心境地。
自心生起无生境，就是所谓无生忍。
如果能使此世间，观察缘起钩锁人。
远离一切心钩锁，从此得证入定心。
痴迷爱欲诸事理，就是内心钩连锁。
钻木见火泥制陶，下种收获见外缘。

如果另有一自性，而从因缘中里生。
这非钩锁缘起义，如此之说不成立。
如生事理无自性，与谁缘起钩连锁。
只是因缘辗转生，应知缘起真实义。
地水火风造物法，凡人愚夫生妄想。
不是造化即自生，从而生法无性说。
如医治疗众生病，对症下药无多论。
因病施治有差别，种种状况不同说。
我佛救度众生苦，破除妄心烦恼根。
认知心根优与劣，为其治病说法理。
并非心根实有异，从而事理有各种。
万法归心只一说，就是大乘佛法门。

【经文】

尔时大慧菩萨摩诃萨，复白佛言："世尊，一切外道，皆起无常妄想。世尊亦说一切行无常，是生灭法。此义云何？为邪为正？为有几种无常？"佛告大慧："一切外道，有七种无常，非我法也。何等为七？彼有说言，作已而舍，是名无常；有说形处坏，是名无常；有说即色是无常；有说色转变中间，是名无常，无间自之散坏，如乳酪等转变，中间不可见，无常毁坏，一切性转；有说性无常；有说性无性无常；有说一切法不生无常，入一切法。

"大慧，性无性无常者，谓四大及所造自相坏。四大自性不可得不生。彼不生无常者，非常无常，一切法有无不生。分析乃至微尘，不可见是不生义非生，是名不生无常相。若不觉此者，堕一切外道，生无常义。大慧，性无常者，是自心妄想，非常无常性。所以者何？谓无常自性不坏。大慧，此是一切性无性，无常事。除无常，无有能令一切法，性无性者。如杖瓦石，破坏诸物现见各各不异，是性无常事，非作所作有差别，此是无常，此是事。

作所作无异者，一切性常，无因性。大慧，一切性，无性有因，非凡愚所知。非因不相似事生。若生者，一切性，悉皆无常。是不相似事，作所作，无有别异，而悉见有异。若性无常者，堕作因性相。若堕者，一切性不究竟。一切性，作因相堕者，自无常应无常。无常无常故，一切性不无常，应是常。

【白话】

这时大慧这位有成就的修证者，又问佛陀道："世之尊者，一切其他教派，都有无常的妄想见解。您也说一切有所为的事理都是无常的，是生灭不止的。这是什么义理呢？哪种见解是邪说，哪种是正确的？一共有几种无常？"佛陀告诉大慧："一切其他教派，有七种无常，不是我所说的法。哪七种呢？他们说，做了以后就舍弃，就叫做无常；有的说，有形相，就有坏灭，就叫无常；有的说，色相即事物形态是无常；有的说事理转变的中间，就是无常，在转化之间，相互变化，如乳变酪等，中间的过程不可见到，无常而毁坏，一切物性即本质也转变；有的说性即事理无常；有的说，性本是无性，因此无常；有的说一切法其本质不生因而无常，无常是体现在一切法即事理中的。

"大慧，性无性无常，是说地火水风及所造成的自然现象，总会坏灭。而地火水风的本质不可得，本是不生。所谓不生无常，是指事理不常在，因而是无常，法之有无本自无生。以此分析到原子微尘，直到不可见，所以虽生却又是不生。就称为不生的无常形态。如果不觉悟此理，堕入外教之中，产生无常义理。大慧，性无常的见解，是自心妄想，事理不常，有无常之性。为什么呢？即有一无常自有性质不坏。大慧，这是一切事理无自有性质，无常存事理。除无常外，没有能使一切事理，无自有之性的。如用手杖，打破物品，能使人都见到各种破碎瓦片一样，那么性无常之论，否认了未作之事和所作之事的差别，不能说这是无常之因，而碎片是事之结果。

作的事与无所作相同，一切自有性质都无常，是无因的自有。大慧，一切性，本无性却有因，这不是凡夫愚人所知道的。不同的因，产生不相似的事。但若产生相同的事，一切性都无常。就是说不相似的事，作与未作，没有差别，但对事理都能见到差异。如果性无常，就堕入有作为之因的自有形态。如果这样，一切性没有究竟。一切性，堕入有作之因，自身无常，应有一无常之物。从而在无常之物中，生无常，因此一切自有性质并非无常，应是常而不变的。

【经文】

"若无常入一切性者，应堕三世。彼过去色与坏俱，未来不生。色不生故现在色与坏相俱。色者，四大积集差别。四大及造色，自性不坏，离异不异。故一切外道，一切四大不坏一切三有，四大及造色在所知，有生灭。离四大造色，一切外道，于何所思惟性无常，四大不生，自性相不坏。故离始造无常者，非四大，复有异四大。各各异相自相故，非差别可得。彼无差别，斯等不更造，二方便不作，当知是无常。彼形处坏无常者，谓四大及造色不坏，至竟不坏。

"大慧，竟者分析乃至微尘。观察坏四大及造色，形处异见，长短不可得非四大。四大不坏，形处坏现。堕在数论。色即无常者,谓色即是无常。彼则形处无常,非四大。若四大无常者,非俗数言说。世俗言说非性者,则堕世论。见一切性但有言说,不见自相生。转变无常者,谓色异性现,非四大。

如金作庄严具,转变现,非金性坏。但庄严具处所坏。如是余性转变等,亦如是。如是等,种种外道,无常见妄想,火烧四大时,自相不烧。各各自相相坏者,四大造色应断。

"大慧,我法起非常非无常。所以者何?谓外性不决定故。唯说三有微心,不说种种相,有生有灭。四大合会差别,四大及造色故。妄想二种事摄所摄,知二种妄想,离外性无性,二种见。觉自心现量妄想者,思想作行生,非不作行。离心性无性妄想。世间、出世间①、出世间上上一切法,非常非无常。不觉自心现量,堕二边恶见相续。一切外道,不觉自妄想。此凡夫无有根本,谓世间、出世间、出世间上上,从说妄想生,非凡愚所觉。"

尔时世尊,欲重宣此义,而说偈言:
远离于始造,及与形处异。
性与色无常,外道愚妄想。
诸性无有坏,大大自性住。
外道无常想,没在种种见。
彼诸外道等,无若生若灭。
大大性自常,何谓无常想。
一切唯心量,二种心流转。
摄受及所摄,无有我我所。
梵天为树根,枝条普周遍。
如是我所说,惟是彼心量。

【注释】

① 世间：执生与死之见为世间，分为有情世间、器世间即国土。出世间与其相对，指自觉涅槃之法。

【白话】

"如果无常入一切自有之性，应当堕入过去、现在、未来之中，但那过去的各种形态已随之坏灭，未来还没生。由于各种形态没生，而现在的各种形态却与坏灭同时。而色即各种形态，由四大即地火水风积聚形成了差别。四大及造的各种形态，虽不同但自性不坏灭而脱离了同与不同。因此一切其他教派，称四大不坏，欲界、色界、无色界三有依于四大而表现的形态都有生与灭。离开了四大造作各种形态，一切其他教派，怎么去思考性无常，四大不生其自性形态不坏。那么初始造无常的也不是地火水风，还有不同于地火水风的。各各不同形态的表现也不一样，不是从差别中可得。如无差别，地火水风不造各种形态，有与无两种方式，都不造作，从中可知地火水风本无常。那另一种有形与相就有坏灭的无常论，认为地火水风及所造的事物不坏灭，最终也不坏。

"大慧，最终把事物分解成微尘。观察地火水风及造作的事物，外形不同，长短有别，地火水风并未坏，各种事物的外形坏灭了。这就堕入数论派的见解中。另一种色相是无常的见解，说色即是无常。而色只有外表形状是无常的并非地火水风无常。如果地火水风无常，也不是世俗的见解。世俗认为语言不是性，从而堕入世论之中。世论认为一切性只是语言，不能见到自有的形态。再有转变的事理就是无常说，但事理变表现形态不同，并非地火水风的本性变异。

如把金子制作成器皿而转变显现，不是金子的本性变了，只是外形形状变化了。同样地火水风本性转变与否的道理，也是如此。如此等等，是各种其他教派的无常妄想见解。认为若火烧地火水风之时，其形态不变。如果各自的形态被破坏了，其创造色相即各种事物的功能也应当断灭。

"大慧，佛法是不常、不无常的。为什么呢？就是外部事物的性能不是绝对的原故。只是说欲界、色界、无色界的微妙之心，不说各种表现形态，有生有灭。地火水风的和合，形成了各种事物的差别，由于其造物的原故。妄想能反映接受与被反映接受两种事物，能认识接受与被接受的反映都是心之妄想，远离事物有性与无性的两种见解。觉悟是由自心现量的妄想，产生了思想、作法、行为，和不作的行为。远离心之自有，则无妄想性。知世间与出世间以及出世间之上的一切法，不常、不无常。不能觉悟万法由自心现量出发，则堕入有与无二边的对立中相续不休。一切外教，不能自觉妄想。这些凡人们没有从根本上认识义理，对所谓世间、出世间、出世间无上之法，都从妄想中生的说法，是不能有所觉悟的。"

这时佛陀，又复述义理，用偈言归纳说：
远离于初始造作，以及事物形不同。
性与色另有无常，外教愚夫之妄想。
地火水风无坏灭，四大性能自常住。
外教各种无常论，淹没种种现象中。
那些外教种种说，无非不生与不灭。
四大本性自常住，各种无常从何出。
一切唯心见现量，能得所得心流转。
接受以及被接受，此中无我与我所。
梵天在上为本根，下有枝条遍四周。
万法正如我所说，惟一所在自心量。

【经文】

尔时大慧菩萨,复白佛言:"世尊,惟愿为说,一切菩萨声闻缘觉,灭正受次第相续。若善于灭正受次第相续相者,我及余菩萨,终不妄舍灭正受乐门,不堕一切声闻缘觉外道愚痴。"佛告大慧:"谛听、谛听,善思念之,当为汝说。"大慧白佛言:"世尊,惟愿为说。"佛告大慧:"六地菩萨摩诃萨及声闻缘觉入灭正受,第七地菩萨摩诃萨,念念正受,离一切性自性相正受①,非声闻缘觉。诸声闻缘觉,堕有行觉,摄所摄相,灭正受。

是故七地非念正受。得一切法,无差别相,非分得种种相性。觉一切法,善不善性相正受,是故七地,无善念正受。

"大慧,八地菩萨及声闻缘觉,心意意识,妄想相灭。初地乃至七地菩萨摩诃萨,观三界心意意识量。离我我所,自妄想修,堕外性种种相。愚夫二种自心,摄所摄向无知。不觉无始过恶,虚伪习气所熏。大慧,八地菩萨摩诃萨,声闻缘觉涅槃。菩萨者,三昧觉所持,是故三昧门乐,不般涅槃。若不持者,如来地不满足。弃舍一切有为众生事故,佛种则应断。诸佛世尊,为示如来不可思议无量功德。声闻缘觉,三昧门,得乐所牵故,作涅槃想。

"大慧,我分部七地,善修心意意识相,善修我我所,摄受人法无我,生灭自共相。善四无碍②,决定力三昧门地,次第相续入道品法。不令菩萨摩诃萨,不觉自共相,不善七地堕外道邪径,故立地次第。大慧,彼实无有若生若灭,除自心现量。所谓地次第相续及三界种种行,愚夫所不觉。愚夫所不觉者,谓我及诸佛说地次第相续及说三界种种行。

【注释】

① 性相：自性的表现形态，自体即性，可识为相。

② 四无碍：即法无碍，教化众生之法无阻碍；义无碍，阐释义理无阻碍；辞无碍，各种语言，都可通达其理；乐说无碍，即说者与听者皆乐，人们喜闻乐见。

【白话】

这时大慧这位修证者，又问佛陀说："世之尊者，期望能讲解一切修悟得道者、声闻、缘觉修行者，进入心念定止的依次禅定。如果善于修入灭正受即心念不起的法门，我以及有大志的修悟者，终究不因妄念舍弃了灭正受的乐趣法门，不堕入一切声闻、缘觉、外教修行者的愚昧与痴迷境地。"佛陀告诉大慧："听着，认真听。善于思考，应当为你们解说。"大慧对佛陀说："世之尊者，愿您为我们解说。"佛陀告诉大慧："大乘六地即现前地的发愿修证者及声闻、缘觉的修行者，入于灭正受即心念不起境界，第七地远行地的修证者，心念之间，入于定止，远离一切自有以及自有形态而入定，不是声闻、缘觉。诸多的声闻、缘觉的修行者，堕于觉灭尽与有所反映、接受形态的灭尽定止。

因此远行地的境界不只是心念定止。得知一切法，都在本质上无差别的形态，善于分别各种形态与本质、性能。觉悟一切法即事理的善与不善的表现，而入于真实本质的心定念止，因此远行地境界，不是一善念的正定。

"大慧，八地即不动地的修悟境界是声闻、缘觉的修行者所不及的，心、意、意识，妄想形态灭尽。从修证者初地即欢喜地到远行地这七地修证者，都观悟了欲界、色界、无色界一切唯于心。远离我见与我所见，若心有执着修行之念，即为妄想，堕于外境的表现与形态。愚昧之人有二种自心即有与无的心识，对反映与接受的形态不知是自心现量。不能觉悟从无始以来，被邪恶虚伪习气所熏染的心识。大慧，第八地即不动地境界的修证者，同入于声闻、缘觉的涅槃境界。然而有成就的修悟者，持有正定心念，虽有入定心止之乐趣，而不入涅槃。如果不心持入定，入如来境地，则不满不足。会舍弃一切众生度脱苦难，佛门事业则断绝。然而诸佛与世人之尊的修证者们，示现如来不可思议的无法计量的功德，不住涅槃。声闻、缘觉的修行者，入心定念止，自得其乐，这就是他们的涅槃境界。

"大慧，我分类所说的大乘七地即远行地境界，善于修证心、意、意识的形态，善于修悟我见与我所见有的真实，从而接受人法无我，了知生与灭自有形态和共通表现。善于运用法、义、辞、辩说的无阻碍，在正定心止中，依次相续证得各境地。不使有大志的修证者，不能觉悟自有与共通的形态，不善证悟第七地远行地的境界，从而堕入其他教派的邪路之中，因此而建立了依次递进的修悟境界。大慧，其实并无若生若灭，前灭后生的自境界，只是为了除去自心现量的说法。所谓各地的依次相续以及欲、色、无色三界的各种法行，是愚昧之人不能觉知的。由于人们不能觉悟，所以我与诸佛解说依次修行各境界和论说在欲界、色界、无色界中的各种法行。

【经文】

"复次大慧，声闻缘觉，第八菩萨地，灭三昧门乐醉所醉。不善自心现量自共相，习气所障，堕人法无我。法摄受见，妄想涅槃想，非寂灭智慧觉。大慧，菩萨者，见灭三昧门乐。本愿哀愍大悲成就，知分别十无尽句，不妄想涅槃想。彼已涅槃妄想不生故，离摄所摄妄想，觉了自心现量，一切诸法，妄想不生。不堕心意意识，外性自性相计著妄想，非佛法因不生，随智慧生，得如来自觉地。如人梦中，方便度水，未度而觉。觉已思惟，为正为邪，非正非邪。余无始见闻觉识，因想种种习气，种种形处，堕有无想，心意意识梦现。

"大慧，如是菩萨摩诃萨，于第八菩萨地，见妄想生。从初地转进至第七地，见一切法，如幻等方便，度摄所摄心，妄想行已。作佛法方便，未得者令得。大慧，此是菩萨，涅槃方便不坏。离心意意识，得无生法忍。大慧，于第一义，无次第相续，说无所有妄想寂灭法。"

尔时世尊，欲重宣此义，而说偈言：

心量无所有，此住及佛地。
去来及现在，三世诸佛说。
心量地第七，无所有第八。
二地名为住，佛地名最胜。
自觉智及净，此则是我地。
自在最胜处，清净妙庄严。
照曜如盛火，光明悉遍至。
炽炎不坏目，周轮化三有。
化现在三有，或有先时化。
于彼演说乘，皆是如来地。
十地则为初，初则为八地。
第九则为七，七亦复为八。
第二为第三，第四为第五。
第三为第六，无所有何次。

【白话】

"还有大慧,声闻、缘觉修行者,在第八地即不动地中,灭于正定心止的沉醉快乐。

不善于觉悟自心现量的自有共通形态,被习气阻碍,堕入人法无我的执着。接受法的偏见,住于妄想的涅槃境界,并非寂灭智慧的自觉境界。大慧,立志的修证者,我见已灭,得正心定止之乐,发愿救度众生,深知十无尽句,不妄想涅槃。由这样已不生涅槃妄想的原故,远离接受与所受妄想,自觉自心现量,于一切诸法,都不生妄想。不堕入心、意、意识,不于外性与自有形态执着妄想,不是佛法之因不生,追随智慧而正心念止,得入如来自觉证悟境地。如人在梦中,正在想用什么方法过河,未过河时一觉醒来。这样醒后可以思考,渡河方法是对还是错,或既不对也不错一样。从而觉悟认识无始以来,受妄想习气熏染,产生的种种形态,如梦中堕入有与无的妄想中,产生心、意、意识的心念。

"大慧,同样有成就的修悟者,在第八地不动地的境地中,可以见到往日妄想的心识。从初地欢喜地转而进入七地远行地,证见一切法如幻等,度脱反映所摄取之心识与妄想自心之后。以佛法化度未得者。大慧,这是菩萨于涅槃心境中,离于心、意、意识,悟得无生法忍而救众生。大慧,知第一要义,并无依次相续递进境地,所说一无所有,就是妄想寂灭的法门。"

这时佛陀,又复述义理,用偈言归纳说:
自心现量无所有,说此住于佛境地。
过去未来及现在,三世诸佛说法事。
心量之地是远行,一无所有不动地。
七八两地称为住,佛地名称最殊胜。
自觉智慧与清净,这就是我修证地。

自在澄明佛胜处，清净美妙自庄严。
智慧光照如天火，光明遍及一切地。
慧光炽热不坏目，周围广行化三有。
三有欲色无色界，化度有时有先后。
为君解说大小乘，皆是如来修证地。
法云可为欢喜地，欢喜可作不动地。
第九善慧为远行，第七远行为不动。
第二离垢为发光，第四焰慧作难胜。
第三发光为现前，一无所有何次序。

【经文】

尔时大慧菩萨，复白佛言："世尊，如来应供等正觉，为常为无常。"佛告大慧："如来应供等正觉，非常非无常。谓二俱有过。若常者，有作主过。常者一切外道说，作者无所作。是故如来常，非常。

非作常，有过故。若如来无常者，有作无常过，阴所相。相无性阴坏，则应断，而如来不断。大慧，一切所作皆无常，如瓶衣等，一切皆无常过。一切智，众具方便，应无义，以所作故，一切所作，皆应是如来，无差别因性故。是故大慧，如来非常非无常。复次大慧，如来非如虚空常，如虚空常者，自觉圣智众具，无义过。大慧，譬如虚空，非常非无常，离常无常，一异俱不俱，常无常过，故不可说。是故如来非常。复次大慧，若如来无生常者，如兔马等角，以无生常故，方便无义。以无生常过故，如来非常。

"复次大慧，更有余事，知如来常。所以者何？谓无间所得智常故如来常。大慧，若如来出世，若不出世，法毕定住。声闻缘觉，诸佛如来无间住，不住虚空，亦非愚夫之所觉知。大慧，如来所得智，是般若所熏，非心意意识，彼诸阴界入处所熏。大慧，一切三有，皆是不实妄想所生，如来不从不实虚妄想生。大慧，以二法故，有常无常，非不二。不二者寂静，一切法无二生相故。是故如来应供等正觉，非常非无常。大慧，乃至言说分别生，则有常无常过。分别觉灭者，则离愚夫常无常见。不寂静慧者，永离常无常，非常无常熏。"

尔时世尊，欲重宣此义，而说偈言：

众具无义者，生常无常过。

若无分别觉，永离常无常。

从其所立宗，则有众杂义。

等观自心量，言说不可得。

【白话】

这时大慧大士，又问佛陀说："世之尊者，如来应共同平等正定心止，是常住还是无常。"佛陀告诉大慧："如来应平等正觉于心，不是常住也不是无常。仅说常住或无常两者堕于二边都是错的。如是常住，就有造化之主的过错。常住是一切其他教派所说，造作者是无所作的。因此如来是常，非常。

不是造作之常，因而有错。如如来法身无常，错在成了有作之无常，如五阴的形态，本无自性若五阴坏灭，形态亦坏灭，而如来法身不断灭。大慧，一切造作的都是无常，如瓶子、衣物等，由造作皆有坏时故无常。一切智，众生具有的方法，应无义理，由于是造作的，一切所作，都应是如来的表现，并无差别之因所作，皆无常。因此大慧，如来不是常也不是无常。再有大慧，如果并非如虚空般地常住，如虚空似的常住，自觉圣智圆满具足就没有意义了。大慧,譬如虚空,非常非无常,离常住与无常,同与异,俱不俱,落入有常与无常二边的过错,因此不可说。所以如来法身不是常。另外大慧,如果如来是无生常住的,比如兔马等长角,是幻想无生却常住的,这样就不是圆满具足,用各种方法度众生了,没有意义。所以不是无生常住的,如来法身不是常。

"还有大慧,另有事理,可知如来是常住的,为什么呢?即如来的智慧,是无间断常住的,因此而说如来常住。大慧,若如来出世,或不出世,法性毕竟永住。声闻、缘觉修行者,不知诸佛如来是无间断永住的,不住于虚空而无意义之中,这也是世人不能觉悟了知的。大慧,如来所得智,是般若所熏染的智慧,不是心、意、意识和五阴、三界、六尘中所熏染。大慧,欲界、色界、无色界,都由不实妄想所生,如来不从不实虚幻妄想中生。大慧,有常于无常,是二边相对之法,因此并非不是二法。不二就是寂静本原,一切法没有二是无生形态。因此如来平等正念入定,不是常也不是无常。大慧,乃至于语言论述和分别生的妄念,就堕入有常与无常的过错之中。分别妄念的觉悟寂灭之人,应远离愚夫有常与无常二边的妄见。不应忘了,寂静的智慧,永远脱离有常无常,非常非无常的妄想熏染。"

这时佛陀,又复述义理,用偈言归纳说:
众生不具义理人,生出有常无常错。
若无心识分别觉,永离有无二边见。
如从一边立宗旨,则有众多论述说。
待到观悟自心量,妄想语言无所得。

【经文】

尔时大慧菩萨,复白佛言:"世尊,惟愿世尊,更为我说阴界入生灭。彼无有我，谁生谁灭？愚夫者依于生灭，不觉苦尽，不识涅槃。"佛言："善哉，谛听。当为汝说。"大慧白佛言："唯然受教。"佛告大慧："如来之藏，是善不善因。能遍兴造一切趣生。譬如伎儿，变现诸趣，离我我所，不觉彼故，三缘和合，方便而生。外道不觉，计著作者，为无始虚伪恶习所熏，名为识藏。生无明住地①，与七识俱，如海浪身，常生不断。离无常过，离于我论，自性无垢，毕竟清净。其余诸识，有生有灭，意意识等，念念有七。因不实妄想，取诸境界，种种形处，计著名相。不觉自心，所现色相，不觉苦乐，不至解脱。名相诸缠，贪生生贪，若因若攀缘，彼诸受根灭，次第不生。余自心妄想，不知苦乐，入灭受想正受，第四禅。善真谛解脱，修行者作解脱想。不离不转，名如来藏识藏。七识流转不灭，所以者何？彼因攀缘诸识生故，非声闻缘觉修行境界。不觉无我，自共相摄受，生阴界入。见如来藏，五法自性，人法无我则灭。

地次第相续转进，余外道见，不能倾动，是名住菩萨不动地。得十三昧道门乐，三昧觉所持，观察不思议佛法自愿。不受三昧门乐及实际，向自觉圣趣。不共一切声闻缘觉及诸外道所修行者。得十贤圣种性道及身智意生，离三昧行。是故大慧，菩萨摩诃萨欲求胜进者，当净如来藏及识藏名。

"大慧，若无识藏名，如来藏者，则无生灭。大慧，然诸凡圣，悉有生灭，修行者自觉圣趣，现法乐住，不舍方便。大慧，此如来藏识藏，一切声闻缘觉，心想所见，虽自性清净，客尘所覆故，犹见不净。非诸如来。大慧，如来者，现前境界，犹如掌中视阿摩勒果②。

大慧，我于此义，以神力建立。令胜鬘夫人及利智满足者菩萨等，宣扬演说如来藏，及识藏名，七识俱生。声闻计著，见人法无我。故胜鬘夫人承佛威神③，说如来境界。非声闻缘觉及外道境界。如来藏识藏，唯佛及余利智依义菩萨智慧境界。是故汝及余菩萨摩诃萨，于如来藏识藏，当勤修学。莫但闻觉，作知足想。"

尔时世尊，欲重宣此义，而说偈言：
甚深如来藏，而与七识俱。
二种摄受生，智者则远离。
如镜像现心，无始习所熏。
如实观察者，诸事悉无事。
如愚见指月，观指不观月。
计著名字者，不见我真实。
心为工伎儿，意如和伎者。
五识为伴侣，妄想观伎众。

【注释】

① 无明：意为愚痴，与惑通用，佛教认为有无明妄念才有外界的一切事理。所谓世界一切境界，皆由无明妄心。

② 阿摩勒果：《大唐西域记·卷八》记有"印度药果之名。"亦译为天果、无垢等。

③ 胜鬘（mán）夫人：人名。据传是古印度波斯匿王之女，阿由阇国王后，曾按母亲之意，请佛陀说法之后发愿证悟，并宣讲《胜鬘经》，亦简称《狮子吼经》，讲"一乘真实"、"如来藏法身。"

【白话】

这时大慧这位修证者,又问佛陀说:"世之尊者,期望您再为我们解说五阴色、受、想、行、识的入于世间的生与灭。其也认为无我,那么是谁生谁灭?世人依于生与灭,不觉悟苦尽之法,不识涅槃。"佛陀说:"好的,认真听。应当为你解说。"大慧对佛陀说:"恭敬地接受教导。"佛陀告诉大慧:"如来藏即阿赖耶识是善与不善之因。能遍布兴起造就一切众生。譬如魔术师,变化各种人与事物,却离于我与所作,人们不觉知,因而在根、尘、业三缘和合,就随之产生了生的见解。其他教派不能觉悟,执着于造化作者,为无始以来虚伪习气熏染而生念,称为藏识。其生于无明即痴愚妄见,并与眼、耳、鼻、舌、身、意、末那即我与意根等等七识具备,如风吹大海波浪不息,常生不断。远离无常过错,离于有我之论,自觉本自无垢,毕竟清净。其余各种心识,有生有灭,由意、意识等生发心念,念之生灭形成七识。都因为心的不实妄想,取自外境,各种形状,执着于名称形态与表现。不能觉悟于自心,由心所显现色相即事物形态,不觉悟此为苦乐之因,从而不得解脱。事物形态缠身于心,由贪复生贪欲,若由此因生妄缘不起,各种根尘业灭除,各种外境形态依次不生。自心妄想不起,不受苦乐,从而入感受心念灭除了的正定念止,得念清净的第四禅。善修真谛解脱的修行者,不生解脱的妄想。而不离不转,就称如来藏,包于识叫藏识。藏识中七识流转不灭,为什么呢?因为攀缘而生妄想心,不是声闻、缘觉修行境界。由于不觉自我,自性形态与共通形态生,入于身心的五阴生灭。若证如来藏,知五法三自性,人法无我则灭除。

修证境地十地依次相续递进,其余教派见解不为动,就叫做住入菩萨第八不动地。得十地正定境地乐事,正定心觉持守,自觉观察悟得不思议佛法。不接受正定乐趣，不住于实际寂灭，于自觉圣趣。此境地不与一切声闻、缘觉及外教修行者相同。得菩萨成就十贤种性大道以及如来意生身智慧，离正定，得如意。因此大慧，有成就的修证者欲求殊胜进取的人，要自觉证得清净如来藏及藏识形态。

"大慧，若没有藏识的名相即表现形态，如来藏性，本无生灭。大慧，然而一切凡人圣者，都有生灭，修大乘道法自觉圣趣，乐住于法界，不舍弃方便化度众生。大慧，这种如来藏、识藏之义，一切声闻、缘觉道果，都心想知其所见，虽心性已净，然无始之客尘覆于心镜，犹未彻底清净，不是如来境界。大慧，如来自觉证悟现在眼前境界，如掌中看疗病药果。

大慧，根据此义理，以神力建立法门。引导胜鬘夫人承接佛陀威武神力，演说如来藏法身，识藏名相，与前七识同生，破声闻执着，知二无我，弘法宣说如来境界。不是声闻、缘觉及外教修行者自得的寂灭境界。如来藏与藏识之精微区别，只有佛及其余其他有锐利破除愚钝的智慧，依义理自证到达智慧境界的修悟者，才能分清并界定。因此你及其余的有成就的证悟者，对于如来藏以及藏识，应当勤奋修学。不要只凭多闻觉悟，产生知足的念头。"

这时佛陀，又复述义理，用偈言归纳说：
深奥玄妙如来藏，末那意身等七识。
两种摄受功能生，智者远离表现相。
如镜显像心俱收，无始习气熏染成。
如实真义观察者，万事本自无一事。
正如愚夫见指月，只见手指不见月。
执着名称与形态，不见如来真实义。
心识好比魔术师，意识犹如配合者。
眼耳鼻舌身为伴，妄想观众与作者。

【经文】

尔时大慧菩萨，白佛言："世尊，惟愿为说五法自性识，二种无我，究竟分别相。我及余菩萨摩诃萨，于一切地次第相续，分别此法，入一切佛法。入一切佛法者，乃至如来自觉地。"

佛告大慧："谛听，谛听。善思念之。"大慧白佛言："唯然受教。"佛告大意："五法自性识，二种无我，分别趣相者，谓名、相、妄想、正智、如如。若修行者修行，入如来自觉圣趣，离于断常有无等见，现法乐正受住现在前。大慧，不觉彼五法自性识，二无我，自心现外性，凡夫妄想，非诸贤圣。"大慧白佛言："世尊，云何愚夫妄想生，非诸圣贤？"

佛告大慧："愚夫计著俗数名相，随心流散。流散已，种种相像貌，堕我我所见，希望计著妙色计著已，无知覆障，故生染著。染著已，贪恚痴所生业积集。积集已，妄想自缠，如蚕作茧。堕生死海，诸趣旷野，如汲井轮，以愚痴故不能知。

如幻、野马、水月、自性离我我所，起于一切不实妄想，离相所相及生住灭。从自心妄想生，非自在、时节、微尘、胜妙生。愚痴凡夫，随名相流。大慧，彼相者，眼识所照，名为色；耳、鼻、舌、身、意，意识所照，名为声、香、味、触、法，是名为相。大慧，彼妄想者，施设众名，显示诸相。如此不异，象马车步男女等名，是名妄想。大慧，正智者，彼名相不可得。犹如过客，诸识不生，不断不常。不堕一切外道声闻缘觉之地。

"复次大慧，菩萨摩诃萨以此正智，不立名相。非不立名相，舍离二见，建立及诽谤，知名相不生，是名如如。

大慧，菩萨摩诃萨住如如者，得无所有境界故，得菩萨欢喜地。得菩萨欢喜地已,永离一切外道恶趣,正住出世间趣。法相成熟,分别幻等一切法,自觉法趣相。离诸妄想,见性异相,次第乃至法云地。于其中间,三昧力自在,神通开敷。得如来地已,种种变化,圆照示现,成熟众生,如水中月。善究竟满足十无尽句,为种种意解众生,分别说法。法身离意所作,是名菩萨入如如所得。"

【白话】

这时大慧大士,向佛陀问道:"世之尊者,希望为我们解说五法、三自性、八识、两种无我究竟是如何分别。我及其他的发愿修证者,于一切法地分别依次渐进修悟,分别法门,深入一切佛法,自觉义理。悟道后,从而进入如来自觉圣智境地。"

佛陀告诉大慧:"听着,认真听。善于思考。"大慧对佛陀说:"恭敬地聆听教诲。"佛陀告诉大慧:"五法、三自性、二无我,是分别的表现形态。五法即名、相、妄想分别、正智、如如。如果修行者体悟,入于如来自觉圣趣境地,远离断见、常见和有与无的偏见,现出法乐正定心住的实境。大慧,如不能自觉五法、三自性、二无我,自心显现外境自有形态,是凡夫的妄想心理,不是圣贤境界。"大慧对佛说:"世之尊者,何为愚夫的妄想生起,不是圣贤呢?"

佛陀告诉大慧:"愚人们执着于世俗的数量、名称以及现象形态,使心念随境流离散乱。流离散乱以后,各种形态像貌纷扰不休,堕入我和我所见的贪爱中,执着于欲望的各种渴求,被愚昧无知覆盖阻碍,产生染著,感染执着不已,贪、恚、痴产生的业因积集。积集不已,妄想自缠,如春蚕作茧自缚。堕入生死苦海,往来旷野之中,如井汲水辘轳,轮回转动不止,由于愚昧痴迷而不能自知。

这些如幻梦、尘埃、水中明月，本无自性脱离于我与我所有的，但心念中生起这一切不实妄想，不离现象形态的变幻及生、住、灭。从自心妄想所生，不是自在天主、时间、微尘、胜妙天神产生的。愚痴的人们，如水追随名称形态而流动。大慧，所谓相，是眼看到的事物现象与形态，称之为色；经过耳、鼻、舌、身、意、意识所感觉反映，就称为声、香、味、触、法，叫做相。大慧，这些妄想，建立各种名称，显示出各种现象形态。凡此种种，如象、马、舟、车、男女等等名称，就是妄想。大慧，正智不是从这些名称与表现形态可以得到的。犹如纷纷过客，若各种心中妄念不生，则不断不常。从而不会堕入外教及声闻、缘觉的境地。

"还有大慧，有成就的证悟者，依据正智，不建立执着名称于现象形态。但并非不成立名称形态，只是舍离有与无两种偏见，不执着的建立与偏执的诽谤，认识知道名称于表现形态并无生，由人心生起，这就叫做如如的真实与本质。

大慧，有成就的修证者住于真如，得到心无所有的境界，所以入于悟道初地欢喜地。得到欢喜地境界后，永远离于一切外教邪恶趣意，住于出世间的乐趣。远离各种心中妄念，识见性的不同形态，依次直至入于悟道十地法云地境界。在这期间，正定心止，得自在神通。到如来境地之后，以各种变化，圆满光照众生，显示法门，如月映水中，光满世间。善于满足究竟十无尽的发愿，以各种方式解脱众生，依不同对象，分别说法。其法身离于心与意的所作反映，这就称为有成就的真实所得境界。"

【经文】

尔时大慧菩萨，白佛言："世尊，云何世尊为三种自性入于五法，为各有自相宗？"佛告大慧："三种自性及八识，二种无我，悉入五法。大慧，彼名及相是妄想自性。大慧，若依彼妄想，生心心法，名俱时生。如日光俱，种种相各别分别持，是名缘起自性。大慧，正智如如者，不可坏故，名成自性。

"复次大慧，自心现妄想，八种分别，谓识藏、意、意识及五识身相者，不实相妄想故。我我所二摄受灭，二无我生。是故大慧，此五法者，声闻缘觉，菩萨如来，自觉圣智，诸地相续次第，一切佛法，悉入其中。

"复次大慧，五法者，相、名、妄想、如如、正智。大慧，相者若处所、形相、色像等现，是名为相。若彼有如是相，名为瓶等，即此非余。是说为名，施设众名，显示诸相瓶等，心心法。是名妄想，彼名彼相，毕竟不可得。

始终无觉，于诸法无展转，离不实妄想，是名如如。真实决定，究竟自性不可得，彼是如相。我及诸佛，随顺入处，普为众生如实演说，施设显示于彼，随入正觉，不断不常，妄想不起随顺自觉圣趣。一切外道声闻缘觉，所不得相，是名正智。大慧，是名五法，三种自性，八识，二种无我，一切佛法悉入其中。是故大慧，当自方便学，亦教他人，勿随于他。"

尔时世尊，欲重宣此义，而说偈言：

五法三自性，及与八种识。
二种无有我，悉摄摩诃衍。
名相虚妄想，自性二种相。
正智及如如，是则为成相。

【白话】

这时大慧这位修证者，问佛陀说："世之尊者，为何将三种自性入于五法之中，或是各有自己的表现宗旨？"佛陀告诉大慧："遍计所执、依他起、圆成实这三种自性，以及眼耳鼻舌身意、末那与阿赖耶识这八识，人无我与法无我，这两种无我，都入于五法之中。大慧，这些名称与表现形态都是妄想自性。大慧，如果依据这些妄想，产生心识、心法，各种事理同时产生。如日出光照万物，各种形态分别持有表现，这就称为缘起自性。大慧，正智真实，不可坏灭，就叫做圆成实自性。

"再有大慧，由自心显现的妄想，有八种作用，就是阿赖耶识即藏识、意即末那识的俱生我执以及身体形态的五识眼、耳、鼻、舌、身，这都是不实的妄想表现形态。因此使我与我所两种反映与感受灭除，人无我和法无我就会产生。因此大慧，这五法，声闻与缘觉的修行者，有成就自修悟者与如来自觉证悟的圣智境界，各修证诸地的依次递进，一切佛法，都入于其中了。

"另外大慧，所谓五法即相、名、妄想、如如、正智。大慧，相就是处所、形态、色与像等表现，称之为相。若有了这个相，就设立名称，如有瓶之形，命名为瓶，以此类推，遍及其余。语言的名词，是设立的各种名称，用以显示各种事理、形态如瓶等等，就是心之所量的心法。这就是妄想，若考察名称与表现形态，却无本真毕竟不可得。

若于外境始终不去觉想，不受诸法的辗转生发，远离不实妄想，就叫做真如即真实。真实决定，一切诸法即事理自性究竟不可得。这就是如实的真相。我与诸佛，随和顺应真实的入理处，广为众生如实演说法相，设立假名显示于人们，使之随着进入正见觉悟，不执断见、常见，妄想不起随和顺应自觉圣明境地。一切外教及声闻、缘觉的修行者，所不能得到的境界，就叫正见之智。大慧，这就是称为五法，三自性，八识，人无我法无我，一切佛法全都入于其中。因此大慧，应当是自觉学习的方法,并教诲他人,不要追随其他教派的义理。"

这时佛陀,又复述义理,用偈言归纳说:

所谓五法三自性,及其心识有八种。

人无我与法无我,全部皆为大乘法。

假名形态虚妄想,自性两种虚幻相。

正见之智与真实,才是圆成实表现。

【经文】

尔时大慧菩萨,复白佛言:"世尊,如世尊所说句,过去诸佛如恒河沙①,未来现在,亦复如是。云何世尊,为如说而受?为更有余义?惟愿如来哀愍解说。"佛告大慧:"莫如说受。三世诸佛量非如恒河沙。所以者何?过世间望,非譬所譬。以凡愚计常,外道妄想,长养恶见生死无穷。欲令厌离生死趣轮,精勤胜进。故为彼说言,诸佛易见。非如优昙钵华②,难得见故,息方便求。有时复观诸受化者,作是说言,佛难值遇如优昙钵华。优昙钵华,无已见今见当见。如来者世间悉见。不以建立自通故,说言如来出世,如优昙钵华。

大慧,自建立自通者,过世间望。彼诸凡愚所不能信,自觉圣智境界,无以为譬。真实如来,过心意意识所见之相,不可为譬。

"大慧,然我说譬佛如恒河沙,无有过咎。大慧,譬如恒沙一切鱼龟,输收魔罗③,师子象马,人兽践踏。沙不念言,彼恼乱我,而生妄想,自性清净,无诸垢污。如来应供等正觉,自觉圣智恒河,大力神通自在等沙。一切外道诸人兽等,一切恼乱,如来不念而生妄想。如来寂然,无有念想。如来本愿,以三昧乐,安众生故,无有恼乱。犹如恒沙等无有异,又断贪恚故。譬如恒沙，是地自性，劫尽烧时，烧一切地，而彼地大，不舍自性与火大俱生故。

其余愚夫，作地烧想，而地不烧，以火因故。如是大慧，如来法身如恒沙不坏。"

【注释】

① 恒河沙：形容其多如恒河之沙，无法尽数。

② 优昙钵华：花名，开花时短即谢。《妙法莲花经·方便品第二》有："如优昙钵花，时一现耳。"按佛教说法转轮王出世，此花才开；还有佛出世才开；相传三千年一开。本意指昙花难得开放，时下"昙花一现"则比喻消失极快，时日短暂。

③ 魔罗：恶魔。所谓乱心、妨善、夺财、害命者。

【白话】

这时大慧这位证悟者，又问佛陀道："世之尊者，如您所说，过去诸佛数量如恒河沙，不可尽数，未来、现在，也同样如此。为何您这样说，又如何接受领会呢？还是另有义理？希望如来哀悯弟子，进行解说。"佛陀告诉大慧："不要只接受如来所说。三世诸佛数量并非不如恒河沙数。为什么呢？超过了人世的见闻，就不是譬喻所能比的了。人们执着于常存，外教邪恶妄想，引导他们流转于生死轮回。为了使他们厌恶脱离生死轮回，精勤自觉证悟。因此为他们讲，诸佛易见。并不是如昙花，难得一见，以安息方便求得之心。有时又观察接受教化者，说佛难得一见，而佛难遇犹如见昙花。昙花并无几人见过或应当见过。如来在世间都能见到。由于人们不能建立自证通达的原故，因此说如来出世，如昙花难见。

大慧，自觉建立自证通达的人，是超过了人们所希望的。

那些凡人愚夫难以置信，自觉圣智境界，是无以为譬喻的。真实如来，超过了心、意、意识所见的表现形态，也不可以用比喻说明。

"大慧，然而我说的譬喻诸佛如恒河沙，并没有错。大慧，譬如恒河沙，一切鱼龟神魔狮子象马，人兽践踏。沙不这样想，你们恼乱了我，而生妄想，沙自性清净，无诸污垢。如来共同平等正定念止，自觉圣智如恒河，大力神通自在又等同沙。一切外教、人、兽等纷扰，一切恼乱，如来心念不起不生妄想。如来寂然，没有心念妄想。如来的本愿，以三昧正定为乐，安住众生，因此没有恼乱。犹如恒河沙粒没有区别，而且由于断绝了贪欲、怨怒的原故。譬如恒河沙粒，是大地的自性，劫尽之火烧起时，烧遍了大地，而这大地，不舍自性与火并存。

那些愚人们，以为大地被烧了，而地并不烧，只是因为有火的原故。与此同理，如来法身如恒河沙粒不坏灭。"

【经文】

"大慧，譬如恒沙无有限量，如来光明亦复如是，无有限量。为成熟众生故，普照一切诸佛大众。大慧，譬如恒沙别求异沙，永不可得。如是大慧，如来应供等正觉，无生死生灭，有因缘断故。大慧，譬如恒沙增减不可得知。如是大慧，如来智慧，成熟众生，不增不减，非身法故。身法者，有坏。

如来法身，非是身法，如压恒沙，油不可得。如是一切极苦众生，逼迫如来。乃至众生未得涅槃，不舍法界，自三昧愿乐，以大悲故。大慧，譬如恒沙随水而流，非无水也。如是大慧，如来所说一切诸法随涅槃流。是故说言如恒河沙，如来不随诸去流转，去是坏义故。大慧，生死本际不可知，不知故，云何说去？大慧，去者断义而愚夫不知。"

大慧白佛言："世尊，若众生生死本际，不可知者，云何解脱可知？"佛告大慧："无始虚伪过恶妄想习气因灭。自心现知外义，妄想身转，解脱不灭。是故无边，非都无所有。为彼妄想，作无边等异名。

观察内外离于妄想，无异众生，智及尔炎，一切诸法，悉皆寂静。不识自心现妄想，故妄想生，若识则灭。"

尔时世尊，欲重宣此义，而说偈言：
观察诸导师[①]，犹如恒河沙。
不坏亦不去，亦复不究竟。
是则为平等，观察诸如来。
犹如恒沙等，悉离一切过。
随流而性常，是则佛正觉。

【注释】

① 导师：指引导众生化度证觉的诸佛与菩萨。

【白话】

"大慧，譬如恒河沙粒没有限量，如来光明，也是如此，没有限量。为了成熟众生道果，普照一切诸佛大众。大慧，譬如恒河沙粒并不另求沙粒，永不可得。同样大慧，如来共同平等正觉，无生死灭除，是由于所有生灭的因缘断绝了的原故。大慧，譬如恒河沙增减不可能得以知道。如是大慧，如来智慧，为成就众生，不增不减，不是身体的表现所能计量。身体的形态，有坏灭。

如来法身，不是色相之身，如压恒河沙粒，不可压出油来。

同样一切在极为苦难中挣扎的众生，逼迫如来。但如来无怨，乃至若有一切众生，未得脱苦海，如来不舍法界，自享正定愿乐，而以大悲之心度化众生。大慧，譬如恒沙沙粒，随水而流动，并非无水。同理大慧，如来所说的一切诸法随寂灭本真的涅槃流露。因此用语言比喻说如恒河沙，但如来不随诸心识流转，如随众生而去就是破坏的意义了。所以大慧，生与死的本根边际不可测知，既不可知，又怎能说去呢？若去则是断见，而愚昧的人不知道这个义理。"

大慧向佛陀问道："世之尊者，如果众生的生之初，死之末不可能知道，又怎么可以知道解脱呢？"佛陀回答说，"若无始以来的那种虚伪邪恶的妄想习气的因灭净了。那么自心现量认识和知道了外境之物，是对境生念的妄想，从此身心转化，心定止息，从而解脱不灭。因此说无边，并非都是一无所有，由于人们妄想，所以假托无边等等名称。

观察内心于外境，体悟并远离妄想，虽人无异于众生，但智慧使心念的妄想幻焰，一切诸法，全都归于寂静。不识自心现量的作用从而产生妄想，若认识了皆由心而发生，妄想则灭除。"

这时佛陀，又复述义理，用偈言归纳说：
观察诸佛与菩萨，犹如无量恒河沙。
既不坏灭亦不去，究竟也无散尽时。
如此真实平等义，观察如来自在心。
犹如不垢恒河沙，永远远离一切错。
随合与众性自住，就是佛门正觉法。

【经文】

尔时大慧菩萨，复白佛言："世尊，惟愿为说一切诸法，刹那坏相。世尊，云何一切法刹那？"佛告大慧："谛听，谛听，善思念之,当为汝说。"

佛告大慧:"一切法者,谓善、不善,无记,有为、无为,世间、出世间,有罪、无罪,有漏①,无漏,受、不受。大慧,略说心意意识及习气,是五受阴因。是心意意识习气,长养凡愚,善不善妄想。大慧,修三昧乐,三昧正受,现法乐住,名为贤圣善无漏。

"大慧,善不善者,谓八识。何等为八?谓如来藏,名识藏,心意、意识及五识身,非外道所说。大慧,五识身者,心意、意识俱,善不善相,展转变坏。相续流注,不坏身生,亦生亦灭。不觉自心现,次第灭余识生。

形相差别摄受,意识、五识俱相应生,刹那时不住,名为刹那。大慧,刹那者名识藏、如来藏意俱生,识习气刹那。无漏习气非刹那,非凡愚所觉,计著刹那论故。不觉一切法刹那非刹那,以断见,坏无为法。大慧,七识不流转,不受苦乐,非涅槃因。大慧,如来藏者,受苦乐,与因俱,若生若灭,四住地无明住地所醉②。凡愚不觉,刹那见妄想熏心。

"复次大慧,如金金刚,佛舍利③,得奇特性,终不损坏。大慧,若得无间、有刹那者,圣应非圣而圣未曾不圣。如金金刚④,虽经劫数,称量不减,云何凡愚,不善于我隐覆之说,于内外一切法,作刹那想。"

【注释】

① 有漏:即烦恼。离烦恼的法门,称无漏,如涅槃。
② 四住地无明住地:指由见而思生欲与烦恼。四住地分别是:见一切住地,欲爱住地,色爱住地,有爱住地。这四者是烦恼之

本，并由此加入无明住地。又称五住地。

③ 舍利：梵文原意为尸体、身骨、遗骨。佛教相传佛祖遗体火化后结成的珠状物。

④ 金金刚：钻石。

【白话】

这时大慧这位证悟者，又问佛陀道："世之尊者，期望能为我们解说一切诸法，刹那坏灭之相。世之尊者，什么是一切法刹那呢？"佛陀告诉大慧："听着，认真听。要善于思考，应当为你解说。"

佛陀告诉大慧："一切法，就是善与恶，不记一切善恶，有为与无为，世间和出世间，有罪和无罪，有漏与无漏，受和不受，等等。大慧，简略地讲心、意、意识以及习气，是色、受、想、行、识五阴产生的原因。是心、意、意识的习气，长期培养了人们，产生了善与恶的妄想。大慧，修正定之乐，接受心止，就显现出法住之乐。称为圣贤的无漏即无烦恼的境界。

"大慧，善与恶，漏于八识。何为八识呢？就是如来藏，分别称为第八的藏识，第七的末那识即有我与执着的心意，第六识的意以及人身体的眼耳鼻舌身五识，这不是外教所能认识的。大慧，五识之身中心之念与发生的意识同时产生，有善与恶的表现形态，辗转变化。在破灭中又产生而流注相继，不坏身心，生灭不止。世俗之人不觉悟是自心显现，依次生灭，此识刚灭，那识即生。

表现不同反映感受，以及意识，眼耳鼻舌身的作用也同时相应发生，在瞬间都不止息，所以称之为刹那。大慧，刹那是指藏识、意识同时产生的各识习气的刹那生与灭。无漏即无烦恼的涅槃习气并不刹那坏灭，不是世俗之人所觉悟的，是针对执着于刹那间坏灭论点的原故。不觉悟一切法瞬间坏灭，并非无烦恼之法也是瞬间坏灭的,如以断见,以为无为之法没有接续性,则错了。大慧,七识若不产生流注不已的转化,就不会感受苦与乐,但这并非产生涅槃的起因,其若生似灭,由产生烦恼的四住地引起而入于愚昧与迷醉的无明境地。世俗的人们不能觉知,被刹那间生起的妄想熏染心识。

"再有大慧,如钻石,佛骨,有奇特的性能,终究不会损坏。大慧,如果得到连续不断和瞬间生灭的状况,圣人也应不是圣人,但圣人又何曾不是圣人呢?正如钻石,虽然经过了劫数的洗礼,但本质不减。为何世俗之人,不善于领会我的隐晦解说,把内与外有无烦恼的一切法,都认为是瞬间就消失的。"

【经文】

大慧菩萨,复白佛言:"世尊,如世尊说,六波罗蜜满足[①],得成正觉。何等为六?"佛告大慧:"波罗蜜有三种分别:谓世间、出世间、出世间上上。大慧,世间波罗蜜者,我我所摄受计著。摄受二边,为种种受生处,乐色声香味触故,满足檀波罗蜜。戒忍精进,禅定智慧,亦如是。凡夫神通及生梵天。大慧,出世间波罗蜜者,声闻缘觉,堕摄受涅槃故,行六波罗蜜,乐自己涅槃乐。

出世间上上波罗蜜者,觉自心现妄想量摄受,及自心二故。不生妄想,于诸趣摄受非分。自心色相不计著,为安乐一切众生故,生檀波罗蜜。起上上方便,即于彼缘,妄想不生戒,是尸波罗蜜。即彼妄想不生忍知摄所摄,是羼提波罗蜜。初中后夜,精勤方便,随顺修行方便,妄想不生,是毗梨耶波罗蜜。妄想悉灭,不堕声闻涅槃摄受,是禅波罗蜜。自心妄想非性智慧观察,不堕二边。先身转胜而不可坏,得自觉圣趣,是般若波罗蜜。"

尔时世尊,欲重宣此义,而说偈言:

空无常刹那,愚夫妄想作。
如河灯种子,而作刹那想。
刹那息烦乱,寂静离所作。
一切法不生,我说刹那义。
物生则有灭,不为愚者说。
无间相续性,妄想之所熏。
无明为其因,心则从彼生。
乃至色未生,中间有何分。
相续次第灭,余心随彼生。
不住于色时,何所缘而生?
以从彼生故,不如实因生。
云何无所成,而知刹那坏?
修行者正受,金刚佛舍利。
光音天宫殿,世间不坏事。
住于正法得,如来智具足。
比丘得平等,云何见刹那?
揵闼婆幻等,色无有刹那。
于不实色等,视之若真实。

【注释】

① 六波罗蜜:波罗蜜,即度到彼岸。有六种方法,即檀波罗蜜、尸波罗蜜、羼提波罗蜜、毗离耶波罗蜜、禅波罗蜜、般若波罗蜜,分别对应于布施、持戒、忍辱、精进、静虑、智慧。

【白话】

大慧大士,又问佛陀:"世之尊者,如您所说,持有六度的圆满具足,得以成正觉。是那六种?"佛陀告诉大慧:"度到彼岸境界有三种分别:即世间、出世间、出世间无上境界。大慧,所谓世间修度者,执着于我与我所有,接受有与无的对立,为了各种人生的现实利益,追求色、声、香、味、触等享乐,从而修布施功德的满足。同样目的的戒、忍与精进努力也是如此。还有人希望得到各种神通以至于生往梵天。大慧,出世间的修度者,就是声闻,缘觉,堕于接受涅槃的执著之中,兼修六种度脱之法,为自己证得涅槃乐趣。

出世间无上境界的修度者,自觉自心现量的感受妄想,自证于心不二。因此不生妄想,在各心识中,不接受非分之念。也执着于心识的色相即各种形态表现,为安乐一切众生,行布施修度。生起无上方便,对于外缘不生妄想,就是持戒修度。对于妄想不再生起,知觉于忍的各种现象,就是忍辱修度。在夜半星空之时,精进勤修,随和顺应各修行方便,妄想不起,就是精进修度。各种妄想全部灭去,不堕于声闻与缘觉所感受的自静涅槃境界,是静虚修度。认识自心妄想本无性,以智慧观察内证,不堕于有与无二边。身心转为胜境而不为内外境尘所坏,得到自觉的圣明趣乐,这就是般若修度即般若波罗蜜。"

这时佛陀,又复述义理,用偈言归纳说:

念空无常一瞬间,愚痴之人生妄想。

如流水灯光相续,由此而生刹那想。

瞬间之中息烦恼,寂静于心离于作。

一切事理皆不生,我说转眼刹那意。

事物有生则有灭,愚昧之人不为说。

事体无间相续性,无始妄念所熏染。

不觉智慧是本因,心念则从愚痴生。

乃至万物未生时，我心妄念怎能分。
心念相续生与灭，心波后浪随前生。
若当现象不存时，妄想从何因缘生。
妄想依境而起生，虚幻无实是其因。
为何并无一所成，知其刹那时中灭。
修行者正念心止，如钻石与佛舍利。
光音天上宫宝殿，世间所看不坏事。
住于正法得圣智，如来智慧本具足。
修证之人皆平等，为何仍旧刹那灭？
千载瞬时幻影城，万物本无有刹那。
原本心识无实质，只是眼看似真实。

【经文】

尔时大慧菩萨，复白佛言："世尊，世尊记阿罗汉，得成阿耨多罗三藐三菩提，与诸菩萨等无差别。一切众生法不涅槃，谁至佛道？从初得佛至般涅槃，于其中间不说一字，亦无所答。如来常定故，亦无虑，亦无察。化佛，化作佛事，何故说识？刹那展转坏相。金刚力士①，常随侍卫。不施设本际，现魔魔业。恶业果报，旃遮摩纳②、孙陀利女③，空钵而出，恶业障现。云何如来得一切种智，而不离诸过？"佛告大慧："谛听，谛听。善思念之，当为汝说。"大慧白佛言："善哉，世尊。唯然受教。"

佛告大慧："为无余涅槃故，说诱进行菩萨行者故。此及余世界修菩萨行者，乐声闻乘涅槃，为令离声闻乘，进向大乘。化佛授声闻记，非是法佛。大慧，因是故，记诸声闻与菩萨不异。大慧，不异者，声闻缘觉、诸佛如来、烦恼障断、解脱一味，非智障断。大慧，智障者，见法无我，殊胜清净。烦恼障者，先习见人无我断，七识灭。法障解脱，识藏习灭，究竟清净。因本住法故，前后非性。无尽本愿故，如来无虑无察而演说法。正智所化故，念不妄故，无虑无察。四住地，无明住地，习气断故。二烦恼断，离二种死，觉人法无我及二障断。大慧，心意意识，眼识等七，刹那习气因，善无漏品离，不复轮转。"

【注释】

① 金刚力士：金刚梵文意译为锐利、摧毁一切。金刚力士，保护化佛之神。

② 旃（zhān）遮摩纳：婆罗门之女，以木盂置腹，谤佛陀非礼。

③ 孙陀利：佛陀小弟孙陀罗难陀之妻。译为艳，曾当众诽谤佛。是释迦牟尼九难之一。

【白话】

这时大慧这位修证者，又问佛陀："世之尊者，您曾告诫成就了阿罗汉道果的人，可以得到无上智慧、正确、完全的佛果之心，与发愿悟觉的菩萨平等而无差别。一切众生之法并无涅槃，又有谁能得佛之道果？又讲从到初地乃至佛与涅槃，在其中并不说一字，也无所答。因为如来本自常定，既无思虑，也不观察。还说化佛的事，化作各种佛事，为何又说识呢？识刹那间辗转坏灭。再有又讲有金刚力士，常随侍卫。为何不施用本际之力，现出魔业所示苦恼。自己遭难，受恶业果报之苦，如婆罗门女诬陷，艳女当面诽谤，托空钵无食而归，凡此种种，恶之业障出现。为何如来得一切各种智慧，而不能远离如此灾难呢？"佛陀告诉大慧："听着，认真听。要善于思考，应当为你解说。"大慧对佛陀说:"好的,世之尊者。恭敬地接受教导。"

佛陀告诉大慧:"这是为了无余涅槃的原故,解说诱导修行者向有成就的菩萨地修行的原故。在世上除修证菩萨的,还有乐于声闻、缘觉的人,他们修得自乐的有余涅槃,虽生死之因断,生死之果仍待尽,为了使他们修行精进到大乘。化佛讲授于声闻、缘觉道果的授记不是法身佛。大慧,因此告诫声闻与菩萨的相同。大慧,相同是指声闻与缘觉、诸佛如来,都断除了烦恼障碍,得到一味即一部分解脱,不是智障断。大慧,智障就是见到诸法无我,得殊胜清净境地。烦恼障断除,是人无我之习气断,七识末那即生灭我执灭除。从而人法二障解脱,藏识、习气灭除,得入究竟清净。因众生本自无性,住于清净,未生未灭,修前证后均无自性。如来自于无尽本愿的原故,在无思虑无观察中而演说法门。是正确的智慧化度众生的原故,并不是心念所妄想,是不虑不察。这是由于如来于四住地,即惑欲色无色界的烦恼以及无明即迷痴习气断灭的原故。根本烦恼与随烦恼断除,远离分段生死与变易生死,觉悟人无我与法无我以及这两种障业断除了。大慧,心、意、意识,即眼、耳、鼻、舌、身、意、末那等七识,由刹那间的习气熏染,善于修无漏即离烦恼的涅槃道品,才能不在轮回中转动。"

【经文】

"大慧,如来藏者,轮转涅槃苦乐因。空乱意慧。愚痴凡夫所不能觉。大慧,金刚力士所随护者,是化佛耳,非真如来。

大慧,真如来者,离一切根量。一切凡夫,声闻缘觉,及外道根量悉灭。得现法乐住,无间法智忍故,非金刚力士所护。一切化佛,不从业生。化佛者,非佛,不离佛。因陶家轮等,众生所作相而说法。非自通处，说自觉境界。复次大慧，愚夫依七识身灭，起断见。不觉识藏故，起常见。自妄想故，不知本际。自忘想慧灭故解脱，四住地、无明住地、习气断故，一切过断。"

尔时世尊，欲重宣此义。而说偈言：

三乘亦非乘，如来不磨灭。

一切佛所记，说离诸过恶。

为诸无间智，及无余涅槃。

诱进诸下劣，是故隐覆说。

诸佛所起智，即分别说道。

诸乘非为乘，彼则非涅槃。

欲色有及见，说是四住地。

意识之所起，识宅意所住。

意及眼识等，断灭说无常。

或作涅槃见，而为说常住。

【白话】

"大慧，如来的藏识，是轮回转化以至涅槃和苦恼乐趣的本因，执于空而迷乱心意与智慧，这是世俗之人所不能觉悟的本因。大慧，金刚力士所侍卫的，是化身佛，并非如来。

大慧，如来真如，远离一切根尘、度量。一切世俗之人，声闻、缘觉、外教都无法灭除一切根尘、度量。从而能得现法乐处，于无间法智与忍，并非由金刚力士护卫。一切化身佛，不从业根生。化身佛，不是真佛，又不离于佛。如陶工用轮制作陶器，轮只是样子、模坯，化为众生的现象形态而说法。众生并非能自觉通达，从而为他们解说自觉境界。还有大慧，世俗之人依于七识而生身灭心念，生起断绝的见解。还有的是不能觉悟藏识的原故，起常存的偏见。这都是自心的妄想的原故，不知心之本际。若自心妄想因为智慧而除灭，那么可得解脱，四住地的惑及三界中欲、色、无色界中的愚痴，无明的疑惑，妄想习气，一切烦恼都断除。"

这时佛陀，又复述义理，用偈言归纳说：
三乘道品非有乘，如来真身不磨灭。
一切佛所有授记，解说为离于邪恶。
为觉众生无间智，以及入于净涅槃。
诱导增进世人智，因此隐喻来宣讲。
诸佛开启众生智，缘起分别去解说。
所谓三乘本无有，若有此皆非涅槃。
欲爱色相有与见，就是存在心意识。
心念意识从中起，心识住宅意所在。
意念以及眼识等，或见断灭说无常。
或说意净涅槃界，从而生有常见论。

【经文】

尔时大慧菩萨，以偈问言：
彼诸菩萨等，志求佛道者。
酒肉及与葱，饮食为云何？
惟愿无上尊，哀愍为演说。
愚夫所贪著，臭秽无名称。
虎狼所甘嗜，云何而可食？
食者生诸过，不食为福善。
惟愿为我说，食不食罪福。
大慧菩萨，说偈问已，复白佛言："惟愿世尊，为我等说食不食肉，功德过恶。我及诸菩萨，于现在未来，当为种种希望食肉众生，分别说法。令彼众生，慈心相向。得慈心已，各于住地，清净明了，疾得究竟无上菩提。声闻缘觉，自地止息已，亦得速成无上菩提。恶邪论法，诸外道辈，邪见断常，颠倒计著。尚有遮法，不听食肉。况复如来，世间救护，正法成就，而食肉耶？"

佛告大慧："善哉，善哉。谛听，谛听。善思念之，当为汝说。"大慧白佛言："唯然受教。"

【白话】

这时大慧这位有成就的修证者，以偈言问佛陀道：
所有修悟发愿者，志求佛道觉成就。
戒食酒肉与辛辣，如此饮食为何故？
期望无上至尊佛，哀悯众生来解说。
愚昧之人所贪欲，酒肉臭秽不可称。
虎豹豺狼所嗜好，大悲之人安可食？
食者之人生过错，不食之人为福善。
惟愿详尽来论述，食与不食罪与福。

大慧大士，用偈言发问之后，向佛问道："期望您能为我们解说食不食肉的功德与罪过。我以及诸多修大乘道果的人于现在与未来，应当为各种希望食肉的众生，分别说法。使所有众生，慈心悲悯，得慈悲之心后，可以分别证觉各菩萨境界，清净澄明，就可以迅速成就无上智慧的佛果之心。声闻、缘觉二乘的修行者，本于自觉清静地止息，若慈心大悲生起，则也迅速入于无上如来境界。世上的邪恶论法，许多其他教派之见，颠倒执着，邪恶解说于断见常见之中。而且遮掩行为，不听食肉的见解。更何况如来，大悲于世间一切众生，凡有灵性皆在救护之中，成就正法的修行者，怎能吃肉类呢？"

佛陀告诉大慧："好的，很好。听着，认真听，要善于思考，应当为你们解说。"大慧对佛陀说："恭敬地接受教诲。"

【经文】

佛告大慧："有无量因缘，不应食肉。然我今当为汝略说。谓一切众生，从本已来，展转因缘，尝为六亲①。以亲想故，不应食肉。驴骡骆驼，狐狗牛马，人兽等肉，屠者杂卖，故不应食肉。不净气分所生长，故不应食肉。众生闻气，悉生恐怖，如旃陀罗及谭婆等②，狗见憎恶，惊怖群吠，故不应食肉。又令修行者，慈心不生，故不应食肉。凡愚所嗜，臭秽不净，无善名称，故不应食肉。令诸咒术不成就，故不应食肉。

以杀生者，见形起识，深味著故，不应食肉。彼食肉者，诸天所弃，故不应食肉。令口气臭，故不应食肉。多恶梦故，不应食肉。空闲林中，虎狼闻香，故不应食肉。令饮食无节，故不应食肉。令修行者，不生厌离，故不应食肉。我常说言：凡所饮食，作食子肉想，作服药想，故不应食肉。听食肉者，无有是处。

"复次大慧，过去有王，名师子苏陀娑，食种种肉，遂至食人。臣民不堪，即便谋反，断其俸禄。以食肉者，有如是过，故不应食肉。复次大慧，凡诸杀者，为财利故，杀生屠贩。彼诸愚痴，食肉众生以钱为网，而捕诸肉。彼杀生者，若以财物，若以钩网，取彼空行水陆众生。

种种杀害，屠贩求利。大慧，亦无不教，不求不想而有鱼肉。以是义故，不应食肉。大慧，我有时说，遮五种肉③，或制十种。今于此经，一切种、一切时、开除方便，一切悉断。大慧，如来应供等正觉，尚无所食，况食鱼肉。亦不教人，以大悲前行故。视一切众生，犹如一子，是故不听令食子肉。"

尔时世尊，欲重宣此义，而说偈言：
曾悉为亲属，鄙秽不净杂。
不净所生长，闻气悉恐怖。
一切肉与葱，及诸韭蒜等。
种种放逸酒，修行常远离。
亦常离麻油，及诸穿孔床。
以彼诸细虫，于中极恐怖。
饮食生放逸，放逸生诸觉。
从觉生贪欲，是故不应食。
由食生贪欲，贪令心迷醉。
迷醉长爱欲，生死不解脱。
为利杀众生，以财网诸肉。
二俱是恶业，死堕叫呼狱。
若无教想求，则无三净肉。
彼非无因有，是故不应食。
彼诸修行者，由是悉远离。
十方佛世尊，一切咸呵责。
展转更相食，死堕虎狼类。
臭秽可厌恶，所生常愚痴。
多生旃陀罗，猎师谭婆种。
或生陀夷尼，及诸食肉性。
罗刹猫狸等，遍于是中生。

缚象与大云，央掘利魔罗④。
及此楞伽经，我悉制断肉。
诸佛及菩萨，声闻所呵责。
食已无惭愧，生生常痴冥。
先说见闻疑，已断一切肉。
妄想不觉知，故生食肉处。
如彼贪欲过，障碍圣解脱。
酒肉葱韭蒜，悉为圣道障。
未来世众生，于肉愚痴说。
言此净无罪，佛听我等食。
食如服药想，亦如食子肉。
知足生厌离，修行行乞食。
安住慈心者，我说常厌离。
虎狼诸恶兽，恒可同游止。
若食诸血肉，众生悉恐怖。
是故修行者，慈心不食肉。
食肉无慈慧，永背正解脱。
及违圣表相，是故不应食。
得生梵志种，及诸修行处。
智慧富贵家，斯由不食肉。

【注释】

① 六亲：父、母、妻、子、兄、弟。
② 旃陀罗及谭婆：旃陀罗，屠夫。谭婆，食狗肉者。
③ 遮五种肉：遮，遮戒。五种肉即五净肉。分别为：眼未见

杀死的，不是专门为自己杀的，没有听到是为我杀的，诸鸟兽由于自身的原因而死的，其他鸟兽食后所留下的。

④央掘利魔罗：佛陀在世之时，该魔住于舍卫城，他信奉杀人可得涅槃，甚至欲杀其母。佛怜悯其人，为他说法后入于佛门，后证得罗汉道果即欲净灭烦恼的境界。

【白话】

佛陀告诉大慧："有许许多多的因缘，不应当吃肉。为此我今天应当为你们简略地解说。所谓一切众生，从本初以来，自为一体，辗转变化因缘，曾互为六亲血缘。以血缘之亲的缘故，不应食肉。驴、骡、骆驼、狐、狗、牛、马、人、兽等肉，屠宰者相互杂卖，因此不应食肉。各种肉类，都有不洁净之气，分别生长，所以不应食肉。众生闻到吃肉者的气味，会产生惊恐不安。好比屠夫以及食狗肉者，狗见了之后，会惊恐而群起狂吠，所以不应食肉。食肉使修行者，不生慈悲之心，所以不应食肉。使愚昧之人养成嗜好，而臭秽不干净，没有善心可说，因此不应食肉。可以让咒术不发生作用，因此不应食肉。

以杀生为业的人，见于动物的形体，就产生很深的心理执着，因此不应食肉。那些食肉者，为诸天界的仙人所唾弃，所以不应食肉。使人口气生臭味，所以不应食肉。食肉后多恶梦，所以不应食肉。山林之中，虎狼会闻到肉香而招致伤害，因此不应食肉。会使人对于饮食没有节制，所以不应食肉。可使修行之人，不产生厌离世俗之心，因此不应食肉。我曾经说过：凡是所有饮食，当作在吃自己子女肉来想，或当作治疗疾病，作为服药来想，所以不应吃肉。接受食肉的见解，一无是处。

"另外大慧，过去有一位国王，名叫师子苏陀娑，吃各种肉类，以后发展到吃人。大臣和人民不堪忍受，就起来谋反，断绝了他的俸禄即生活来源。所以说食肉者，有这样的过错，因此不应吃肉。其次大慧,凡是杀生的人,为了钱财,因而杀生屠宰和贩卖。那些愚痴的食肉众生以钱为诱网,使人为利捕杀动物而获肉。那些杀生的人,或以财力物力,或以钩网等工具,捕杀飞禽走兽和鱼类众生灵。

用各种方法进行杀害,来屠贩求利。大慧,也没有不教、不求、不想而有鱼与肉类可食的事。由于上述义理的缘故,不应当食肉。大慧,我有时说,出于某种原因,以遮戒可食五净肉,或制约除了象、马、龙、蛇、人、鬼、猕猴、猪、狗、牛等十种以外可吃。现在就以解说本经开始,一切种类、一切时候,除了以肉救命外,一切肉类都需断离。大慧,如来共同平等正觉,尚可无食,何况食鱼与肉。也不教人食肉类,以大悲心为一切行为的前提的原故。视一切众生,犹如子女,所以不能听任食子女之肉。"

这时佛陀,又复述义理,用偈言归纳说:
曾经全部血缘牵,鄙下污秽杂不净。
不净之处所生长,气息闻过生恐惧。
一切肉类葱蒜物,以及辛辣韭菜等。
各种放逸情怀酒,修行之人常远离。
也应常离油腻品,以及各种松软床。
各种寄生微生物,间隙之中多生长。
饮食不节生放逸,放逸自身感觉生。
感觉一起贪欲来,因此不应食肉类。
由食肉类生贪婪,贪婪使心受迷醉。
迷惑沉醉求爱欲,生死之路难解脱。
为利所趋杀众生,贪财置网害生灵。
贪利害命皆恶业,死堕恶道地狱中。
若无教唆与想求,凭空何来三净肉。
所以皆非无因有,从而人们不应食。

各种修行道中人，由此全都应远离。
上下东西南北佛，无一对此不斥责。
辗转因缘更相食，死后转生虎狼身。
臭味污秽人厌恶，所生后人常愚痴。
多生害命屠宰者，猎人喜吃狗肉人。
或生夜叉诤斗者，以及食肉不善性。
恶魔野猫狌狸等，皆是害命人里生。
烦恼缠身缚大物，恶意生身害母魔。
由此楞伽经卷始，我须断除所有肉。
诸佛修悟得道者，声闻缘觉都责备。
食肉心中不惭愧，生身心智常痴愚。
原先所说不应疑，从此已断一切肉。
妄想之人不觉悟，因此生出食肉想。
正如贪欲无止境，障碍圣明得解脱。
一切酒肉葱韭蒜，皆为圣道中障碍。
未来之世有众生，于肉愚昧痴迷说。
声称肉净本无罪，如来听任我食肉。
佛说食肉如服药，也似在啖子女肉。
知足之心生厌离，修行之人钵乞食。
安住心意慈悲者，我说常生厌世谛。
虎豹豺狼诸猛兽，怎可同处行与止。
如若食于豺狼肉，众人心中生恐怖。
因此发愿修行者，慈心向善不食肉。
食肉难生慈慧念，永远背离于解脱。
以及违背圣贤相，所以不应食肉类。
得以生出向梵志，以及广设修行处。
智慧诗礼富贵家，皆由前世不食肉。